GROS PLA

Les Oiseaux

Nicolai/Singer/Wothe

Nathan

L'identification des oiseaux - sans peine

Ce nouveau guide des oiseaux est spécialement conçu à l'intention des amis de la nature. Son format maniable, ses photographies en couleurs, ses dessins explicatifs et ses cartes de distribution en font un ouvrage idéal que tous les amoureux des oiseaux pourront emporter avec eux dans leurs voyages, promenades et randonnées.
Les principales espèces d'Europe y sont illustrées et décrites :
340 photographies en couleurs d'une grande fidélité, prises dans le milieu naturel, montrent les oiseaux avec leurs caractéristiques essentielles.
250 dessins illustrent l'attitude et le comportement typiques des oiseaux.
320 cartes de distribution pour l'Europe permettent de voir, d'un seul coup d'œil, où se trouvent les oiseaux à une saison donnée.
Sachant par expérience que les débutants éprouvent souvent des difficultés à identifier les oiseaux, les auteurs et l'éditeur ont élaboré un système de détermination aussi simple qu'efficace : les espèces représentées sont réparties en cinq groupes ayant chacun leur couleur distinctive (→ tableau de la page opposée) ; les photographies et les textes descriptifs, disposés face à face sur une double page et portant le même numéro, figurent sur un fond de la couleur correspondante. Des marques colorées visibles de l'extérieur du livre facilitent le repérage.
Ce « Gros plan sur les oiseaux » contient des précisions supplémentaires : silhouette des oiseaux, attitude en vol, plumage de la femelle et livrée hivernale, le tout dessiné avec clarté. Les plus inexpérimentés pourront ainsi distinguer les unes des autres des espèces voisines.
En dehors des simples renseignements pratiques, cet ouvrage veut aussi apporter quelques notions sur le mode de vie de nos oiseaux et contribuer à éveiller le sens des responsabilités à leur égard. Seul celui qui se sent responsable peut s'engager dans la lutte pour la protection et donc la conservation de notre monde aviaire.

Les photographies en couleurs de la couverture

Recto
En haut : à gauche gorge-bleue à miroir roux ; au centre traquet tarier; à droite faucon kobez.
Au centre : à gauche élanion blanc, *Elanus caerulus,* qui habite les terres arables steppiques du Portugal ; à droite chouette de Tengmalm.
En bas : à gauche mouette rieuse en livrée nuptiale ; au centre rousserolle verderolle ; à droite tadorne de Belon, au-dessous couple de grèbes huppés.

Verso
En haut : à gauche canard mandarin ; à droite couple de grèbes huppés.
Au centre : à gauche grive mauvis ; au centre roitelet triple bandeau ; à droite fauvette à lunettes, *Sylvia conspicillata,* qui habite les bandes côtières de la Méditerranée.
En bas : à gauche lagopèdes alpins ; à droite pic mar.

Les groupes d'oiseaux et leurs couleurs distinctives

Couleur	Groupe d'oiseaux	Pages
	Dans ce groupe figurent les plongeons, les pétrels, les fous, les cormorans, les pélicans, les hérons, les spatules, les cigognes, les flamants, les cygnes, les oies, les canards, oiseaux qui vivent à la surface ou au voisinage de l'eau.	10 à 49
	Dans ce groupe, figurent les oiseaux de proie comme les milans, les éperviers, les busards, les aigles, les vautours, les faucons ainsi que les chouettes et les hiboux.	50 à 83
	Dans ce groupe figurent les outardes, les râles, les grues, les oiseaux limicoles (pluviers, goélands, mouettes, hirondelles de mer), les pingouins, les gangas, oiseaux qui vivent surtout sur le littoral, dans les estuaires ou les régions de steppes.	84 à 139
	Dans ce groupe figurent les engoulevents, les martinets, les gallinacés, les pigeons, les coucous, les martins-pêcheurs, les rolliers, les guêpiers, les huppes, les torcols et les pics.	140 à 164
	Dans ce groupe figurent les oiseaux chanteurs comme les alouettes, les hirondelles, les fauvettes, les mésanges, les roitelets, les bruants, les pinsons, les moineaux, les corvidés.	165 à 249

Dans cette classification, l'ordre systématique a été préservé à de rares exceptions près.

Comment les identifier ?

Associer l'oiseau à identifier à l'une des cinq couleurs distinctives. Grâce à la photographie en couleurs et aux caractéristiques décrites dans le texte, on peut ensuite déterminer à quelle espèce d'une famille l'oiseau appartient.

Choix des espèces décrites

Ce guide comporte les principales espèces d'oiseaux se reproduisant sur un territoire de près de 10 millions de kilomètres carrés qui va de la côte atlantique à l'ouest jusqu'à l'Oural à l'est, du Groenland et de la Scandinavie au nord jusqu'à la Méditerranée au sud. En sont exclues quelques espèces qui ne couvent que dans les régions limitrophes d'Europe et celles dont les populations sont très peu nombreuses en Europe.

Explications

Les **photographies en couleurs** sont prises en pleine nature ; elles montrent les oiseaux avec leurs caractéristiques essentielles et dans leur attitude typique. En règle générale, le mâle est représenté avec son plumage nuptial. Quand les mâles diffèrent nettement des femelles, les deux sexes sont illustrés. Les oiseaux qui portent habituellement en Europe leur livrée hivernale sont le plus souvent photographiés sous cet aspect.
Les **textes descriptifs** comportent des données importantes qui, en complétant l'illustration en couleurs, facilitent l'identification ; on y trouve notamment des précisions sur le plumage, le comportement en vol et le chant, caractères qui attirent souvent les premiers l'attention.

Après le nom français de l'oiseau, viennent son nom scientifique et, entre parenthèses, celui de sa famille. Toutes les espèces menacées en Europe sont signalées par le symbole ⚠, conformément à la liste rouge établie en 1970 par la Ligue internationale pour la protection des oiseaux. Les chiffres romains de I à XII qui figurent dans le texte indiquent le mois de l'année où l'on trouve l'espèce décrite en Europe centrale.

Régions du corps et plumage de l'oiseau dans les textes signalétiques sont décrites certaines parties du plumage et les régions importantes du corps de l'oiseau. Le dessin suivant permet de se se familiariser avec ces termes spécialisés.

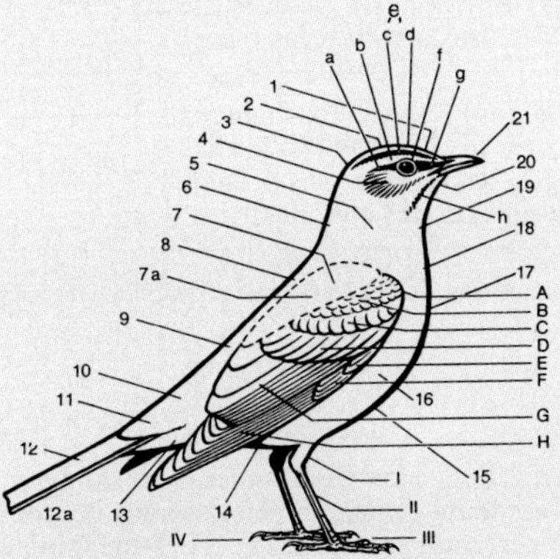

A Poignet de l'aile
B Petites } couvertures
C Moyennes } couvertures
D Grandes } couvertures
E Rémiges pollicales
F Couvertures primaires
G Rémiges secondaires
H Rémiges primaires

I Jambe
II Tarse
III Doigts et serres
IV Pouce

1 Front
2 Calotte
3 Nuque, occiput
4 Joue
5 Côté du cou
6 Nuque
7 Épaule
7a Scapulaires
8 Haut du dos
9 Bas du dos
10 Croupion
11 Sus-caudales

12 Queue
12a Rectrices
13 Sous-caudales
14 Bas du ventre
15 Ventre
16 Flancs
17 Poitrine
18 Jugulum ou jabot
19 Gorge
20 Menton
21 Bec

a Bandeau de l'œil
b Sourcil
c Rayures de la tête
d Rayures de la calotte
e Calotte
f Cercle oculaire
g Lorum
h Moustache

Caractéristiques : tout d'abord sont donnés la taille en centimètres de l'oiseau adulte (du bout du bec au bout de la queue) et son poids moyen en grammes. En cas de différence appréciable selon le sexe, ces renseignements sont fournis tant pour le mâle (♂) que pour la femelle (♀). Viennent ensuite les caractéristiques du plumage et des détails sur le corps de l'oiseau, ainsi que son comportement typique. Le dessin de la page 6 permet de se familiariser avec l'anatomie de l'oiseau. Vol : des précisions sont données pour les espèces dont la silhouette et le comportement en vol sont des éléments d'identification importants. Voix, chant : on trouvera décrits les appels les plus courants et le chant de l'oiseau, tel qu'il est généralement émis par les mâles en période de couvaison. Habitat : description du type et de la structure des lieux où l'espèce couve (biotope de couvaison). Nourriture : quelques précisions sur les principaux aliments de chaque oiseau. Couvaison : pour la plupart des oiseaux d'Europe, la période de couvaison s'étend sur deux mois au moins (elle est indiquée en chiffres romains). La majorité des espèces n'élèvent qu'une seule couvée par an ; on parle de seconde couvée quand les petits de la première acquièrent leur indépendance suffisamment vite pour que leurs parents puissent se reproduire une seconde fois dans l'année. Le nombre d'œufs indiqué ne représente qu'une moyenne de ponte ; la durée de la période d'incubation (C) et le temps passé au nid par les petits (N) sont donnés en jours, l'âge auquel les jeunes oiseaux deviennent indépendants ou capables de voler est donné en semaines ou en jours ; quelques précisions sont, en outre, apportées sur la localisation et la construction du nid.
Les espèces voisines ne se distinguent parfois de celle représentée que par d'infimes détails ; les différences de coloration, de taille et d'habitat sont mentionnées.

Quant aux **dessins,** il s'agit, d'une part, des silhouettes des espèces qui prêtent facilement à confusion (grâce aux schémas de ce guide, on peut apprendre à reconnaître ce qu'il y a de typique dans la forme et l'attitude d'un oiseau, et à mieux apprécier les différences de mensuration entre les espèces) et, d'autre part, des aspects en vol des oiseaux de proie, du plumage des femelles chez les canards et les oies, et des livrées hivernales des oiseaux plongeurs. Ces dessins sont regroupés en planches placées sur les pages intérieures de couverture et au début de certaines sections colorées.
Les schémas des textes descriptifs montrent les oiseaux dans une attitude caractéristique ou dans un comportement typique de l'espèce ; ils mettent en évidence les traits distinctifs ou les différences qui permettent de les distinguer des espèces voisines.

Symboles et abréviations

⚠ = espèces menacées en Europe
I à XII = chiffres romains représentant les mois de l'année.
cm = taille de l'oiseau adulte (du bout du bec au bout de la queue).
g/kg = poids de l'oiseau adulte.
♂ = mâle
♀ = femelle.
C = durée de la période d'incubation.
N = temps passé au nid par les oisillons
≈ = environ

Les **cartes de distribution** permettent de visualiser immédiatement la région d'Europe où les oiseaux couvent et l'endroit où ils passent le reste de l'année, dans la mesure où ils ne quittent pas l'Europe en automne.

Signification des différents grisés :

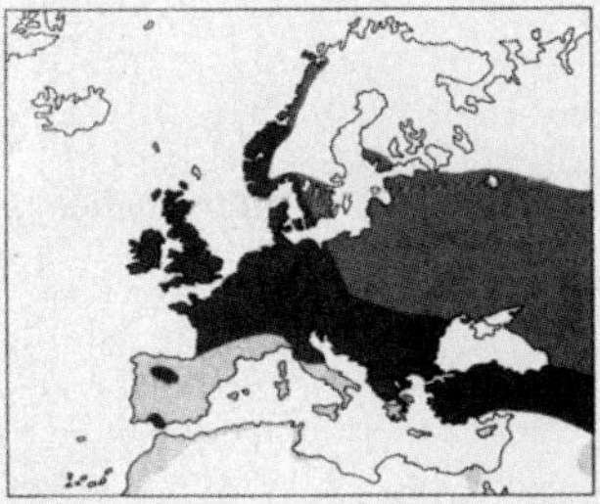

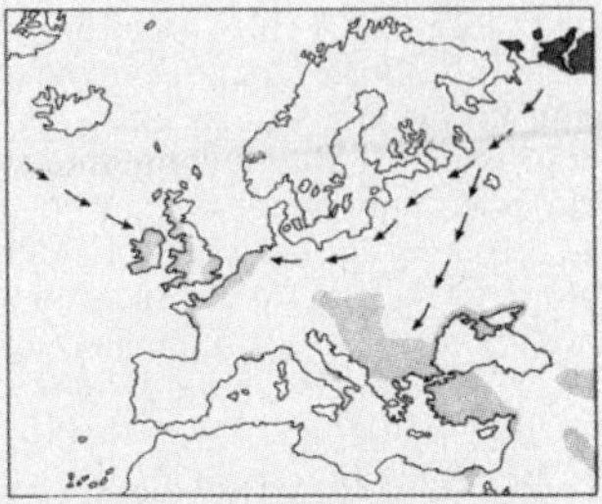

■	Gris foncé	= régions dans lesquelles l'espece passe toute l'année.
■	Gris moyen	= régions dans lesquelles l'espèce n'apparaît qu'en période de couvaison.
□	Gris clair	= régions dans lesquelles l'espèce ne se trouve qu'en hiver.
→→	Flèches	= principales routes de migration des espèces dont l'aire de nidification se situe dans l'extrême nord de l'Europe ou de l'Asie ; dans ces cas, c'est principalement la distribution hivernale qui est représentée.

En complément
En page ci-contre se trouve une liste d'adresses de sociétés d'ornithologie qui peuvent être d'un certain secours. L'index des espèces (p. 250) permet de retrouver facilement les espèces d'oiseaux dont on connaît déjà les noms ; il comprend aussi les noms de toutes les familles d'oiseaux.

Les auteurs

Professeur Dr. Jürgen Nicolai, directeur de l'Institut de recherche ornithologique de Wilhemshaven, professeur de zoologie à l'université de Hambourg.

Detlef Singer, biologiste, collaborateur libre de la chaire d'écologie régionale de Weihenstephan, chargé de cours à l'université populaire de Munich.

Konrad Wothe, biologiste, photographe de la nature, réalisateur de films pour l'Institut du film scientifique et pour Heinz Sielmann.

Hermann Kacher, dessinateur, illustrateur d'animaux, chargé de la documentation et de l'illustration scientifiques pour le Max-Planck Institut de Seewiesen.

Adresses utiles

Ligue pour la Protection des Oiseaux (L.P.O.)
Corderie royale - BP 263
17305 Rochefort Cedex.
Plusieurs délégations en province.
Site: www.lpo.fr
La LPO est le representant francais de BirdLife International

Ligue royale belge pour la protection des oiseaux (LRBPO),
8, Durentijdlei
B - 2130 Braasschaat
protection.oiseaux@birdprotection.be

Ligue luxembourgeoise pour la protection de la nature et des oiseaux,
Infoservice : Kräizhaff, rte de Luxembourg
L-1899 Kochelscheuer
Site :www.luxnatur.lu

Nos oiseaux (Société romande pour l'étude et la protection des oiseaux)
Marcel S. Jacquat, Musée d'histoire naturelle,
av. Léopold-Robert, 63, CH
2300 La Chaux-de-Fonds
Site : www.nosoiseaux.ch

WWF France
188, rue Roquette
75011 Paris
Site : www.wwf.fr

WWF Belgique
90, bd Emile-Jacqmain
B – 1000 Bruwelles
Site : www.wwf.be

Société nationale de protection de la Nature (SNPN)
9, rue Cels
75014 Paris
Site : www.snpn.com

Fondation Nicolas Hulot pour la Nature et l'Homme
52, bd Malesherbes
F - 75008 Paris
Site : www.planete-nature.org

À savoir

Pour aider les oiseaux, on peut confectionner ou acheter des nichoirs et des mangeoires.
On peut en trouver dans tous les magasins Nature et Découverte (liste des magasins et renseignements : 1, avenue de l'Europe, 78117, F - Toussus-le-Noble (tél. 01 39 56 01 47), ou dans les différentes ligues ou sociétés de protection dont les adresses figurent cidessus.

1. Grèbe huppé

Podiceps cristatus (Grèbes)

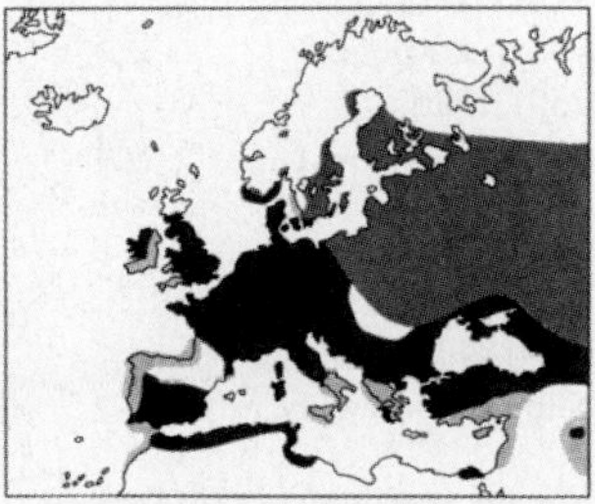

En Europe : I-XII. Caractéristiques : 48 cm/1 100 g. Le plus grand grèbe d'Europe : cou très long, tête mince avec un long bec foncé ; en plumage nuptial, impossible à confondre avec ses touffes de plumes dressées sur les oreilles et ses favoris roux formant une collerette foncée ; dessus du corps brun noirâtre. En hiver, ni huppe ni collerette, bandeau blanchâtre, beaucoup plus clair au-dessus des yeux. ♀ comme ♂. Oisillon à tête rayée. Vol : rapide et rectiligne, avec de rapides battements d'ailes ; au printemps, spectaculaire parade nuptiale, souvent en petits groupes en dehors de la saison de reproduction. Voix : un « greuc-greuc » rauque ; au printemps

« arrr », « k'pkk'p », « ktik ». Habitat : lacs, lacs de retenue et étangs avec zones de roseaux ; souvent sur les côtes en hiver. Nourriture : petits poissons, insectes, crustacés. Couvaison : V-VII, 4-5 œufs, C 25-29 jours, jeunes indépendants au bout de 10-11 semaines. Nid flottant.

2. Grèbe jougris

Podiceps griseigena (Grèbes)

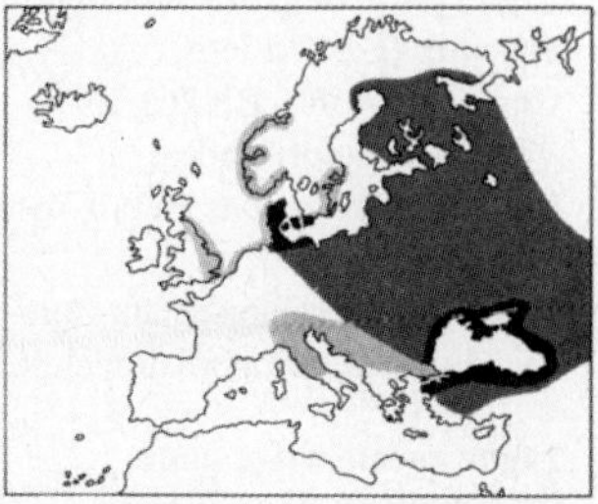

En Europe : I-XII. Caractéristiques : 43 cm/750 g. Plus petit et plus trapu que le grèbe huppé, avec le cou plus court et plus épais d'une couleur rousse ; joues et gorge blanches ; bec foncé à base jaune. En livrée hivernale, dessus du corps et cou gris foncé, gorge et joues claires, nettement décollées, pas de sourcil clair. ♀ comme ♂. Généralement dans les roseaux et parmi les plantes aquatiques quand il est à la recherche de nourriture ; couve souvent à l'abri d'une colonie de mouettes rieuses. Voix : activité vocale intense au printemps, appel hennissant « oueueuh », répété de 5 à 10 fois, « akakaakaak-aakakaakak » rappelant le cri du colvert ; bref « eck » quand il est dérangé. Habitat : lacs et étangs pleins d'alluvions, avec zones étendues de roseaux et une surface libre souvent réduite. Nourriture : insectes aquatiques et leurs larves, tritons, grenouilles, escargots, petits poissons. Couvaison : IV-VIII, 4-5 œufs, C 22-25 jours, jeunes indépendants au bout de 8-10 semaines. Nid flottant.

1

2

1. Grèbe à cou noir

Podiceps nigricollis (Grèbes)

En Europe : I-XII. Caractéristiques : 30 cm/350 g. Dessus du corps, tête et cou noirs, flancs brun-rouge, touffes de plumes dorées sur les côtés de la tête ; yeux rouge vif ; bec noir court, légèrement retroussé. En livrée hivernale, dessus du corps gris foncé, dessous blanchâtre. ♀ comme ♂. Espèce très grégaire, des couples couvent souvent à l'abri d'une colonie de mouettes rieuses. Voix : « houid » flûté et plaintif, « chrui » ; au printemps, série de caquetages « wrib-bib ». Habitat : étangs et lacs riches en végétation. Nourriture : insectes, escargots, têtards, crustacés. Couvaison : IV-VI, 3-4 œufs, C 20-21 jours, jeunes indépendants à 5 semaines. Nid flottant.

2/3. Grèbe castagneux

Tachybaptus ruficollis (Grèbes)

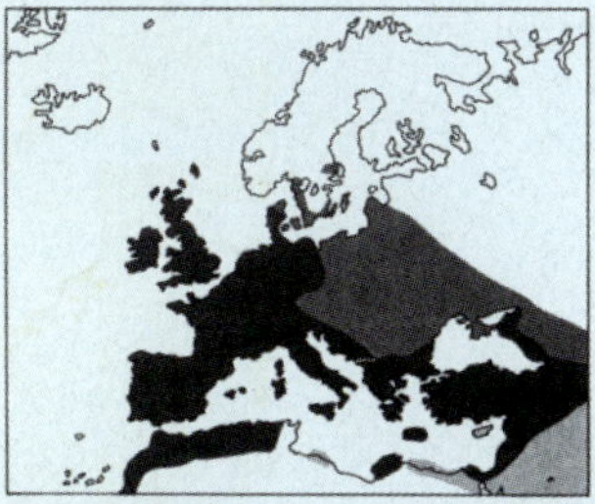

En Europe : I-XII. Caractéristiques : 27 cm/200 g. Le plus petit des grèbes d'Europe, il paraît presque rond ; bec court à pointe claire, tache jaune à la base ; côtés de la tête et cou marron, dessus de la tête et dos brun foncé (ill. 2). En livrée hivernale (ill. 3), brun-gris, avec les flancs plus clairs. ♀ comme ♂. Grégaire en hiver. Voix : au printemps, séries de trilles tombants, souvent émis en duo ; cri d'alarme « pit ». Habitat : mares, étangs, lacs, rives de cours d'eau, végétation dense. Nourriture : insectes, petits crustacés, têtards. Couvaison : IV-VII, 4-6 œufs, C 19-25 jours, jeunes aptes à voler à 42 jours ; 2 couvées par an. Nid flottant.

4. Plongeon arctique

Gavia arctica (Plongeons)

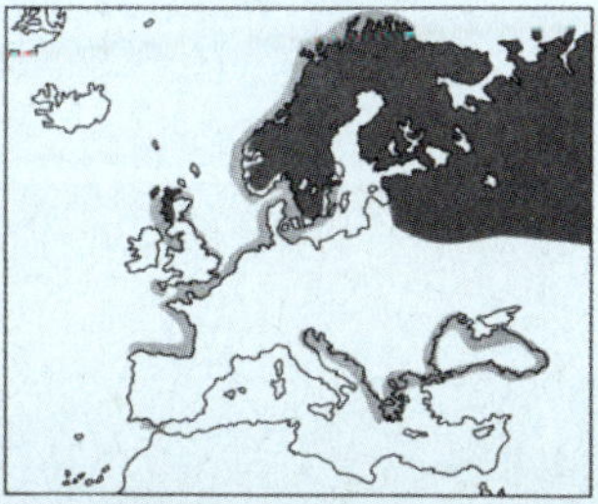

En Europe : X-III. Caractéristiques : 58-68 cm/2 000-3 000 g. Plus grand et plus ramassé que le grèbe huppé (p. 10) ; tête et derrière du cou gris, boursouflés ; dos noir avec quadrillage blanc. Livrée hivernale uniforme brun-gris, foncé sur le dessus. ♀ comme ♂. Nage en conservant la tête horizontale ; plongeons pouvant durer 3 minutes. Voix : au printemps, gémissement ascendant « aouououa, aouououqui aououihououih », suivi d'un glapissement « vaou-a ». Habitat : grands lacs limpides. Nourriture : poissons. Couvaison : V-VII, 2 œufs, C 28 à 30 jours, jeunes aptes à voler à 2 mois. Nid sur la rive.

1

2|3

4

1. Plongeon catmarin

Gavia stellata (Plongeons)

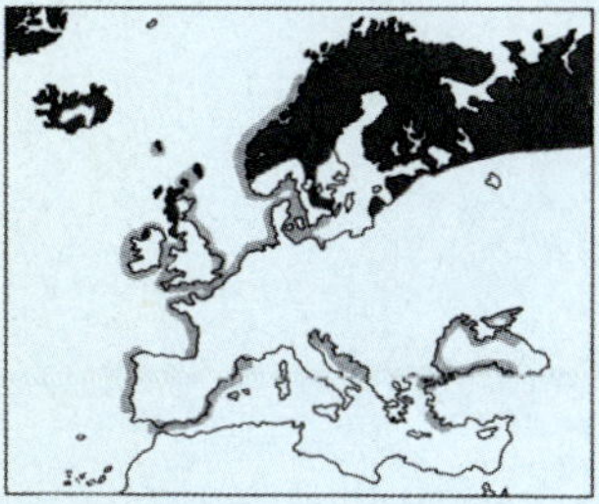

En Europe : X-III. Caractéristiques : 53-58 cm/1 000-2 000 g. Plus grand que le grèbe huppé (p. 10) ; bec retroussé ; dos foncé sans dessin, tête et côtés du cou gris cendré ; en période de reproduction, tache anguleuse rouge sur la gorge ; yeux rouges. En livrée nuptiale, ressemble au plongeon arctique (p. 12), mais dos plus clair et ponctué de blanc. ♀ comme ♂. Nage la tête en biais vers le haut. Voix : « gré-gré-gré » rauque ; à la saison des amours, « okok-ker », « miaou », « aououa » ; en vol « gak-gak ». Habitat : lacs, même de toundra. Nourriture : poissons, crustacés, grenouilles. Couvaison : V-VII, C 24-29 jours, jeunes aptes à voler à 6 semaines. Nid sur la rive.

2. Puffin des Anglais

Puffinus puffinus (Pétrels)

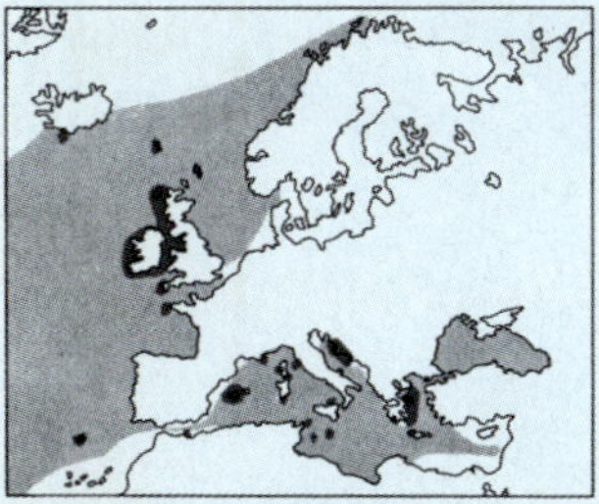

Caractéristiques : 35 cm/440 g. Bec noir ; la race anglaise (ill.) est de teintes noire et blanche, avec le dos et la calotte noirs ; la race de Méditerranée occidentale a le dos brun et le dessous blanc grisâtre. ♀ comme ♂. Vol : tronc trapu, ailes très étroites ; dans la race anglaise, couvertures sous-alaires blanches. Glisse au ras de l'eau, les ailes raides. Voix : coassements et piaillements sonores. Habitat : haute mer ; à la saison des amours, récifs. Nourriture : poissons, crustacés, mollusques, charognes, détritus. Couvaison : III-IX, 1 œuf, C 52-54 jours, N 72-73 jours. Nidifie en colonies.

3. Fulmar ou pétrel glacial

Fulmarus glacialis (Pétrels)

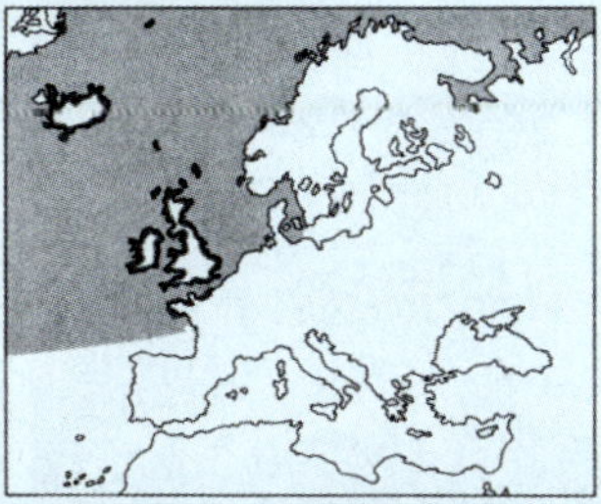

En Europe : I-XII. Caractéristiques : 48 cm/750 g. Ressemble au goéland argenté (p. 128) mais avec la tête et le cou plus épais ; bec court avec appendice tubulaire ; plumage à prédominance de blanc avec manteau gris argenté, croupion et queue gris clair. ♀ comme ♂. Suit souvent les bateaux. Vol : longues ailes étroites, sans noir à la pointe ; vole au ras des vagues en effectuant de grandes courbes avec les ailes raides. Voix : caquetages et grognements. Habitat : haute mer ; à la saison des amours, récifs abrupts. Nourriture : poissons et mammifères marins morts, méduses. Couvaison : V-IX, 1 œuf, C 55-57 jours, N 46-51 jours. Nidifie en colonies.

1

2

3

1. Fou de Bassan

Sula bassana (Fous)

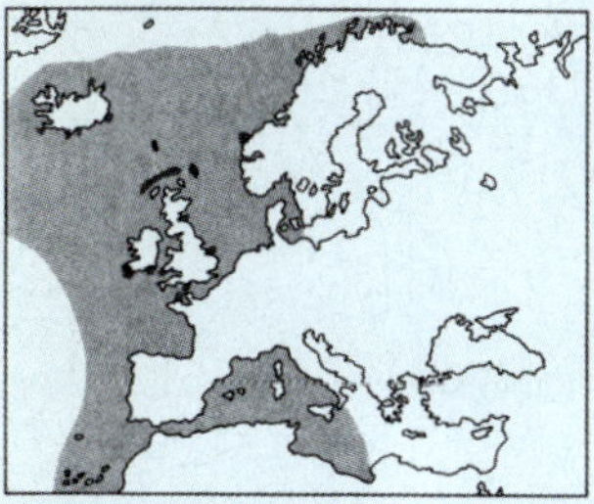

En Europe : I-XII (rare). Caractéristiques : 91 cm/3 000 g. Oiseau de mer blanc, rémiges primaires noires et bec puissant, long et pointu ; tête et cou jaune crème. ♀ comme ♂. Oisillons brun foncé, avec de fines mouchetures sur le dos. Pour pêcher, plonge verticalement dans la mer d'une hauteur de près de 40 m. Vol : corps en forme de cigare, longues ailes à pointe noire, longue queue cunéiforme. Voix : sur les terrains des nids, « kirra kirra » rauque et guttural ; « arreh » aboyé, « arr » dur. Habitat : mer près des côtes. Nourriture : poissons. Couvaison : IV-VI, 1 œuf, C 43-45 jours, N 70-80 jours. Nidifie en colonies sur des falaises abruptes.

2. Cormoran huppé

Phalacrocorax aristotelis (Cormorans)

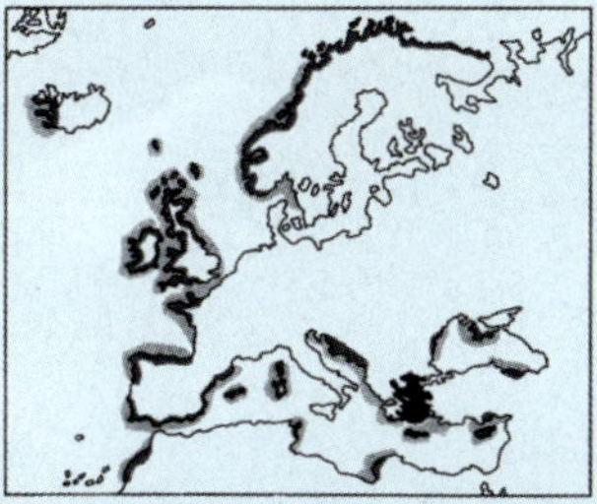

En Europe : visiteur rare des côtes de la mer du Nord. Caractéristiques : 76 cm/1 850 g. Le cou plus mince et plus court ; bec noir à base jaune ; plumage noir à reflets verdâtres ; à la saison des amours, courte huppe dressée. ♀ comme ♂. Oisillons bruns sans reflets. Pour pêcher, plonge du niveau de l'eau. Vol : comme le grand cormoran, mais avec un battement d'ailes plus rapide. Voix : bruit de crécelle « k-arr », « arck arck », « kroack-kraik-kroak ». Habitat : mer près des côtes. Nourriture : surtout harengs et équilles. Couvaison : III-V, 3-5 œufs, C 30 jours, N 55 jours. Nidifie en colonies sur les falaises.

3. Grand cormoran

Phalacrocorax carbo (Cormorans)

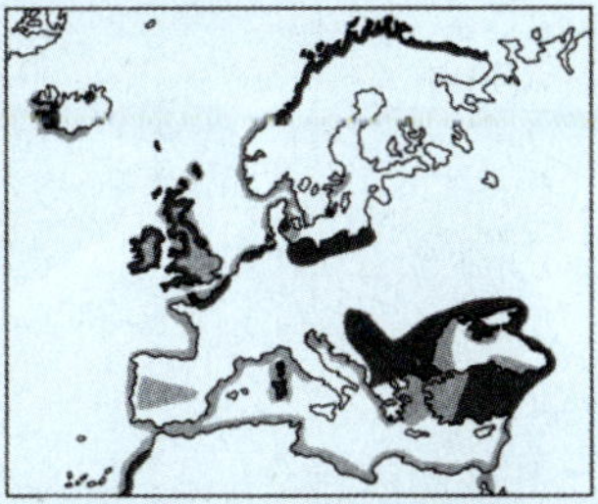

En Europe : I-XII. Caractéristiques : 90 cm/2 500 g. Grand oiseau de mer, noir avec les joues et le menton blancs ; grand bec, crochu à la pointe ; plumage brillant de couleur bronze ; à la saison des amours, tache blanche à l'attache des pattes. ♀ comme ♂. Oisillons au dos brun. Nage profondément enfoncé, en tenant la tête et le bec relevés en biais. Vol : longues ailes étroites, cou fortement étiré, longue queue cunéiforme. Voix : sur les terrains des nids « chro chro », « krao ». Habitat : grands lacs, côtes maritimes. Nourriture : poissons. Couvaison : IV-VI, 3-5 œufs, C 23-29 jours, N 47-50 jours. Nidifie en colonies dans les arbres et les rochers.

1

2|3

1. Pélican blanc

Pelecanus onocrotalus
(Pélicans)

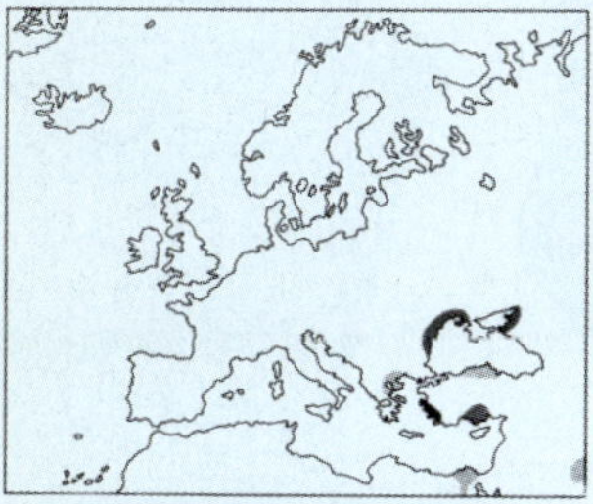

Caractéristiques : 140- 180 cm 10 à 11 kg. Très grand oiseau aquatique blanc ; cou et bec longs avec, sous le bec, une poche jaune extensible ; à l'époque de la couvaison, plumage teinté de rougeâtre. ♀ plus petite que ♂. Oisillons bruns, puis blanc sale. Navigue longtemps, flottant haut sur l'eau et en formations. Vol : longues ailes larges à pointe noire, avec une bande noire sur le bord arrière. Voix : sur les terrains des nids, gémissements, grognements et grondements. Habitat : vastes lagunes, deltas. Nourriture : poissons. Couvaison : V-VII, 1-3 œufs, C 29-30 jours, N 14 jours. Nidifie en colonies.

2. Héron pourpré

Ardea purpurea (Hérons)

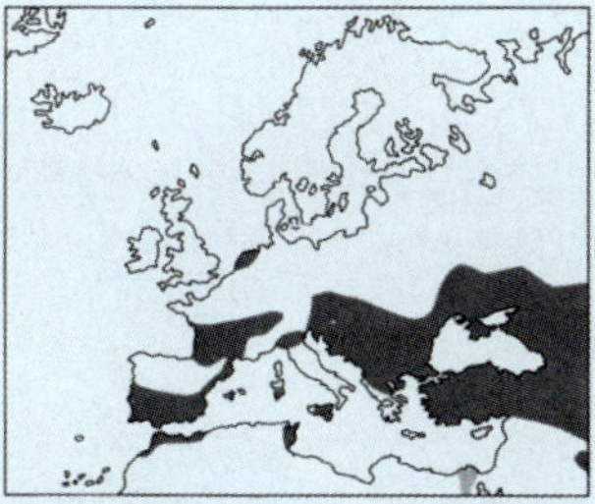

En Europe : IV-IX. Caractéristiques : 79 cm/950 g. Plus petit, plus élancé et plus foncé que le héron cendré ; cou très mince, marron, avec de larges raies longitudinales noires ; plumes ornementales blanchâtres et rouille pendant du dos. ♀ comme ♂. Demeure généralement tapi dans les roseaux. Vol : battements d'ailes plus rapides que le héron cendré. Voix : assez silencieux ; en vol, « kreck ». Habitat : marais avec roselières touffues. Nourriture : petits poissons, grenouilles, petits mammifères, insectes. Couvaison : IV-VI, 4-5 œufs, C 25-28 jours, N 42 jours. Nidifie en colonies.

3. Héron cendré

Ardea cinerea (Hérons)

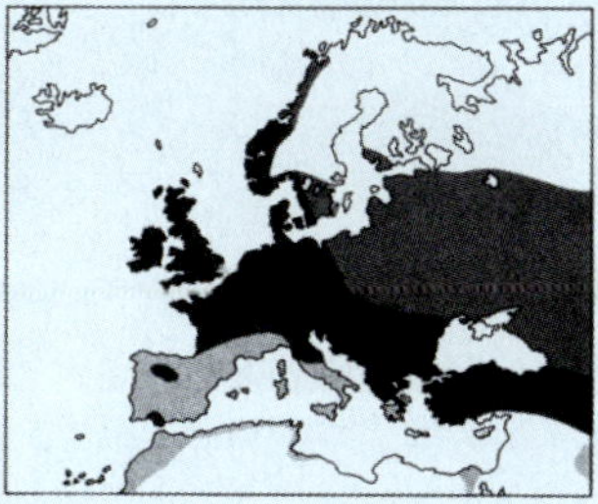

En Europe : I-XII. Caractéristiques : 91 cm/1 600 g. Taille d'une cigogne, plumage à prédominance de gris ; bec jaunâtre, orangé au printemps ; sourcil noir ; longues plumes fines noires à l'arrière de la tête. ♀ comme ♂. Oisillons gris délavé. Cherche sa nourriture sur les rives des eaux peu profondes, ou dans les prés et les champs. Vol : lents battements d'ailes allongés avec le cou rétracté en « S » ; pas de vol glissé comme les cigognes. Voix : « kraak » ou « chroé » râpeux et criard ; en vol, souvent « kréik ». Habitat : bords des cours d'eau. Nourriture : poissons, amphibiens, vers, petits mammifères, insectes. Couvaison : III-V. 3-5 œufs, C 25-28 jours, N 50-55 jours. Nidifie en colonies ; nid de branchages sur de hauts arbres, parfois dans les roseaux.

1

2

3

1. Héron garde-bœuf

Ardeola ibis (Hérons)

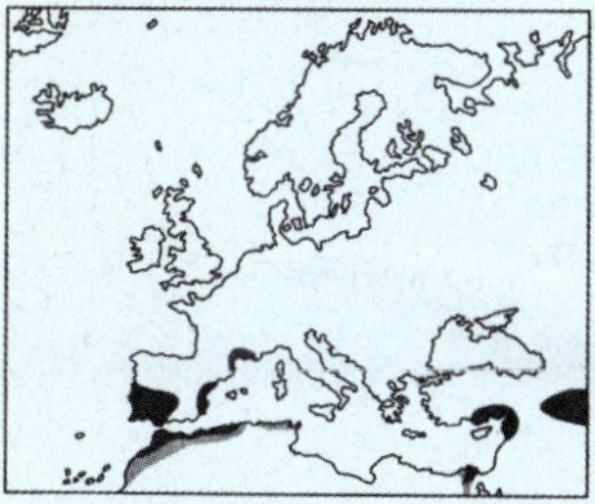

Caractéristiques : 51 cm/350 g. Petit héron blanc, plus trapu que l'aigrette garzette ; court bec jaune ; à la saison des amours, plumes ocre jaune sur le dessus de la tête, le dos et la poitrine, pattes rougeâtres (ill. : plumage internuptial). Souvent parmi le bétail, il cherche les parasites de sa peau et capture les insectes alentour. Voix : à la saison de reproduction, croassements criards. Habitat : marécages, pâturages ; moins étroitement associé à l'eau que les autres hérons. Nourriture : gros insectes (sauterelles et libellules), dytiques, escargots, grenouilles. Couvaison : IV-VI, 4-5 œufs, C 21-25 jours, N 30 jours. Nidifie en colonies ; nid sur les buissons et les arbres.

2. Aigrette garzette

Egretta garzetta (Hérons)

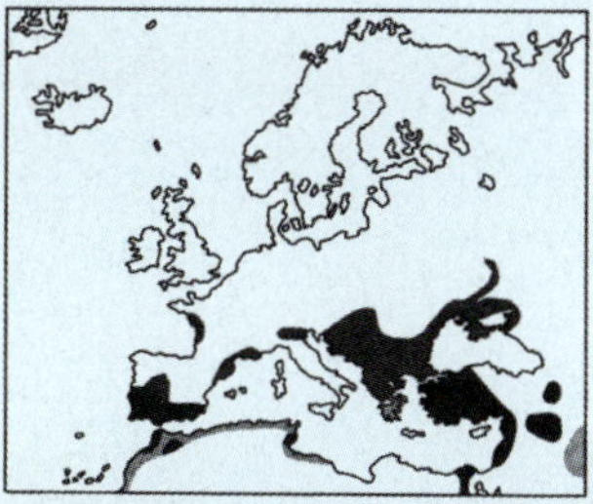

En Europe : IV-X. Caractéristiques : 56 cm/500 g. Petit héron blanc ; bec et pattes noirs avec des doigts jaunes ; à la saison des amours, longues plumes ornementales sur l'arrière de la tête, la poitrine et le dos. ♀ comme ♂. Recherche sa nourriture dans les eaux peu profondes, aussi près du bétail. Voix : près du nid, croassements et grognements. Habitat : marécages couverts de broussailles ; rives luxuriantes des cours d'eau ; rizières. Nourriture : poissons, grenouilles, crustacés, insectes aquatiques. Couvaison : IV-VI, 3-5 œufs, C 21-25 jours, N 30 jours. Nidifie en colonies, dans les arbres ou les buissons.

3. Grande aigrette

Casmerodius albus (Hérons)

En Europe : III-X. Caractéristiques : 89 cm/1 500 g. Héron élancé, blanc, de la taille du héron cendré ; en période nuptiale, plumes ornementales retombant du dos sur les ailes ; cou très long et très mince ; en livrée nuptiale, bec noir à racine jaune ; en livrée internuptiale (ill.), bec jaune. Jambes et pattes noir verdâtre. ♀ comme ♂. Arpente lentement l'eau à la recherche de nourriture. Voix : à proximité du nid, croassements profonds « rhé » ou « rha ». Habitat : nappes d'eau couvertes de vastes roselières. Nourriture : poissons, amphibiens, insectes aquatiques. Couvaison : IV-VI, 3-4 œufs, C 25-26 jours, N 40-44 jours. Nidifie en colonies, nid dans les roseaux ou les buissons.

1|2

3

1. Héron crabier

Ardeola ralloides (Hérons)

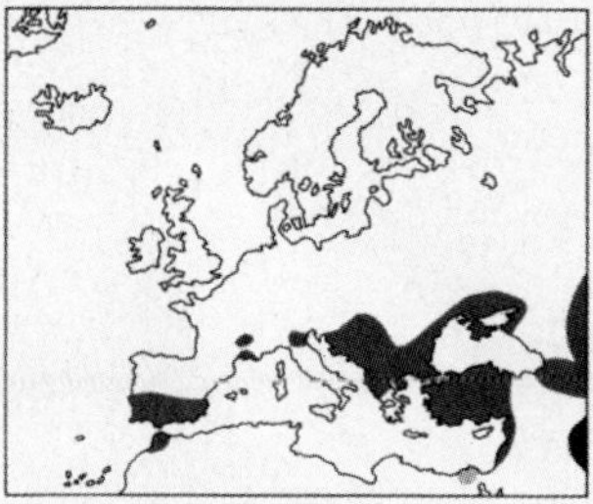

<u>En Europe :</u> parfois de passage. <u>Caractéristiques :</u> 46 cm/280 g. Héron trapu au cou épais ; plumage ocre jaune clair ; ventre, ailes et queue blancs ; plumes prolongées du dessus de la tête, avec des raies longitudinales foncées, tombant au-dessus des épaules ; jambes vert jaunâtre. En livrée hivernale, tête et cou à fines stries longitudinales foncées. ♀ comme ♂. Oisillons avec la tête, le cou, la poitrine et le dos à stries brun-gris. Oiseau actif au crépuscule ; se tient dans les broussailles des marais ; se perche sur les roseaux, comme le butor. <u>Vol :</u> paraît presque blanc. <u>Voix :</u> à la saison des nids, « karrr » ou « kerrr » éraillé ; appels coassants. <u>Habitat :</u> marécages peuplés de broussailles, lacs alluvionnaires, deltas. <u>Nourriture :</u> insectes aquatiques, sangsues, crustacés, têtards, petits poissons. <u>Couvaison :</u> V-VII, 4-6 œufs, C 22-24 jours. Nidifie en colonies ; nid sur les arbres et les buissons, dans les roseaux.

2. Héron bihoreau

Nycticorax nycticorax (Hérons)

<u>En Europe :</u> III-X. <u>Caractéristiques :</u> 61 cm/550 g. Héron trapu au cou court ; dessus de la tête et dos noir bleuté, ailes grises, ventre blanc sale ; sur la nuque, longues plumes blanches et filiformes ; bec noir assez court ; yeux rouge rubis. ♀ comme ♂. Oisillons brun foncé avec le dos tacheté de blanc. Oiseau actif dans l'obscurité, passe ses journées dans les arbres ; recherche sa nourriture sur les prés inondés et dans les fossés remplis d'eau. <u>Vol :</u> ailes arrondies, assez courtes ; vole à la façon des chouettes, avec des battements d'ailes mous, profonds. <u>Voix :</u> dérangé et en vol, « ark » ou « quok » ; à proximité du nid, croassements éraillés. <u>Habitat :</u> marécages avec des bosquets et des buissons ;

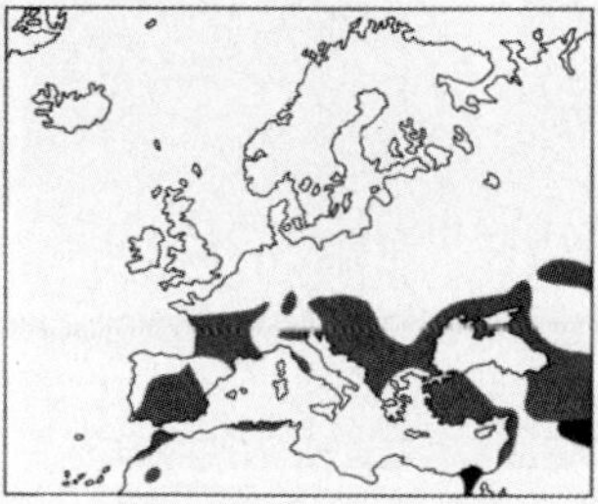

rives des cours d'eau avec des bras morts et une végétation dense. <u>Nourriture :</u> petits poissons, grenouilles, têtards, insectes aquatiques, sangsues, petits mammifères. <u>Couvaison :</u> IV-VI, 3-4 œufs, C 21 jours, N 40-44 jours. Nidifie en colonies, dans les saulaies, les arbres ou les roseaux.

1

2

1. Butor étoilé

Botaurus stellaris (Hérons)

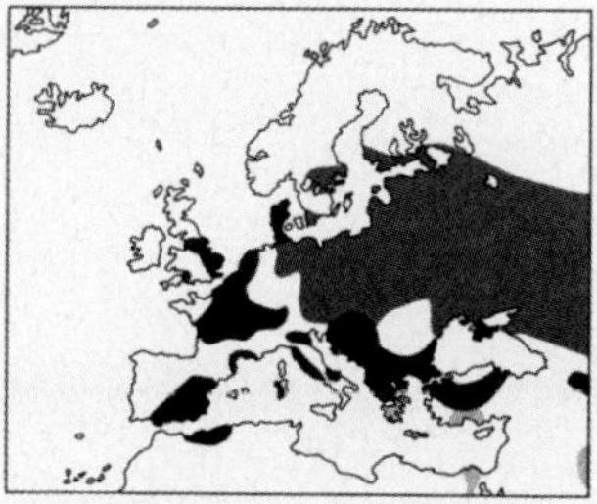

En Europe : I-XII. Caractéristiques : 76 cm/1 200 g. Grand héron trapu au cou épais ; plumage à prédominance de brun-jaune avec des bandes longitudinales ; calotte noire, gorge blanche. ♀ comme ♂. (ill. : attitude de menace). Grimpe lentement en se faufilant dans les roseaux ; reste immobile en cas de danger, tête et bec dressés vers le ciel (« en piquet »). Vol : larges ailes rondes, cou rétracté. Voix : « u--hoump » étouffé, rappelant une corne de brume ; en vol, l'appel est un « ahrk ». Habitat : roselières étendues et denses. Nourriture : poissons, amphibiens, sangsues, insectes aquatiques. Couvaison : III-V, 3-6 œufs, C 25-26 jours, N 14-20 jours. Nid plat dans les roseaux.

2. Blongios nain

Ixobrychus minutus (Hérons)

En Europe : IV-XI. Caractéristiques : 35 cm/140 g. Très petit héron au cou épais et aux longs doigts verts ; sommet de la tête, dos et ailes noir verdâtre, couvertures alaires ocre jaune, ventre jaunâtre ; ♀ couleur de roseaux, avec le dos tacheté de brun et le dessous strié. En cas de danger, prend la position « en piquet » qu'il conserve plusieurs minutes ; actif au crépuscule. Voix : appel de parade « wou » ou « woug » ; en vol « ker ». Habitat : zones alluvionnaires peuplées de roselières touffues. Nourriture : petits poissons, grenouilles, têtards, insectes aquatiques. Couvaison : V-VII, C 16-19 jours, N 7-9 jours. Nid en entonnoir dans les roseaux.

3. Spatule blanche

Platalea leucorodia (Ibis)

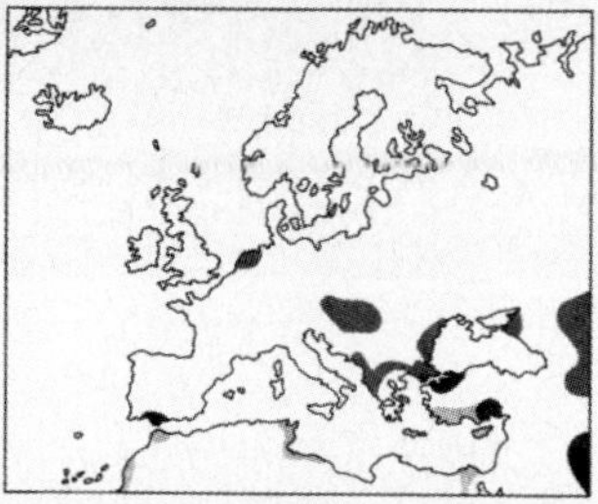

En Europe : IV-IX. Caractéristiques : 86 cm/2 000 g. Ibis blanc de la taille du héron cendré ; long bec noir spatulé à pointe jaune ; bande pectorale jaune ; à la saison des amours, huppe de plumes jaunâtres sur la nuque. ♀ comme ♂. A la recherche de nourriture, tamise l'eau avec des mouvements pendulaires de la tête ; vole en formations. En vol, cou étendu, un peu pendant. Voix : à proximité du nid, grognements. Habitat : zones marécageuses étendues, avec des eaux peu profondes et des roseaux. Nourriture : petits poissons, moules, escargots, têtards, insectes aquatiques. Couvaison : IV-VII, 4-5 œufs, C 21 jours, N 28-30 jours. Nidifie en colonies souvent dans les roseaux.

1

2

3

1. Cigogne blanche

Ciconia ciconia (Cigognes)

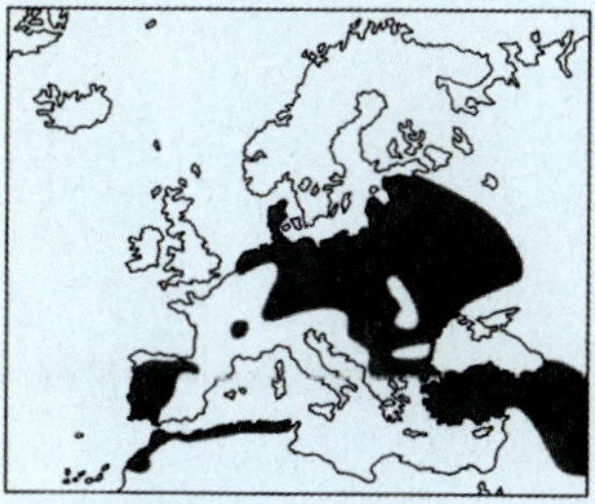

En Europe : III-IX. Caractéristiques : 102 cm/3 400 g. Grand échassier blanc aux rémiges noires, au long bec rouge et aux pattes allongées rouge vif. ♀ comme ♂. Oisillons au bec brunâtre. Effectue des vols prolongés, souvent à haute altitude ; en quête de nourriture, démarche majestueuse. Vol : cou tendu, avec les pattes dépassant largement la queue. Voix : claquements de bec (salutation). Habitat : terrains humides, prairies, vallées fluviales avec des bosquets d'arbres. Nourriture : grenouilles, souris, insectes, vers de terre. Couvaison : III-VI, 3-5 œufs, C 31-34 jours, N 55 jours. Grand nid de branchages sur les bâtiments et les arbres.

2. Cigogne noire

Ciconia nigra (Cigognes)

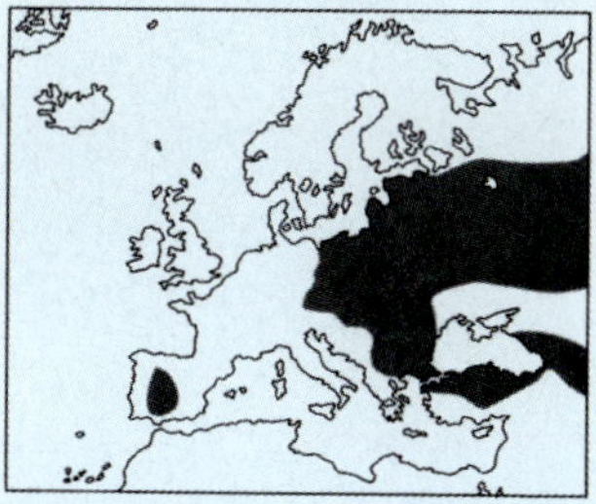

En Europe : IV-IX. Caractéristiques : 97 cm/3 000 g. Plumage presque tout noir, avec des reflets métalliques verts et pourprés ; ventre et sous-caudales blancs ; bec et pattes rouges. ♀ comme ♂. Vole des heures à haute altitude en profitant des courants ascendants ; farouche. Vol : cou et ailes noirs, ventre et aisselles blancs ; cou tendu. Voix : en vol « fuuo » ; excité, « fiiehch ». Habitat : forêts de feuillus ou de conifères avec des plans d'eau. Nourriture : poissons, tritons, grenouilles. Couvaison : IV-VII, 4 œufs, C 30-35 jours, N 62-69 jours. Grand nid de branchages sur les arbres.

3. Flamant rose

Phoenicopterus ruber (Flamants)

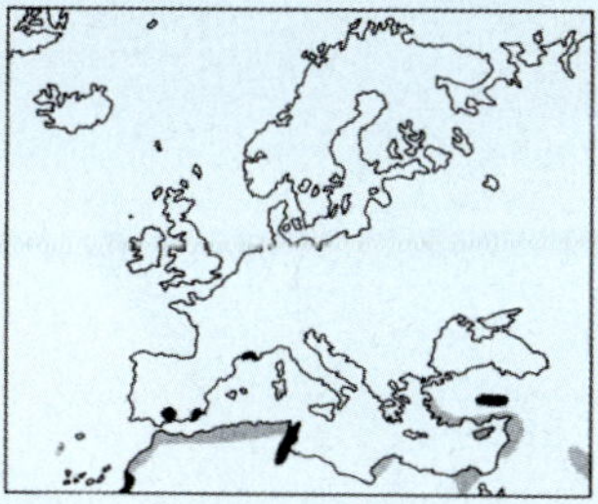

Caractéristiques : 127 cm/♂ 3,5 kg, ♀ 2,5 kg. Grand oiseau très élancé, au cou et aux pattes démesurés ; plumage blanc, teinté de rose ; bec rouge rosé, arqué vers le bas dans le milieu, avec la pointe noire. ♀ plus petite que ♂. Souvent en bandes compactes. Vol : couvertures alaires rouge écarlate, rémiges noires ; les troupes volent en formations cunéiformes ou en chaînes irrégulières. Voix : jacassements et cris d'oie « kakak » ou « gragra » ; cris trompetés gutturaux. Habitat : eaux salées ou saumâtres, lagunes côtières. Nourriture : petits crustacés, insectes aquatiques, larves d'insectes, vers, mollusques. Couvaison : IV-VII, 1 œuf, C 28-32 jours, N 4 jours. Nidifie en colonies ; nid conique à même le sol.

1|2

3

1. Cygne tuberculé

Cygnus olor (Anatidés)

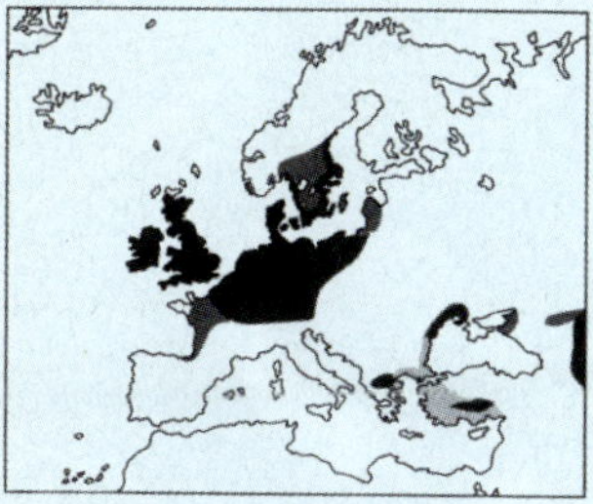

En Europe : I-XII. Caractéristiques : 152 cm/10-22 kg. Plumage d'un blanc de neige, avec bec rouge orangé et protubérance noire. A demi domestiqué dans les lacs des grands parcs. ♀ comme ♂. Voix : généralement silencieux, parfois sifflements rauques mais uniquement en état de défense. Habitat : lacs intérieurs et étangs au rivage plat couvert de végétation, grandes étendues d'eau libres. Nourriture : essentiellement constituée de plantes aquatiques. Couvaison : IV-VI, 5-7 œufs, C 34-38 jours, jeunes aptes à voler au bout de 4-5 mois. Nid au sol.

2. Cygne sauvage

Olor cygnus (Anatidés)

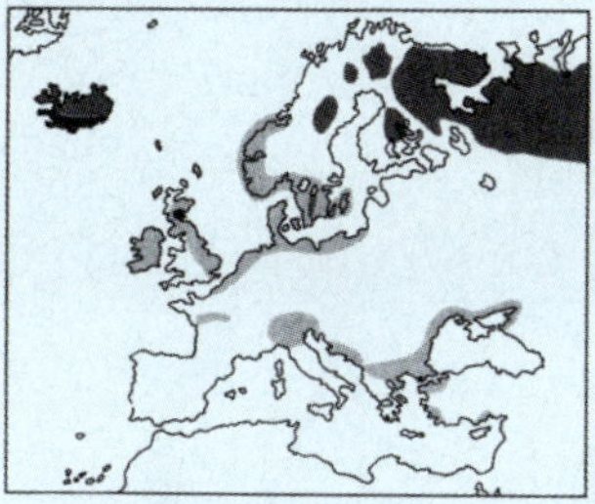

En Europe : IX-III ; visiteur de passage et hôte hivernal. Caractéristiques : 152 cm/7-12 kg. Semblable au cygne tuberculé, mais bec jaune avec une partie de la pointe noire, pas de tubercule, cou encore plus long et dressé. Pas de bruit particulier en vol. ♀ comme ♂. Voix : oiseau bruyant ; en nageant « ang » analogue au cri de l'oie, en vol « ang-heu ». Habitat : toundra et taïga du nord ; vient en hiver sur les côtes de la mer du Nord. Nourriture : plantes aquatiques immergées, jeunes céréales, herbe. Couvaison : V-VI, 5-6 œufs, C 35-42 jours, jeunes aptes à voler au bout de 4 mois. Nid au sol.

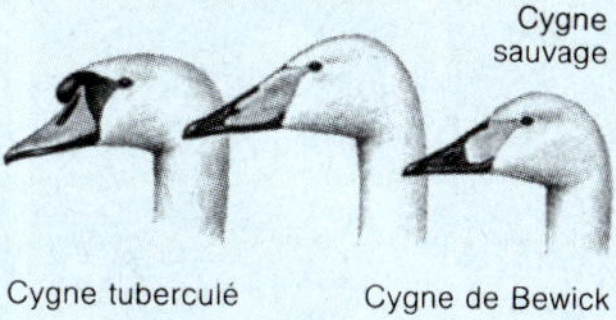

3. Cygne de Bewick

Olor bewickii (Anatidés)

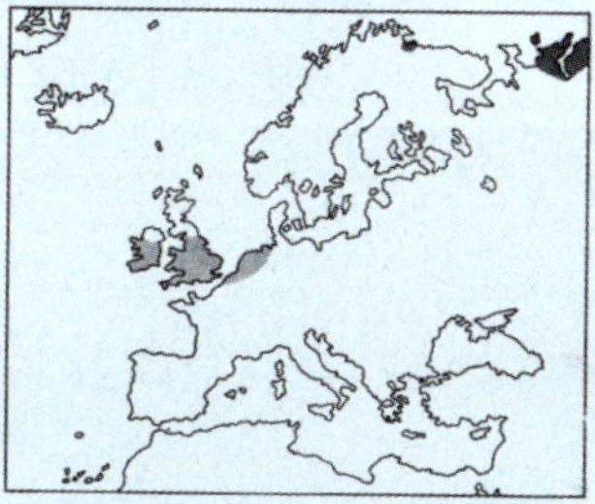

En Europe : IX-III ; visiteur de passage et hôte hivernal. Caractéristiques : 122 cm/5-7 kg. Très voisin du cygne sauvage, mais plus petit, cou plus court, moins de jaune sur le bec et dessin jaune non prolongé en coin vers l'avant. Voix : appel plus profond et plus étouffé, « houh houh » ou « kourou ». Habitat : toundra au nord de la limite des arbres ; en hiver, lacs peu profonds et prairies inondées. Nourriture : plantes aquatiques, herbe, graines de céréales. Couvaison : VI-VII, 4-5 œufs, C 29-30 jours, jeunes aptes à voler à 8 semaines. Nid au sol.

1

2

3

1. Oie cendrée

Anser anser (Anatidés)

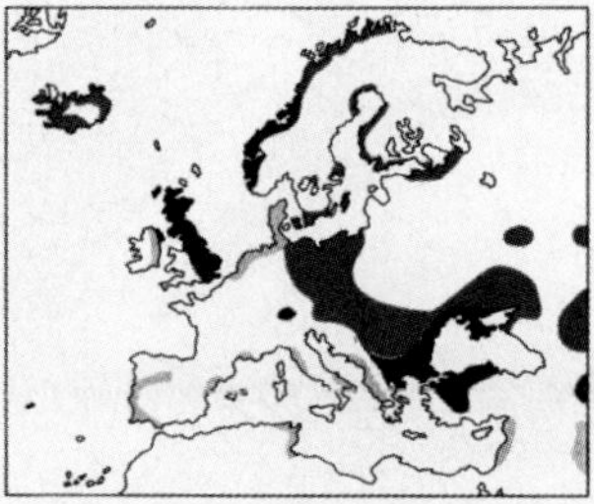

En Europe : III-X ; les populations d'oies cendrées acclimatées dans de nombreuses régions passent l'hiver dans leur terrain de nidification. Caractéristiques : 76-89 cm/ 2 300-3 500 g. Plumage gris argenté, bec orangé, pattes couleur chair. La race d'Orient a le bec couleur chair. Ancêtre de l'oie de basse-cour. A la saison des amours, en couples ; sinon en bandes familiales ou (quand elles se déplacent) en vastes troupes migratrices ; vol groupé en formation de « V ». Voix : semblable à l'oie domestique en moins bruyant et moins gênant, plus économe de toute émission vocale ; lance en vol un « aahng-ong-ong » prolongé ; cri de ralliement « gagaga ». Habitat : grandes étendues d'eau bordées de végétation dense (roseaux, joncs) et prairies ou pâturages avoisinants, vastes landes. Nourriture : strictement végétale ; herbes, jeunes céréales, feuilles et jeunes pousses de trèfle, pissenlit, laiteron. Recherche sa nourriture à terre, non dans l'eau. Couvaison : IV-VI, 5-6 œufs, C 28-29 jours, jeunes aptes à voler au bout de 8 semaines. Nid au sol.

2. Oie des moissons

Anser fabalis (Anatidés)

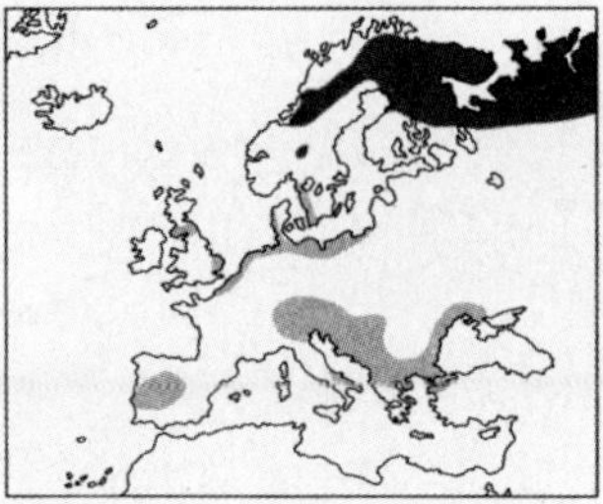

En Europe : X-V ; visiteur de passage et hôte hivernal. Caractéristiques : 71-89 cm/3 000-4 100 g. De la taille de l'oie cendrée, mais plumage plus foncé et plus brun (non pas gris) ; tête, cou et dos beaucoup plus noirs ; tête et bec plus longs ; bec noir à bande orangée ; pattes jaune orangé. Vol : se distingue de l'oie cendrée par ses teintes beaucoup plus sombres et ses appels plus faibles. Voix : pas aussi bruyante que l'oie cendrée ; lance en vol un « kajak kajak » précipité ou des « ang-ang » profondément trompetés. Habitat : nappes d'eau de la taïga claire ; en hiver, champs, pâturages et vastes prairies. Nourriture : comme l'oie cendrée ; herbes, jeunes céréales, plantes herbacées. Couvaison : V-VI, 4-6 œufs, C 27-29 jours, jeunes aptes à voler au bout de 8 semaines. Nid au sol.

Oie cendrée

Oie des moissons

1

2

1. Oie rieuse

Anser albifrons (Anatidés)

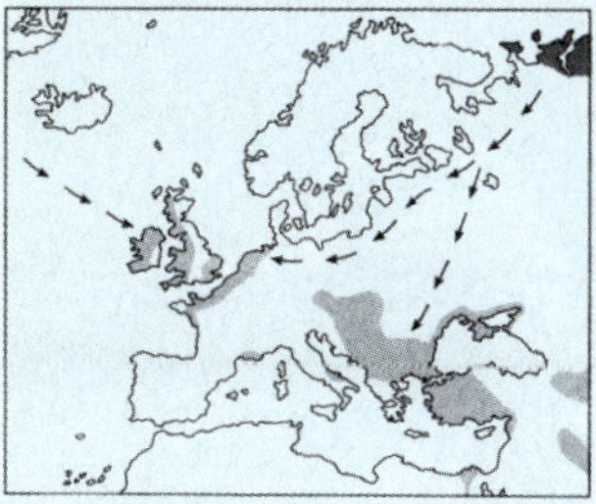

En Europe : X-V ; visiteur de passage et hôte hivernal (Hollande). Caractéristiques : 68-76 cm/1 400-3 300 g. Plus petite que l'oie cendrée et l'oie des moissons (p. 30) ; tache frontale blanche, barres transversales noires irrégulières sur le dessous du corps ; bec rose clair ; pattes orangées. Voix : appels clairs de 2 ou 3 syllabes « klieu-klieu » ou « klik-klik-klik ». Habitat : toundra du nord ; en hiver, prairies voisines des côtes. Nourriture : herbes et semences d'herbes ; dans ses quartiers d'hiver, plantes halophytes. Couvaison : VI-VII, 5-6 œufs, C 27-28 jours, jeunes aptes à voler à 7 semaines. Nid au sol.

2. Oie naine

Anser erythropus (Anatidés)

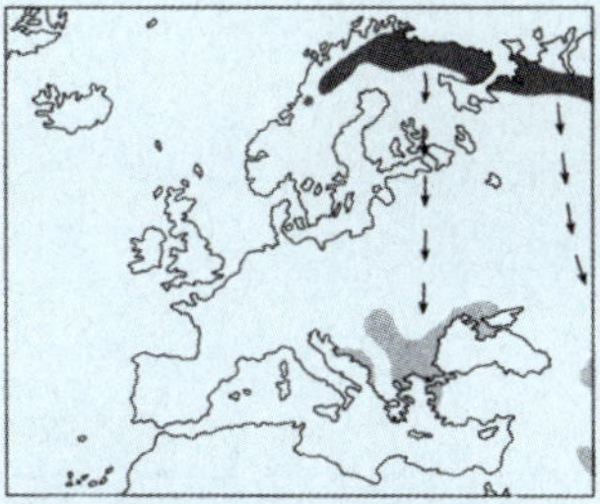

En Europe : IX-X, IV-V ; rare visiteur de passage. Caractéristiques : 53-68 cm/1 400-2 000 g. Ressemble à l'oie rieuse, mais plus petite, avec le cou et le bec plus courts ; étroit cercle oculaire jaune vif. Voix : aiguë très rapide « kjou-lit, kjou-lit » ou « klick-klou-klick-klou ». Habitat : taïga du nord jusqu'à la zone méridionale de toundra. Nourriture : feuilles et pousses de saules nains *(Salix herbacea)*, herbes. Couvaison : V-VI, 4-5 œufs, C 25-28 jours, jeunes aptes à voler à 5 semaines. Nid au sol.

3. Bernache du Canada

Branta canadensis (Anatidés)

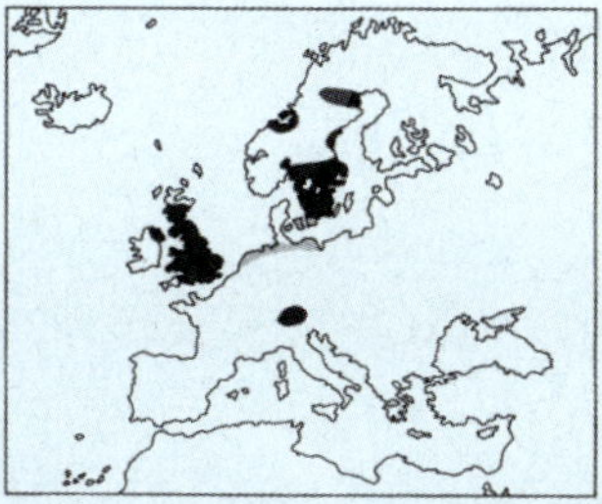

En Europe : I-XII ; acclimatée. Caractéristiques : 92-102 cm/3 600-5 400 g. Très grande oie au long cou ; tête et cou noirs, joues et gorge blanches. ♀ comme ♂. Voix : « ah-honk » trompetant et résonnant, la plus sonore de toutes les voix d'oies. Habitat : lacs et étangs d'eau douce ; en hiver, également la zone côtière. Nourriture : herbes, plantes aquatiques. Couvaison : III-VI, 5-6 œufs, C 28-30 jours, jeunes aptes à voler au bout de 9 semaines. Nid au sol.

1

2

3

1. Bernache nonnette

Branta leucopsis (Anatidés)

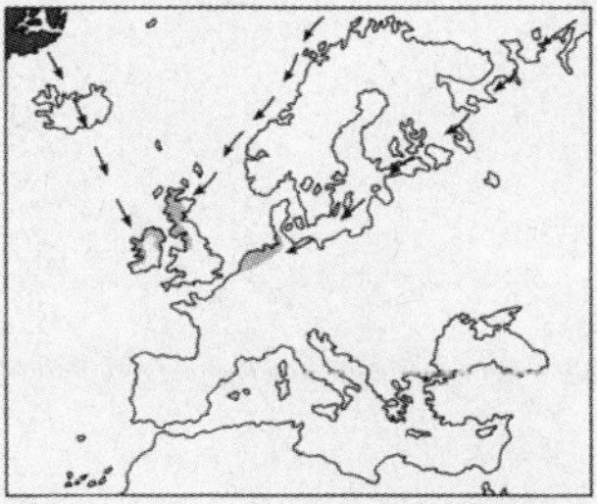

En Europe : X-IV ; hôte hivernal des côtes de la mer du Nord. Caractéristiques : 58-69 cm/1 400-2 400 g. Plus petite que l'oie rieuse (p. 32) ; sur la tête, dessin noir et blanc ; dos gris-bleu, dessous blanchâtre. ♀ comme ♂. Voix : appels éraillés « grégrégré », rappelant des aboiements lointains. Habitat : toundra du nord ; en hiver, les estuaires peu profonds et les prés inondés des côtes. Nourriture : herbe ; pousses et chatons de la végétation polaire ; en hiver, aussi, zostère. Couvaison : V-VI, 3-5 œufs, C 24-25 jours, jeunes aptes à voler à 7 semaines. Nid sur les corniches rocheuses.

2. Bernache cravant

Branta bernicla (Anatidés)

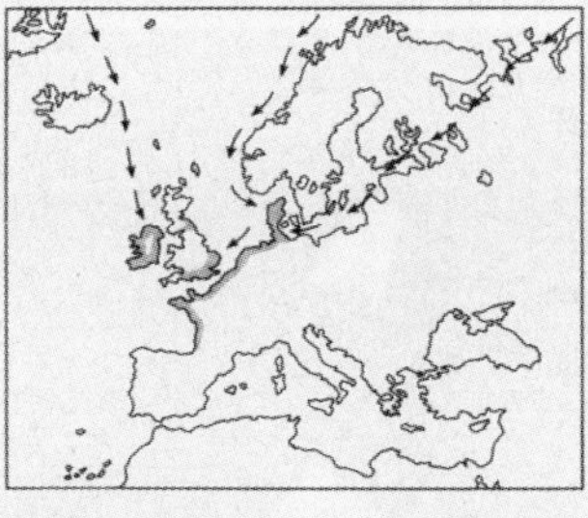

En Europe : IX-V ; hôte hivernal des côtes de la mer du Nord. Caractéristiques : 56-61 cm/1 100-1 700 g. La plus petite oie d'Europe ; plumage très sombre, tache blanche de chaque côté du cou, « poupe » blanche. Les bernaches cravants de race russe ont le ventre foncé. Voix : « rott-rott-rott » audible de loin. Habitat : toundra arctique ; en hiver, bancs d'herbes marines dans les estuaires. Nourriture : herbes, mousses, lichens ; en hiver, zostère et algues vertes. Couvaison : VI-VII, 3-5 œufs, C 24-26 jours. Nid au sol.

3. Tadorne de Belon

Tadorna tadorna (Anatidés)

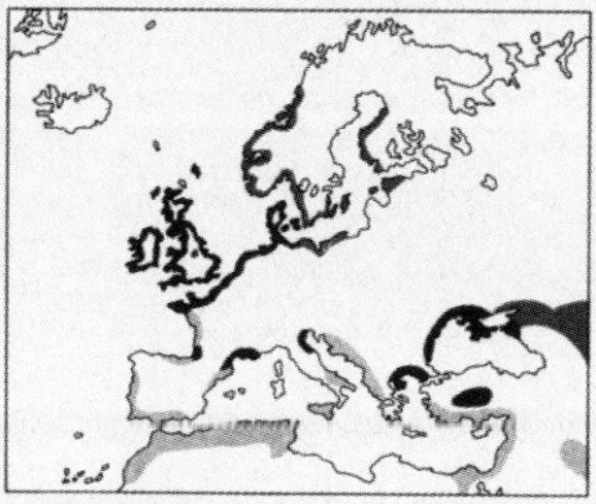

En Europe : I-XII. Caractéristiques : 61 cm/800- 1 400 g. Dessin contrasté de noir, blanc et rouge ; bec rouge corail ; à la saison des amours, ♂ avec tubercule à la racine du bec. ♀ comme ♂, mais avec des coloris plus mats et le bec sans tubercule. Voix : oiseau bruyant ; ♂ sifflement élevé, « houiiih » ; ♀ lance des « ak ak ak » rapides et durs. Habitat : côtes. Nourriture : coques, escargots de mer, annélides et petits crustacés. Couvaison : IV-VII, 8-12 œufs, C 28-30 jours, jeunes aptes à voler à 8 semaines. Nid dans des trous.

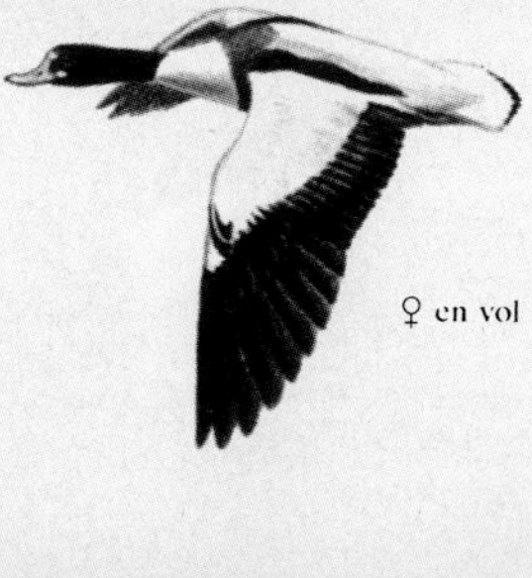

♀ en vol

1

2

3

1. Canard colvert

Anas platyrhynchos
(Anatidés)

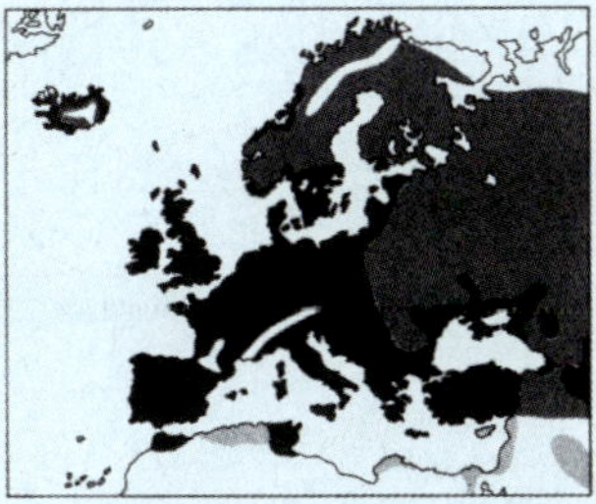

En Europe : I-XII. Caractéristiques : 58 cm/900-1 500 g. Le canard le plus courant d'Europe ; ♂ à la tête vert bouteille, au collier blanc, à la poitrine brune, avec le dessus et le dessous du corps gris perle ; ♀ brune ; oisillons comme ♀. Voix : ♂ « rèb rèb » enroué ; ♀ « ahk ahk ahk » sonore. Habitat : nappes d'eau tranquille, étangs des parcs. Nourriture : plantes et animaux aquatiques, céréales. Couvaison : III-VII, 6-10 œufs, C 26-29 jours, jeunes aptes à voler à 7 semaines. Nid au sol, aussi sur les saules ou les toits plats.

2. Canard chipeau

Anas strepera (Anatidés)

En Europe : I-XII. Caractéristiques : 51 cm/600-1 300 g. Plus petit que le colvert, plus svelte ; ♂ à prédominance de gris, couvertures alaires brunes, « poupe » noire, miroir alaire blanc ; ♀ comme celle du colvert, mais avec bec jaunâtre et

miroir alaire blanc ; canetons comme ♀. Voix : ♂ « teu teu » nasal et profond ; ♀ pousse des « rèck rèck ». Habitat : eaux stagnantes, avec végétation riche sur les rives. Nourriture : plantes aquatiques et graines de potamot, petits animaux. Couvaison : V-VII, 8-12 œufs, C 25-27 jours, jeunes aptes à voler à 7 semaines. Nid au sol.

3. Canard pilet

Anas acuta (Anatidés)

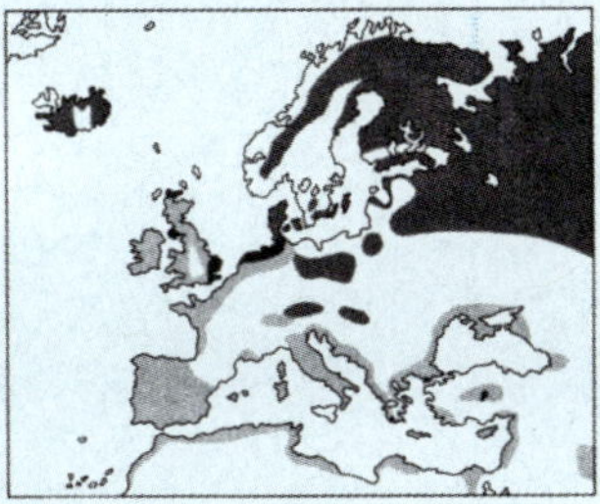

En Europe : IV-X ; par endroits I-XII. Caractéristiques : 66 cm/600-1 100 g. Plus mince que le colvert, avec un cou long et fin et une longue queue pointue ; ♂ tête et dessus du cou brun foncé, striures longitudinales blanches sur les côtés du cou ; ♀ brun rougeâtre. Voix : ♂ en parade nuptiale « kruck » ou « pfub » sifflant ; ♀ bafouillages grinçants. Habitat : toundra du nord, landes et marais. Nourriture : plantes aquatiques, petits animaux aquatiques. Couvaison : IV-VI, 7-11 œufs, C 21-23 jours, sinon comme le chipeau.

1

2

3

1. Sarcelle d'hiver

Anas crecca (Anatidés)

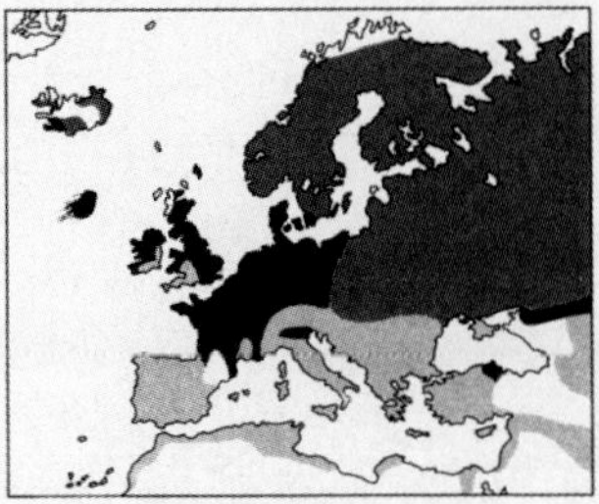

En Europe : III-X ; en Europe occidentale et méridionale I-XII. Caractéristiques : 36 cm/250-350 g. Le plus petit canard d'Europe ; ♂ tête brune avec de larges raies vertes sur les côtés ; ♀ tachetée de brun. Oiseau très grégaire. Voix : en parade nuptiale, ♂ lance un « kruck » sifflant élevé ; ♀ lance un « ghé-ghéghé » précipité. Habitat : eaux stagnantes, landes. Nourriture : en été, surtout larves d'insectes, moules, escargots ; en hiver, plantes aquatiques, graines. Couvaison : V-VI, 6-10 œufs, C 21-25 jours, jeunes aptes à voler à 6 semaines. Nid au sol.

2. Sarcelle d'été

Anas querquedula (Anatidés)

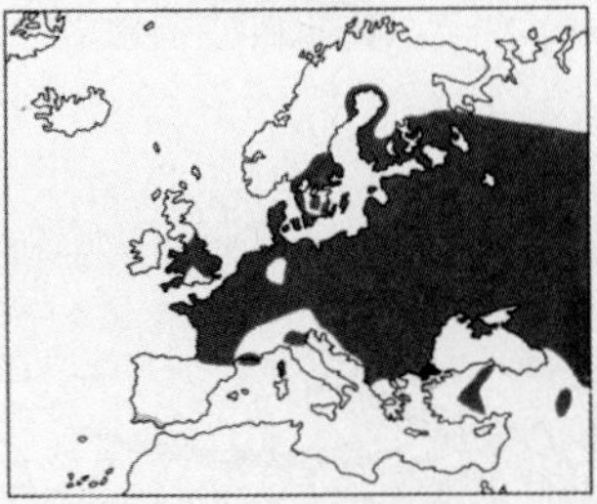

En Europe : III-X. Caractéristiques : 38 cm/300-450 g. ♂ tête, cou et poitrine bruns, large sourcil blanc visible de loin, scapulaires gris-bleu, ventre blanc ; ♀ comme celle de la sarcelle d'hiver, mais dessin de la tête plus contrasté et bec plus long. Voix : en parade nuptiale, ♂ lance un bruit de crécelle, « klerr-reb » ; ♀ pousse un « knéék » comme le colvert mais plus aigu. Habitat : eaux stagnantes ou coulant lentement, riches en végétation haute. Nourriture : comme la sarcelle d'hiver. Couvaison : V-VI, 8-11 œufs, C 23 jours, jeunes aptes à voler à 6 semaines. Nid au sol.

3. Canard siffleur

Anas penelope (Anatidés)

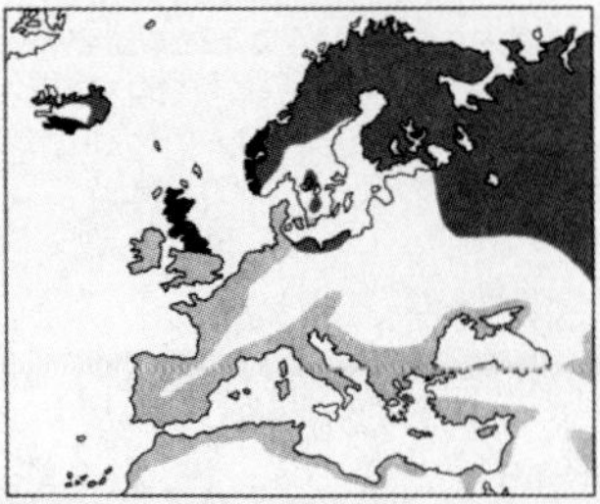

En Europe : IX-IV ; ne nidifie plus qu'en quelques endroits. Caractéristiques : 46 cm/450-850 g. Plus petit et plus mince que le colvert (p. 36) ; ♂ tête brun-rouge, calotte jaune clair, ailes avec une bande blanche, plumage du corps gris perle ; ♀ brun-roux ; canetons comme ♀. Voix : ♂ appel sifflant (d'où son nom) « ouiitouh » ; ♀ bruit de crécelle « terrr ». Habitat : toundra du nord, landes ; souvent en hiver dans les estuaires. Nourriture : surtout plantes des marais et plantes aquatiques, pâture l'herbe à la façon de l'oie. Couvaison : V-VI, 7-10 œufs, C 22-25

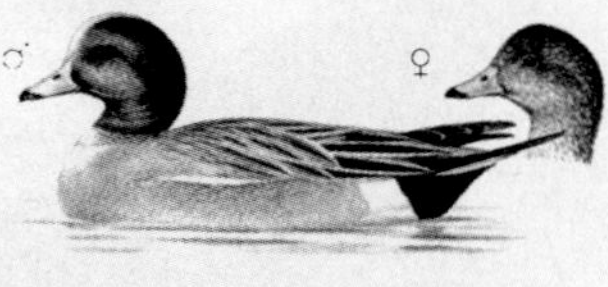

jours, jeunes aptes à voler au bout de 6 semaines. Nid au sol.

1

2

3

1. Canard souchet

Anas clypeata (Anatidés)

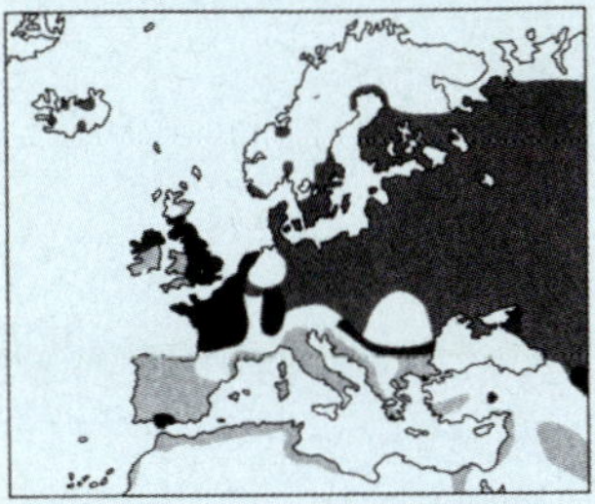

En Europe : III-X. Caractéristiques : 51 cm/500-800 g. Long bec élargi en spatule à son extrémité ; ♂ tête vert brillant, ventre et flancs roux, poitrine blanche, scapulaires bleues ; ♀ brunâtre comme la cane du colvert (p. 36), mais avec les scapulaires plus bleues. Voix : ♂ appel profond et rauque, « touk-touk » ; ♀ cancane comme celle du colvert, « woak-woak ». Habitat : lacs intérieurs de plaine à végétation riche. Nourriture : fines particules alimentaires à la surface de l'eau. Couvaison : V-VI, 8-12 œufs, C 25-27 jours, jeunes aptes à voler à 6-7 semaines. Nid au sol.

2. Nette rousse

Netta rufina (Anatidés)

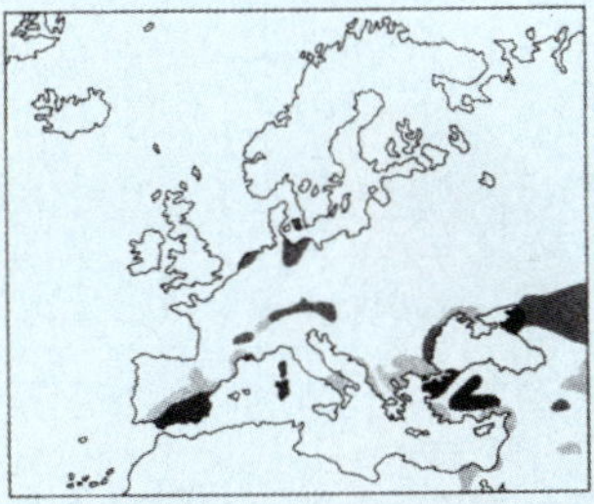

En Europe : III-X. Caractéristiques : 56 cm/800-1 200 g. ♂ tête roussâtre aux plumes ébouriffées sur le front et la calotte, poitrine noire, dessus du corps brun, épaules et flancs blancs, bec rouge carmin ; ♀ brun-gris, avec des joues claires. Voix : ♂ appel rauque, « baite » ; ♀ bruit de crécelle, « keurr ». Habitat : lacs et étangs chauds de plaine, bordés d'une végétation riche. Nourriture : essentiellement végétale (potamot, algues charophytes). Couvaison : V-VI, 6-12 œufs, C 26-28 jours, jeunes aptes à voler à 6-7 semaines. Nid au sol.

3. Fuligule milouin

Aythya ferina (Anatidés)

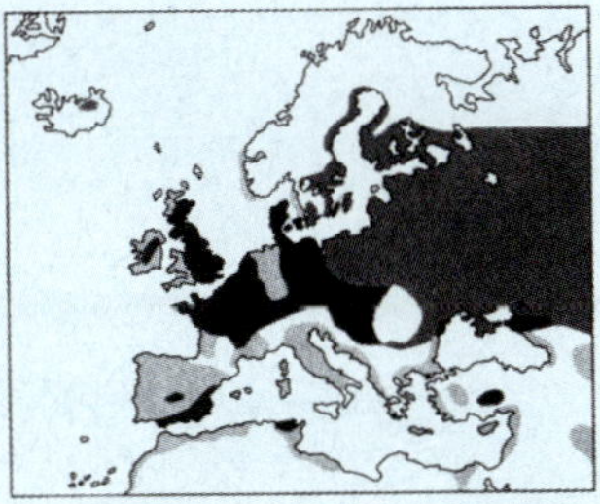

En Europe : I-XII. Caractéristiques : 46 cm/600-1 100 g. Un peu plus gros que le fuligule morillon (p. 42), trapu, avec une grande tête allongée ; ♂ tête et cou marron, poitrine et queue noires, tronc gris clair ; ♀ brun foncé. Voix : ♂ en parade nuptiale, sifflements sourds ; ♀ bruit de crécelle, « charr-charr ». Habitat : grands lacs d'eau douce aux rives riches en végétation, lacs d'eau saumâtre. Nourriture : surtout plantes aquatiques. Couvaison : V-VI, 8-11 œufs, C 24-26 jours, jeunes aptes à voler au bout de 7 semaines. Nid au sol.

1

2

3

1. Fuligule morillon

Aythya fuligula (Anatidés)

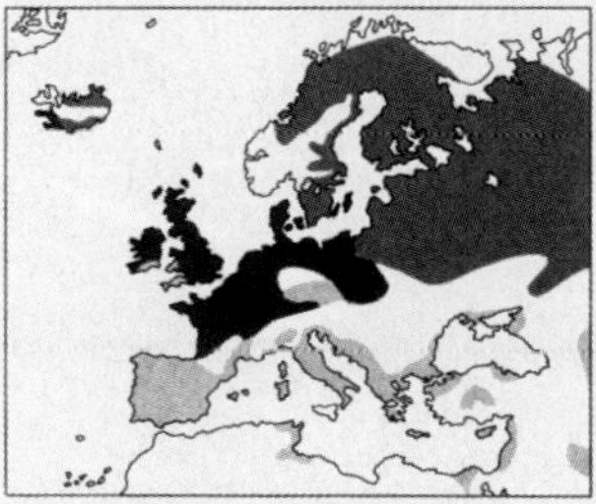

En Europe : I-XII. Caractéristiques : 43 cm/600-1 000 g. Petit canard plongeur trapu ; ♂ d'un noir profond, flancs et ventre blancs, tête avec des reflets violets, longue huppe, yeux jaunes ; ♀ brune avec une courte huppe et souvent un étroit anneau blanc à la racine du bec. Voix : ♂ en parade nuptiale, sifflements doux « gu gu » ; ♀ bruit de crécelle, « karr karr ». Habitat : eaux stagnantes ou coulant lentement avec de la végétation sur les berges et des surfaces dégagées. Nourriture : surtout animale (moules, escargots, larves d'insectes). Couvaison : V-VIII, 8-10 œufs, C 23-25 jours, jeunes aptes à voler à 9 semaines. Nid au sol.

2. Fuligule milouinan

Aythya marila (Anatidés)

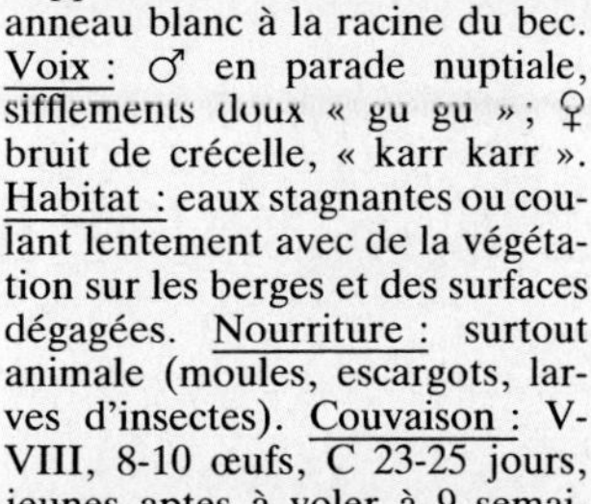

En Europe : X-III. Caractéristiques : 48 cm/700-1 300 g. ♂ tête noire avec des reflets verts, cou, poitrine et queue noir mat, dos gris clair, dessous du corps blanc, yeux jaunes ; ♀ comme celle du morillon mais avec un anneau blanc plus étendu à la racine du bec. Voix : ♂ appels sourds roucoulés en parade ; ♀ « karr-karr » profond. Habitat : lacs et étangs de la toundra et de la taïga ; en hiver, sur la mer. Nourriture : moules, escargots, vers. Couvaison : V-VI, 6-9 œufs, C 24-28 jours, jeunes aptes à voler à 6 semaines. Nid au sol.

3. Fuligule nyroca

Aythya nyroca (Anatidés)

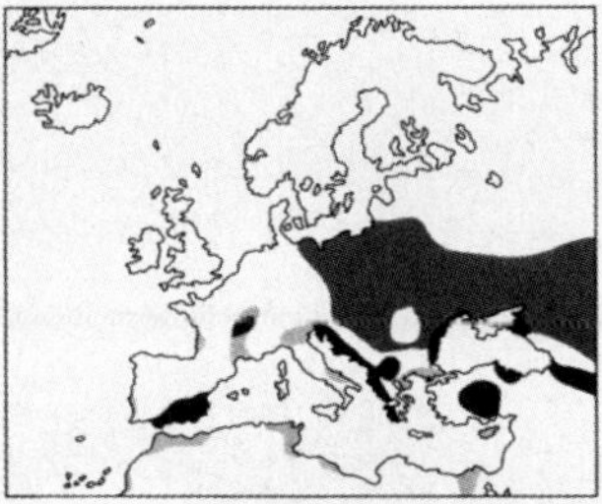

En Europe : I-XII (rare). Caractéristiques : 41 cm/450-650 g. Petit canard plongeur de même forme qu'un canard de surface, moins compact que le morillon et le milouin (p. 40). ♂ marron foncé, sous-caudales blanc étincelant, yeux blancs ; ♀ brun foncé avec des reflets rougeâtres, yeux sombres. Voix : ♂ bruit de crécelle, « keurr keurr keurr » ; ♀ « gerr gerr » dans un registre plus élevé. Habitat : eaux intérieures stagnantes avec une riche végétation, petits lacs de forêt. Nourriture : plantes aquatiques (lentilles d'eau, algues charophytes). Couvaison : V-VI, 8-10 œufs, C 25-27 jours, jeunes aptes à voler au bout de 8 semaines. Nid au sol.

1

2

3

1/2. Eider à duvet

Somateria mollissima
(Anatidés)

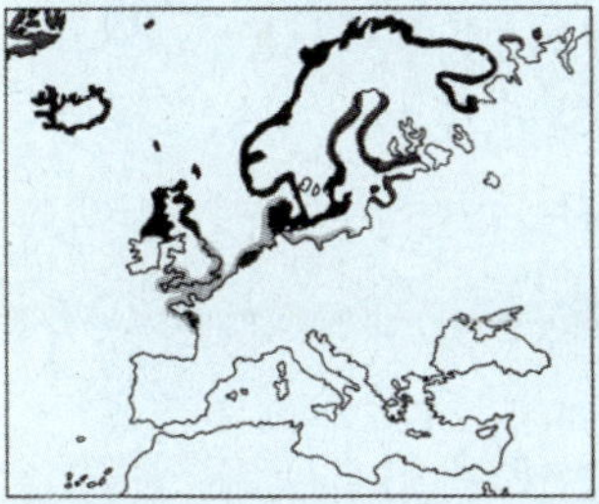

En Europe : I-XII. Caractéristiques : 58 cm/1 300-2 800 g. Lourd canard marin presque de la taille d'une oie, au profil caractéristique ; ♂ dessus du corps blanc, dessous noir, arrière de la tête et côtés du cou vert clair, dessus de la tête noir ; ♀ (ill. 2) coloris comme celle du colvert (p. 36), mais avec la poitrine rayée, se reconnaît à sa forme pataude et son long profil. Voix : ♂ appel tonitruant, « ouhououhouou » ; ♀ profond « korr korr ». Habitat : côtes maritimes. Nourriture : moules, escargots, étoiles de mer. Couvaison : V-VI, 4-9 œufs, C 26-26 jours, jeunes aptes à voler à 8-10 semaines. Nid au sol.

3. Macreuse brune

Melanitta fusca (Anatidés)

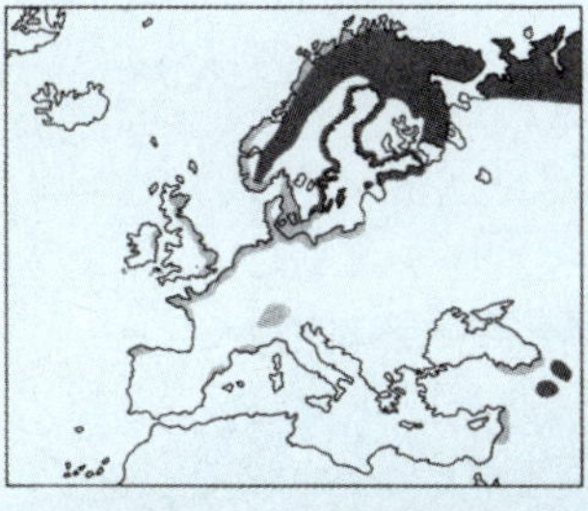

En Europe : XI-III. Caractéristiques : 56 cm/1 100-1 900 g. ♂ d'un noir pur jusqu'à la pointe blanche des ailes avec une tache blanche sous les yeux, bec jaune orangé, pattes rouges ; ♀ brun noirâtre avec 2 taches claires sur les côtés de la tête. Voix : ♂ lance un appel « kjou » ou « kjouorr » ; ♀ un « braaa braaa » vibrant. Habitat : à la saison des nids sur les eaux de la taïga et de la toundra ; en hiver sur mer. Nourriture : escargots et moules. Couvaison : V-VII, 7-10 œufs, C 27 jours, jeunes aptes à voler à 6-7 semaines. Nid au sol.

4. Macreuse noire

Melanitta nigra (Anatidés)

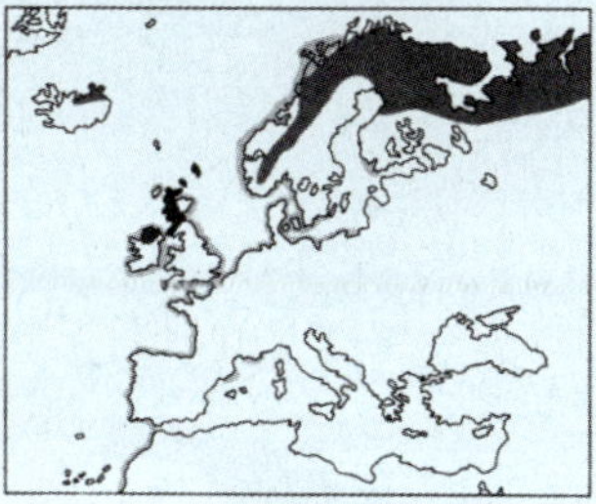

En Europe : XI-IV. Caractéristiques : 48 cm/700-1 400 g. Le seul canard tout noir (♂), bec avec une tache orangée ; ♀ brun foncé avec les joues claires. Se distingue de la macreuse brune plus grosse par l'absence de blanc dans le plumage. Voix : ♂ appels flûtés et roucoulés ; ♀ bruit de crécelle. Habitat : à la saison des nids sur les eaux de la toundra et de la taïga ; sur la mer en automne et en hiver. Nourriture : presque exclusivement moules et escargots. Couvaison : V-VI, 6-9 œufs, C 27-31 jours, jeunes aptes à voler au bout de 6-7 semaines. Nid au sol.

1|2

3

4

1. Garrot à œil d'or

Glaucionetta clangula
(Anatidés)

En Europe : I-XII. Caractéristiques : 46 cm/500-1 100 g. Canard plongeur trapu, avec une haute tête épaisse paraissant triangulaire ; ♂ tête noire avec des reflets verts, tache blanche arrondie derrière le bec, dessus du corps noir, dessous blanc, larges rayures blanches aux scapulaires ; ♀ tête brune, dos gris clair. Voix : ♂ bruit de crécelle « kraah » ou, en parade « knirr » ; ♀ « keurr » sourd. Habitat : eaux intérieures, au voisinage de la forêt. Nourriture : escargots, vers, petits crustacés, insectes aquatiques. Couvaison : IV-VII, 6-11 œufs, C 27-32 jours, jeunes aptes à voler à 8 semaines. Nid dans des crevasses.

2/3. Harelde de Miquelon

Clangula hyemalis (Anatidés)

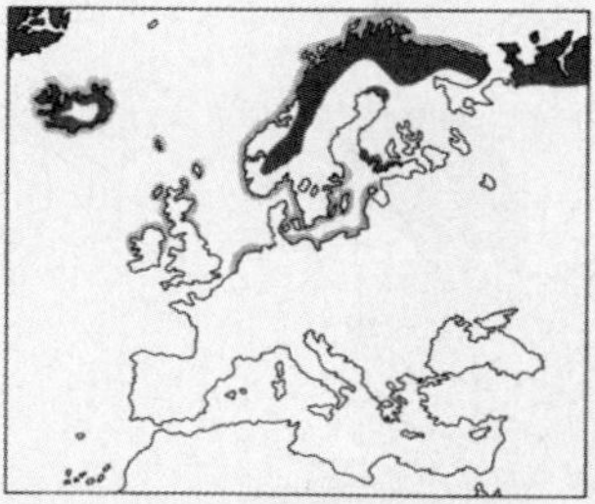

En Europe : X-IV. Caractéristiques : 53 cm (♂), 41 cm (♀)/ 600-900 g. ♂ en livrée estivale (ill. 2, à droite) et en livrée hivernale (ill. 3), avec une queue longue et pointue ; ♀ en livrée hivernale, tête blanche, calotte foncée, tache grise aux oreilles, dos et poitrine foncés, ventre blanc ; ♀ en livrée estivale, dos gris brunâtre, rayures blanches des yeux à l'arrière de la tête, collier blanc, ventre clair. Voix : ♂ lance un appel audible de loin, « aholick-a-a-aholick » ; ♀ un lancinant « ark ark ark eng eng eng gouou ». Habitat : eaux de la toundra ; sur la mer en hiver. Nourriture : moules, escargots, crustacés. Couvaison : V-VI, 5-9 œufs, C 23-25 jours, jeunes aptes à voler à 5 semaines. Nid au sol.

Canard mandarin

Dendronessa galericulata
(Anatidés)

En Europe : I-XII ; nidifie en Angleterre, en Hollande et dans le sud de l'Allemagne (oiseaux de parcs redevenus sauvages).

Caractéristiques : 43 cm. Petit canard à la tête de couleurs contrastées, avec un long capuchon et des plumes ornementales verticales orangées dans les ailes (illustration au verso de la couverture) ; ♀ dessus du corps brun-gris et dessous marbré de clair ; cercle oculaire blanc s'étirant jusqu'à la nuque. Voix : ♂ sifflement perçant en vol « wrrick » ; ♀ « ack-ack ». Habitat : cours d'eau et lacs des parcs. Nourriture : graines, fruits, noix, vers, insectes. Couvaison : IV-VI, 9-12 œufs, C 28-30 jours. Nid dans des cavités.

1

2

3

1. Harle bièvre

Mergus merganser (Anatidés)

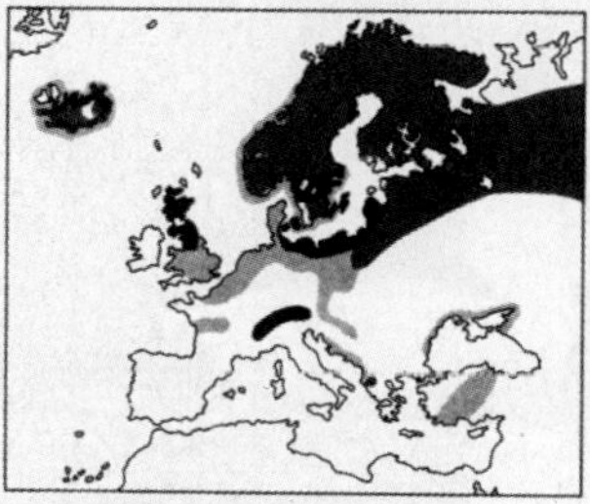

En Europe : I-XII. Caractéristiques : 66 cm/1 200-2 000 g. La plus grande espèce de harle ; ♂ blanc teinté de saumon, dos noir, tête et haut du cou noirs avec des reflets vert foncé, houppe de la nuque en crinière, bec rouge ; ♀ tête et haut du cou bruns, corps gris, houppe hirsute sur la nuque. Voix : ♂ lance en parade un « keurr korr-keurr keurr korr » métallique ; ♀ émet un « eckeckeckeck ». Habitat : cours d'eau et lacs limpides aux rives couvertes d'arbres. Nourriture : poissons ayant jusqu'à 15 cm de longueur. Couvaison : III-VI, 8-12 œufs, C 32-35 jours, jeunes aptes à voler à 6 semaines. Nid dans des cavités.

2. Harle huppé

Mergus serrator (Anatidés)

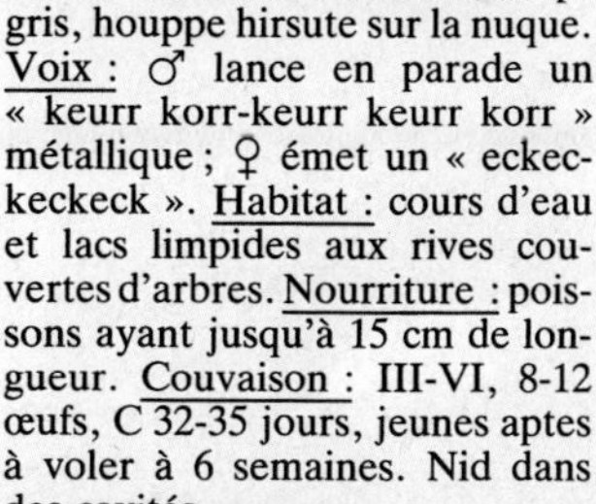

En Europe : I-XII. Caractéristiques : 58 cm/800-1 300 g. Presque de la taille du colvert. Bec encore plus mince et plus fin que le harle bièvre ; double huppe sur la tête, poitrine brune, flancs gris clair ; ♀ très semblable à celle du harle bièvre, mais le brun de la tête et du cou se fond dans le gris du corps. Voix : ♂ sorte de miaulements « jiouw » ou « orrr » plus durs ; ♀ « rokrokrokrok ». Habitat : zones d'eau calme des côtes, fjords et lacs intérieurs. Nourriture : poissons et crustacés. Couvaison : V-VII, 5-12 œufs, C 29-35 jours, jeunes aptes à voler à 8-9 semaines. Nid au sol.

3. Harle piette

Mergellus albellus (Anatidés)

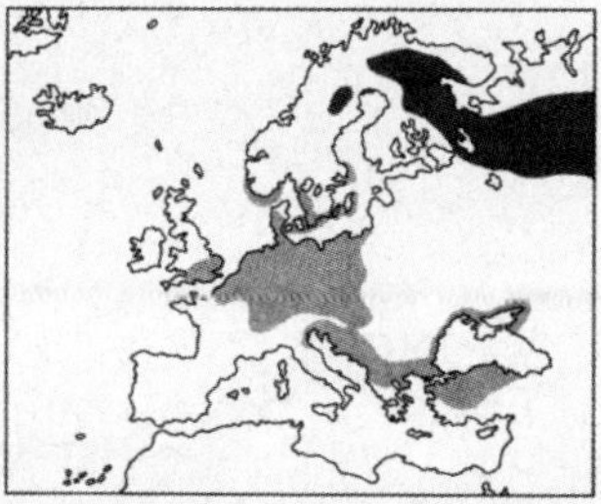

En Europe : IX-IV. Caractéristiques : 42 cm/550-900 g. Beaucoup plus petit que le harle huppé, à peu près de la taille du fuligule morillon ; ♂ à prédominance de blanc, avec quelques dessins noirs ; ♀ dessus de la tête et nuque brun-rouge, côtés de la tête blanchâtres, dos gris ardoise. Voix : ♂ émet des cris très grinçants pendant la saison des amours, « krr-eck » ; ♀ appel mono-syllabique « greg ». Habitat : lacs d'eau douce et étangs des régions très boisées, parties inondées des forêts. Nourriture : petits poissons et insectes aquatiques. Couvaison : V-VI, 6-9 œufs, C 30 jours, jeunes aptes à voler à 9-11 semaines. Nid dans des cavités.

1

2

3

Planche des oiseaux de proie

Aspect en vol de l'autour, de l'épervier et des faucons.
Aspect en vol des buses, milans et busards.

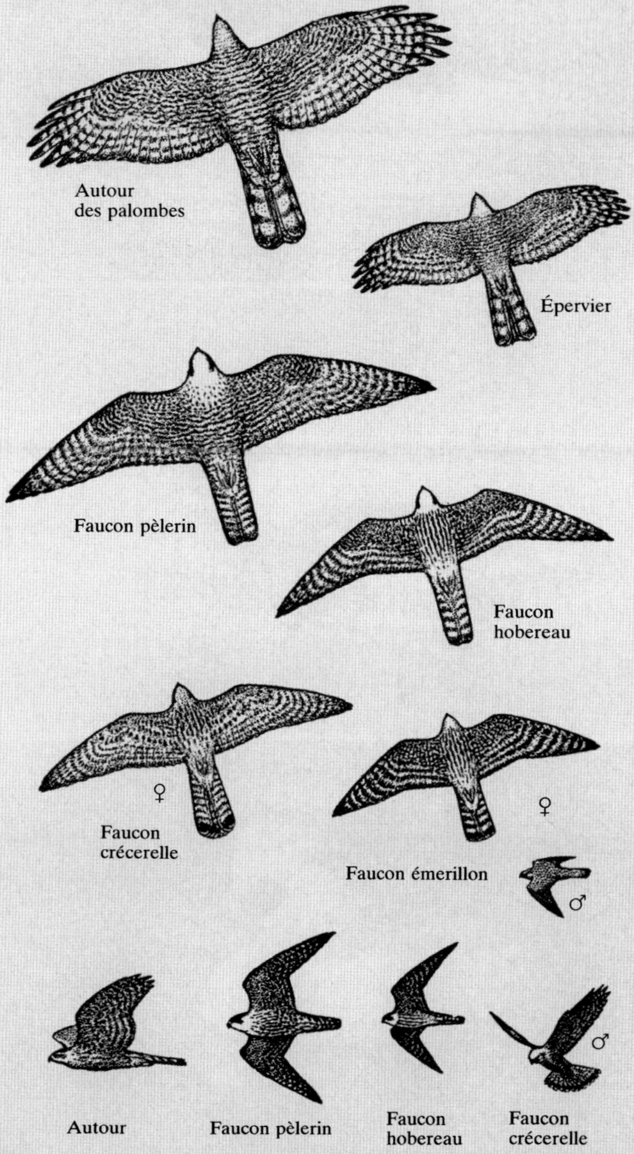

Buse variable
Bondrée apivore
Milan noir
Milan royal
Busard
des roseaux
♂
♀
♂
♀
Busard cendré

1. Balbuzard pêcheur

Pandion haliaetus
(Rapaces diurnes ou Accipitridés)

En Europe : III-IX. Caractéristiques : 51-58 cm/1 200-2 000 g. Petit aigle au ventre d'un blanc éblouissant, au dos brun noirâtre et à la tête blanche. ♀ comme ♂. Oisillons, calotte et nuque plus foncées avec rayures prononcées, rectrices plus rubanées. Vol : forme élancée, longues ailes étroites à demi repliées, sauf en vol plané. A la recherche de nourriture, il survole les lacs et les cours d'eau avec de lents battements d'ailes mous. Fait souvent du surplace. Voix : autour de son nid, émet des séries de sons allant en decrescendo, comme « tjipp-tjipp-tjipp-tjupp-tjeupp-tjeupp ». Habitat : terrains boisés riches en lacs, rives, côtes maritimes. Nourriture : poissons pesant jusqu'à 2 kg. Couvaison : IV-VII, 2-4 œufs, C 38 jours, N 50-59 jours. Nid dans les arbres.

2. Pygargue à queue blanche

Haliaetus albicilla
(Rapaces diurnes)

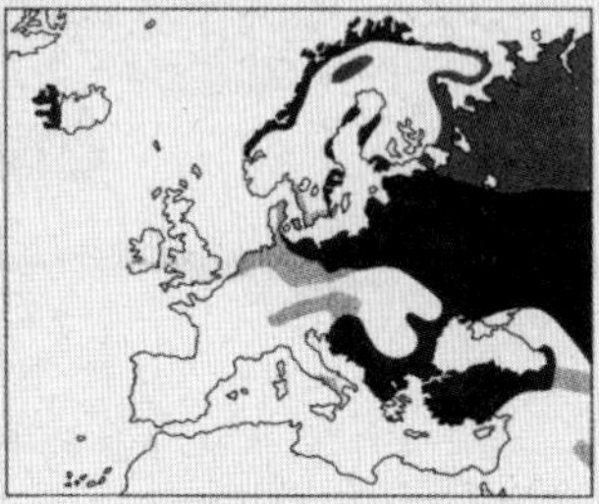

En Europe : I-XII. Caractéristiques : 69-91 cm/4 000-7 500 g. Très grand aigle massif, au bec jaune voyant, à la courte queue. Adulte brun-gris à tête claire et queue blanche. ♀ comme ♂. Oisillons plus foncés, sans contraste entre la tête et le corps, queue sombre. Vol : plane avec les ailes droites, la tête très avancée et une courte queue cunéiforme. Vol ramé énergique, avec de profonds battements d'ailes. Voix : en parade, le ♂ lance en vol une série de « krick-rick-rick-rick », la ♀ des « ra-rack-rack-rack » plus profonds ; d'autres appels comme « krau » ou « ghé-ghé-ghé ». Habitat : côtes maritimes, grands lacs et cours d'eau. Nourriture : gros poissons et oiseaux aquatiques (foulques, canards, oies), aussi mammifères et charognes. Couvaison : II-VII, 1-3 œufs, C 34-42 jours, N 80-90 jours. Nid dans les arbres.

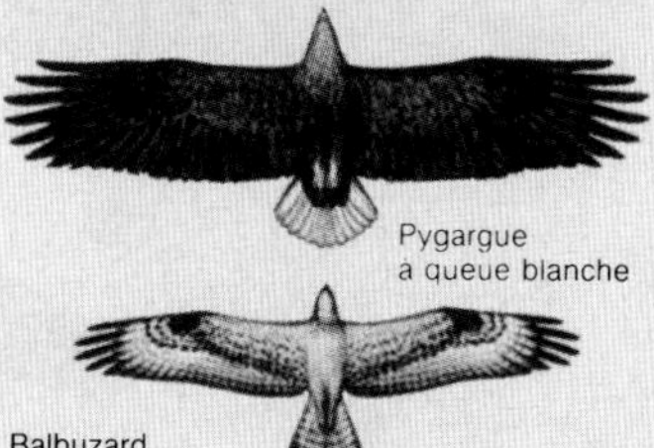

1

2

1. Milan royal

Milvus milvus (Rapaces diurnes)

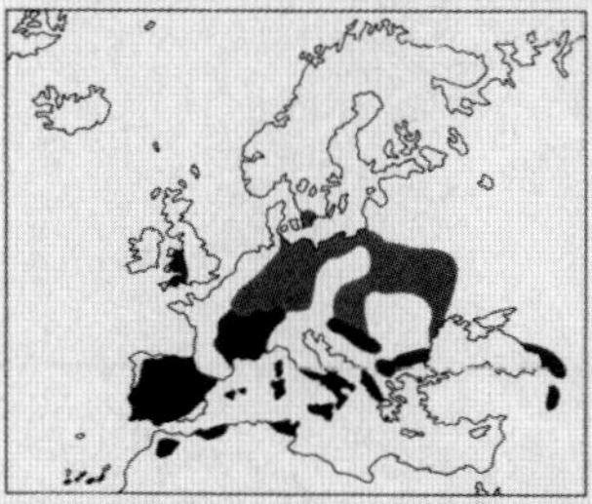

<u>En Europe :</u> III-IX ; hiverne par endroits. <u>Caractéristiques :</u> 61 cm/ 900-1 200 g. Plus grand et plus mince que la buse (p. 58) ; queue rousse fourchue ; plumage brun-rouge avec une tête gris clair. ♀ comme ♂. <u>Vol :</u> vol ramé aussi léger que celui d'une mouette ; longs vols planés, les ailes à demi repliées. <u>Voix :</u> appel geignard « hié-hij-hij-hij-hié ». <u>Habitat :</u> vieilles forêts de feuillus à proximité de l'eau. <u>Nourriture :</u> petits rongeurs, oiseaux, poissons morts, charognes. <u>Couvaison :</u> III-VI, 2-3 œufs, C 28-32 jours, N 45-50 jours. Nid dans les arbres.

2. Milan noir

Milvus migrans (Rapaces diurnes)

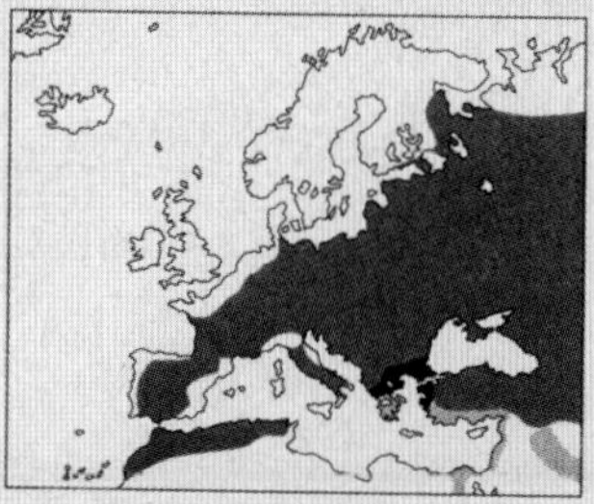

<u>En Europe :</u> III-VIII. <u>Caractéristiques :</u> 56 cm/700-1 000 g. Plus petit et plus trapu que le milan royal, bien plus foncé (brun noirâtre), queue légèrement fourchue. Oiseau grégaire. <u>Vol :</u> moins léger que le milan royal. <u>Voix :</u> appel ressemblant à celui de la buse, « hiéh » ; à la saison des amours, faibles trilles hennis. <u>Habitat :</u> régions riches en bois et lacs. <u>Nourriture :</u> poissons malades ou morts, oisillons, petits mammifères, charognes. <u>Couvaison :</u> IV-VI, 2-3 œufs, C 28-32 jours, N 40-45 jours. Nid dans les arbres.

3. Circaète Jean-le-Blanc

Circaetus gallicus
(Rapaces diurnes)

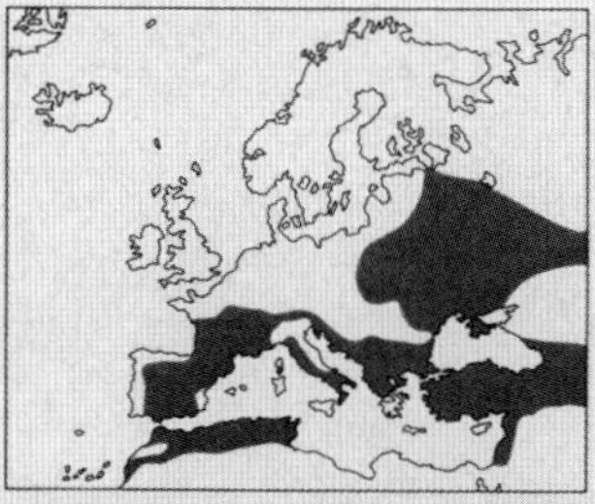

<u>En Europe :</u> IV-X. <u>Caractéristiques :</u> 63-69 cm/1 400-2 100 g. Petit aigle à la tête analogue à celle du milan, aux yeux jaune orangé. ♀ comme ♂. <u>Vol :</u> ressemble à celui d'une buse mais la queue est plus longue et les ailes plus repliées. Fait de longs vols planés et du surplace. <u>Voix :</u> en parade, « kiijo » ou « kjeukjeu ». <u>Habitat :</u> terrains secs découverts. <u>Nourriture :</u> serpents, mais aussi lézards et reptiles. <u>Couvaison :</u> IV-VI, 1 œuf, C 45-47 jours, N 70-75 jours. Nid dans les arbres.

1|2

3

1/2. Autour des palombes

Accipiter gentilis (Rap. diurnes)

En Europe : I-XII. Caractéristiques : 48-61 cm/700-1 200 g. De la taille de la buse (♀), avec des ailes rondes et une queue longue ; ♂ 1/2 fois plus petit que ♀. Dos brun-gris (♂), ventre avec d'étroites barres chez les adultes (ill. 1) et des mouchetures en gouttes chez les jeunes (ill. 2).

Vol : alterne le vol ramé et le vol glissé avec des battements d'ailes rapides (p. 58) ; n'effectue de vol plané ascendant qu'au printemps pendant la parade nuptiale, et tient alors rarement sa queue autant en éventail que la buse. Quand il chasse des oiseaux au vol, il les poursuit en vol rasant. Voix : appel semblable à celui de la buse, « hièèh » ; en vol nuptial, tons montants et descendants « guiguiguiguiguigui » ; peu prodigue de cris. Habitat : lié à la forêt, surtout celle de conifères. Nourriture : mammifères et oiseaux pouvant atteindre la taille d'un lièvre ou d'un coq de bruyère ; ♂ chasse surtout les oiseaux. Couvaison : III-VII, 3-4 œufs, C 35-41 jours, N 38-43 jours. Nid dans les arbres.

3. Épervier d'Europe

Accipiter nisus (Rapaces diurnes)

En Europe : I-XII. Caractéristiques : 28-38 cm/130-320 g. Version réduite de l'autour, ♀ de la taille d'un faucon crécerelle, ♂ souvent pas plus gros qu'un merle. Dos gris-brun (♀) ou gris-bleu (♂), ventre finement rayé transversalement. Très farouche et prudent, il reste dressé, la tête

tendue, en agitant ostensiblement sa queue après s'être posé sur un arbre. Vol : alternativement en battant rapidement des ailes et en glissant autour des buissons ou parmi les arbres, à faible altitude. Pendant le vol nuptial, ♂ et ♀ montent audessus de la cime des arbres et planent quelques instants dans les courants ascendants. Voix : lors du vol nuptial, lance des « gju-gju-gju-gju ». Habitat : forêts de feuillus entrecoupées de terrains découverts. Nourriture : presque exclusivement des oiseaux allant jusqu'à la taille d'une perdrix ou d'un pigeon, rarement des souris, exceptionnellement des chauves-souris. Couvaison : IV-VI, 4-5 œufs, C 33-35 jours, N 24-30 jours. Nid dans les arbres.

1|2

3

1. Buse variable

Buteo buteo (Rapaces diurnes)

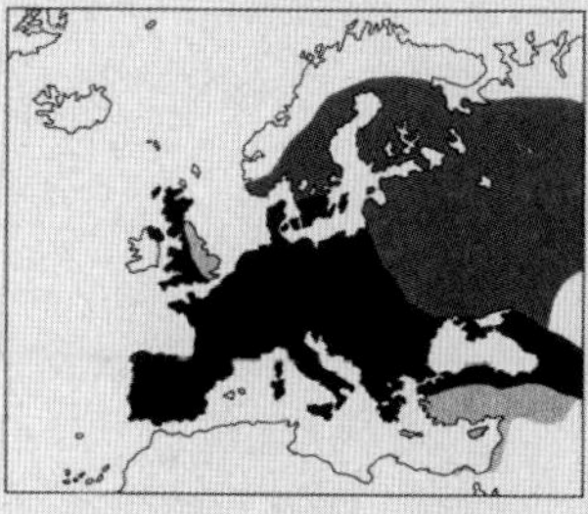

En Europe : I-XII. Caractéristiques : 51-56 cm/600-1 300 g. Teinte allant du brun foncé au presque blanc. ♀ comme ♂. Rapace à l'aspect dodu, avec de larges ailes. Vol : ramé lent avec de lourds battements d'ailes raides. En vol plané, les larges ailes et la queue étalée sont caractéristiques. Voix : miaulements « hièh ». Habitat : forêts de feuillus, d'essences mixtes ou de conifères. Nourriture : petits rongeurs, jeunes oiseaux, reptiles. Couvaison : IV-VII, 2-3 œufs, C 33-35 jours, N 40-49 jours. Nid dans les arbres. Espèce voisine : **Buse féroce,** *Buteo rufinus*. Un peu plus grosse et les pattes plus longues que la buse variable, de couleur cannelle et la queue unie. Habite les steppes, les régions semi-désertiques et les montagnes d'Europe du Sud ; se nourrit de petits mammifères, de lézards et de serpents.

2. Buse pattue

Buteo lagopus (Rapaces diurnes)

En Europe : X-IV. Caractéristiques : 51-61 cm/700-1 600 g. Dessus de la tête, nuque et côtés du crâne blanchâtres. ♀ comme ♂. Vol : comme la buse variable, mais queue claire, blanche à la racine, avec une bande terminale noire ; dessous des ailes clair. Voix : comme la buse variable, mais plus silencieux. Habitat : toundra du nord ; en hiver, champs et prairies d'Europe centrale. Nourriture : surtout des lemmings : dans ses quartiers

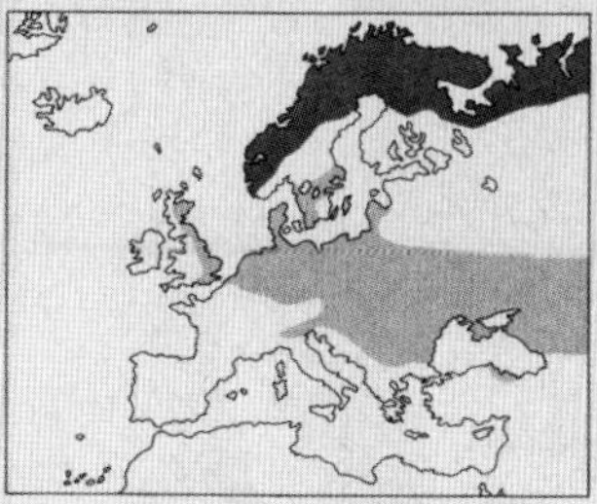

d'hiver, mêmes aliments que la buse variable. Couvaison : V-VI, 3-5 œufs, C 28-31 jours, N 41-43 jours. Nid dans les arbres, les rochers ou au sol.

3. Bondrée apivore

Pernis apivorus
(Rapaces diurnes)

En Europe : IV-X. Caractéristiques : 51-58 cm/600-1 000 g. Plus mince que la buse variable. Dos brun foncé, ventre clair et tacheté. ♀ comme ♂. Vol : ramé énergique, lors des battements les ailes descendent bas ; s'en différencie en vol plané par ses ailes étroites et sa longue queue à double barre foncée. Voix : appel plaintif, « hoodluuhooh ». Habitat : forêts de feuillus. Nourriture : larves de guêpes et de bourdons. Couvaison : V-VII, 2 œufs, C 30-37 jours, N 40-44 jours. Nid dans les arbres.

1

2

3

1. Aigle pomarin

Aquila pomarina
(Rapaces diurnes)

En Europe : IV-IX. Caractéristiques : 61-66 cm/1 100-2 000 g. Semblable à l'aigle criard mais d'un brun plus clair et moins grand. ♀ comme ♂. Oisillons uniformément brun chocolat avec 2 rangées de taches claires sur les ailes. Vol : ailes droites comme des planches et de même largeur du corps jusqu'à la pointe. Voix : oiseau bruyant ; autour de son aire, série d'appels : « jub-jub-jub-jubjubjibjibjib ». Habitat : forêts attenantes à des prairies humides. Nourriture : rats, taupes, grenouilles, orvets, serpents, oiseaux. Couvaison : IV-VI, 2 œufs, C 38-41 jours, N 50-55 jours. Nid dans les arbres.

2. Aigle criard

Aquila clanga (Rapaces diurnes)

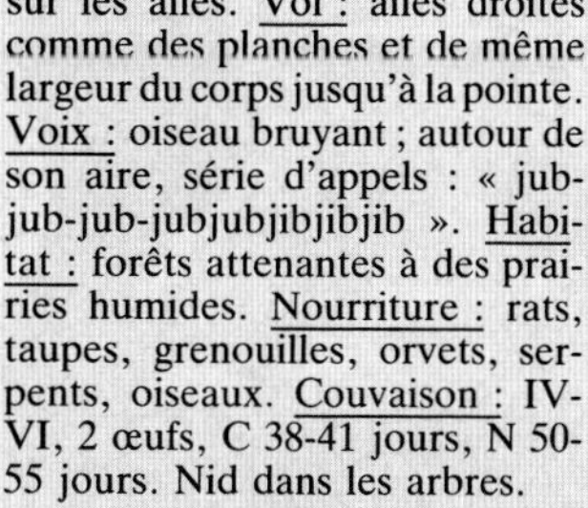

En Europe : IV-X. Caractéristiques : 66-73 cm/1 600-2 300 g. Uniformément brun foncé. ♀ comme ♂. Oisillon (ill.) noir brunâtre avec des taches claires et un « V » clair à la racine de la queue. Vol : donne l'impression d'être noir, base des rémiges primaires claire. Voix : « kli-kli-kli-kli » rappelant le jappement du chien. Habitat : vastes forêts avec landes, lacs et prairies. Nourriture : comme l'aigle pomarin, mais aussi des oiseaux plus gros (foulques, canards, tétras lyres et corbeaux) ; chasse souvent à la surface de l'eau. Couvaison : V-VII, 2-3 œufs, C 42-44 jours, N 60-65 jours. Nid dans les arbres.

3. Aigle botté

Hieraaetus pennatus
(Rapaces diurnes)

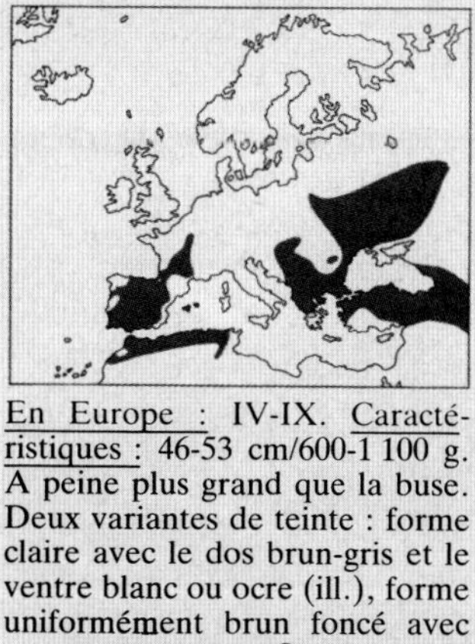

En Europe : IV-IX. Caractéristiques : 46-53 cm/600-1 100 g. A peine plus grand que la buse. Deux variantes de teinte : forme claire avec le dos brun-gris et le ventre blanc ou ocre (ill.), forme uniformément brun foncé avec queue plus claire. ♀ comme ♂. Vol : se distingue de la buse (p. 58) par ses ailes plus étroites et sa queue plus longue, moins en éventail et coupée à angle droit. Voix : séries d'appel comme les oiseaux limicoles ; très bruyant. Habitat : terrains montagneux avec de hautes forêts clairsemées (chênes). Nourriture : reptiles, oiseaux, petits mammifères jusqu'à la taille des spermophiles. Couvaison : IV-VII, 2 œufs, C 35-39 jours, N 50-55 jours. Nid dans les arbres ou sur des rochers.

1

2

3

1. Aigle de Bonelli

Hieraaetus fasciatus
(Rapaces diurnes)

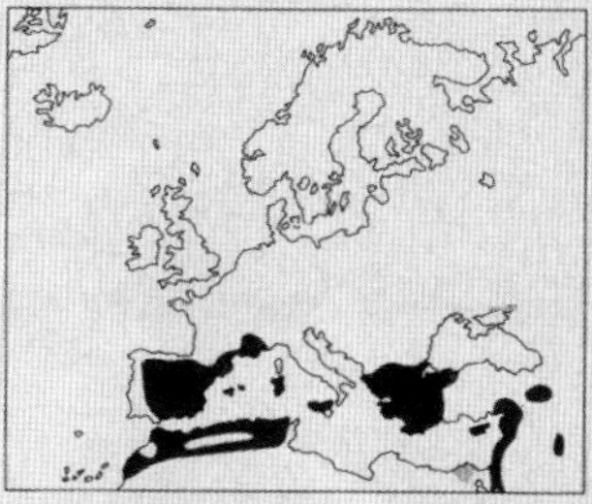

Caractéristiques : 66-74 cm/1 500 à 2 100 g. Dos brun foncé, ventre blanchâtre avec des mouchetures plus foncées. ♀ comme ♂. Vol : à ne pas confondre avec celui du circaète (p. 54), sa queue anguleuse est plus longue et sa tête très proéminente ; barre sombre sur le dessous des ailes. Voix : peu loquace ; appel plein d'allégresse « gjiueuh ». Habitat : régions montagneuses sèches parsemées d'arbres. Nourriture : oiseaux, mammifères, reptiles. Couvaison : II-IV, 2 œufs, C 37-40 jours, N 58-61 jours. Nid dans les arbres ou les rochers.

2. Aigle impérial

Aquila heliaca (Rapaces diurnes)

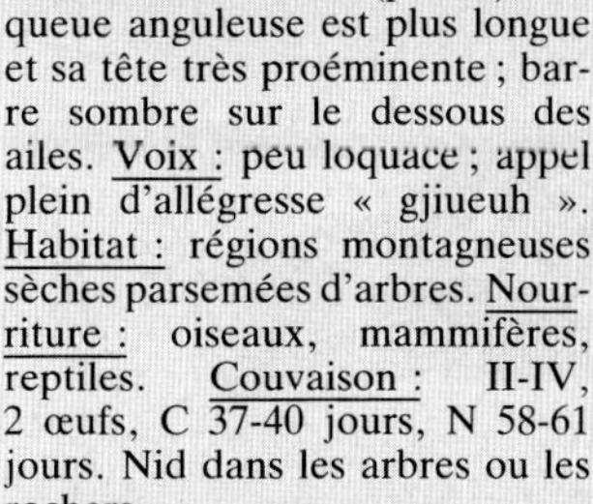

En Europe : III-X. Caractéristiques : 78-83 cm/2 500-4 000 g. Plus petit, plus trapu et la queue plus courte que l'aigle royal. Brun foncé uniforme, avec taches blanches sur les épaules. ♀ comme ♂. Vol : rappelle celui du pygargue (p. 52) avec ses larges ailes droites. Voix : rauque « krock-krock-krock » comme le grand corbeau. Habitat : plaines avec quelques arbres. Nourriture : spermophiles, hamsters, jeunes lièvres, petits rongeurs, rarement oiseaux, souvent charognes. Couvaison : III-V, 2-3 œufs, C 43 jours, N 65-77 jours. Nid dans les arbres.

3. Aigle royal

Aquila chrysaetos
(Rapaces diurnes)

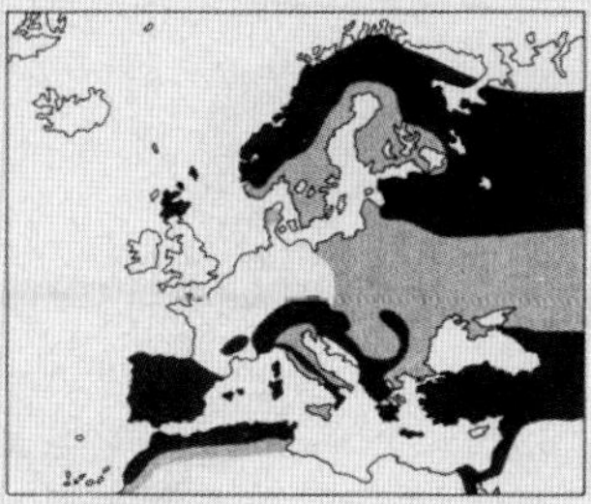

En Europe : I-XII. Caractéristiques : 75-88 cm/3 000-6 600 g. Grand aigle puissant brun foncé, dessus de la tête et nuque jaune d'or. ♀ comme ♂, mais plus grande. Oisillons brun noirâtre avec des taches blanches à la naissance des primaires. Chasse en volant assez bas à l'abri du couvert. Vol : ses longues ailes pas très larges se rétrécissent vers le corps ; queue de longueur moyenne, un peu arrondie. Voix : assez silencieux, « hièh » analogue à celui de la buse. Habitat : forêts, régions montagneuses ; à très haute altitude. Nourriture : mammifères pouvant atteindre la taille d'un faon, oiseaux aussi gros qu'un coq de bruyère ; charognes ; dans les Alpes, essentiellement marmottes. Couvaison : III-V, 2 œufs, C 43-45 jours, N 63-70 jours. Aire dans les rochers ou les arbres.

1

2|3

1. Gypaète barbu

Gypaetus barbatus
(Rapaces diurnes)

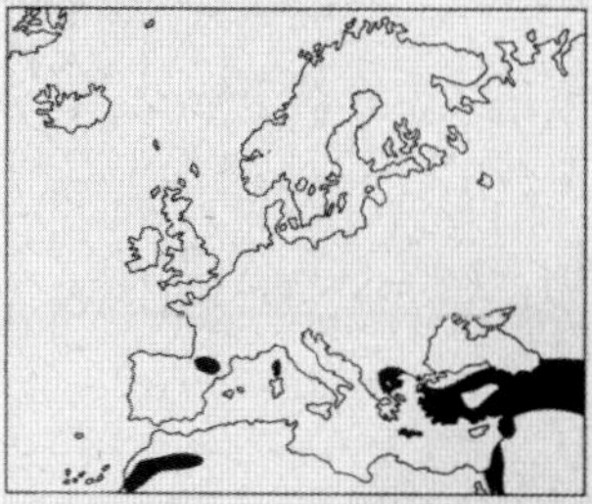

Caractéristiques : 102-114 cm/ 5 000-7 000 g. Corps élancé, dos foncé, dessous clair, tête et cou roux, barbe noire pendant du bec. ♀ comme ♂. Vol : longues ailes étroites coudées se terminant en pointe ; queue longue et cunéiforme. Voix : pendant le vol nuptial, un sifflement élevé, « fiiij ». Habitat : hautes montagnes. Nourriture : ossements et tortues qu'il fracasse sur des rochers ; chair, peu de charogne. Couvaison : XII-III, 1-2 œufs, C 55-60 jours, N 110 jours. Nid dans les rochers.

2. Percnoptère d'Égypte

Neophron percnopterus
(Rapaces diurnes)

Caractéristiques : 56-66 cm/1 800-2 400 g. Le plus petit vautour d'Europe : blanc sale avec les rémiges primaires noires, face jaune. ♀ comme ♂. Oisillons brun foncé. Vol : longues ailes pointues, queue cunéiforme comme le gypaète barbu. Voix : grognements et sifflements ; oiseau assez silencieux. Habitat : terrains découverts en plaine et en montagne, parfois près des villages. Nourriture : charognes, déjections. Couvaison : III-V, 2 œufs, C 42 jours, N 75-90 jours. Nid dans les rochers.

3. Vautour fauve

Gyps fulvus (Rapaces diurnes)

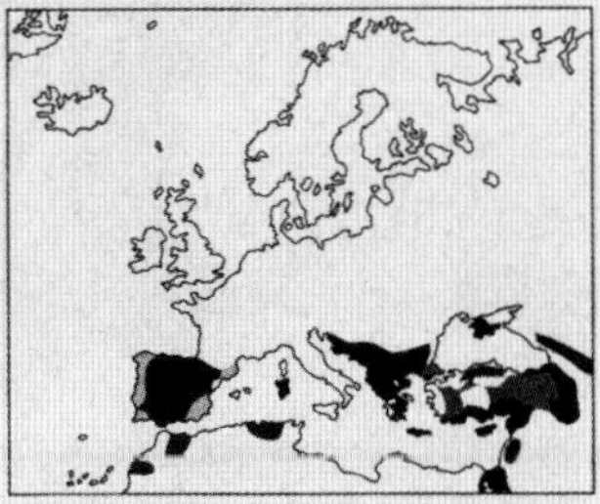

En Europe : V-IX. Caractéristiques : 97-104 cm/6 500-8 000 g. Grand vautour couleur sable, ailes et queue brun foncé, cou dénudé bleuâtre analogue à celui d'une oie, collerette blanche. ♀ comme ♂. Oisillons plus foncés avec collerette brune. Vol : larges ailes droites comme des planches, primaires écartées en vol plané, queue courte et carrée. Voix : en présence de charognes, il lance un dur « ghèghèghèg ». Habitat : vastes plaines sèches, hautes montagnes. Nourriture : cadavres de gros mammifères, préfère les viscères. Couvaison : I-IV, 1 œuf, C 47-54 jours, N 120-130 jours. Nid dans les rochers. Espèce voisine : **Vautour moine,** *Aegypius monachus*. Un peu plus grand que le vautour fauve ; plumage uni brun foncé, tête claire avec une zone sombre autour des yeux. Quelques couples habitent les montagnes boisées écartées d'Espagne et d'Europe méridionale. Abat aussi des proies vivantes.

1

2

3

1. Busard des roseaux

Circus aeruginosus
(Rapaces diurnes)

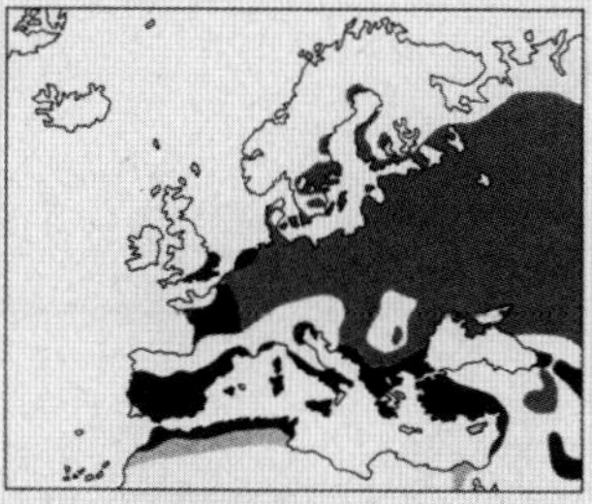

En Europe : III-X. Caractéristiques : 48-56 cm/400-800 g. Plus svelte, les ailes plus étroites et la queue plus longue que la buse variable (p. 58). ♂ brun avec la queue claire ; ♀ et oisillons avec la tête crème. Vol : glissé chancelant, avec les ailes légèrement en forme de « V ». Voix : ♂ en parade, piaillement comme le vanneau, « kouèh » ; cri d'alarme, « kèkèkèkè ». Habitat : berges bordées de roseaux. Nourriture : poissons, grenouilles, oiseaux, petits rongeurs, jeunes lièvres. Couvaison : IV-VI, 3-6 œufs, C 31-34 jours, N 38-40 jours. Nid parmi les roseaux.

2/3. Busard Saint-Martin

Circus cyaneus (Rapaces diurnes)

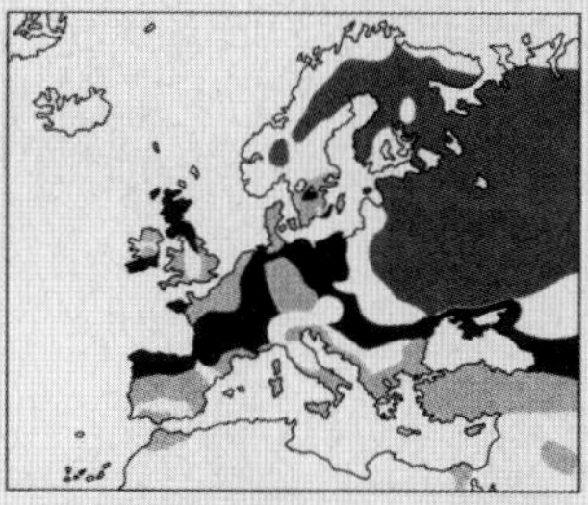

En Europe : III-XI, par endroits I-XII. Caractéristiques : 43-51 cm/300-550 g. Plus petit et plus mince que le busard des roseaux. ♂ (ill. 3) gris clair avec le ventre blanc ; ♀ (ill. 2) brune, avec la queue barrée et le croupion blanc. Oisillons comme ♀. Vol : ailes plus larges que le busard cendré ; vole lourdement à faible hauteur, glisse et plane avec les ailes en forme de « V ». Voix : ♂ pendant la parade « gjè gjè gjè » ; cri d'alarme « keckeckeck ». Habitat : prés, champs et landes. Nourriture : petits mammifères (souris, rats, musaraignes, levrauts) et oiseaux jusqu'à la taille de la perdrix. Couvaison : V-VII, 3-6 œufs, C 29-37 jours, N 31-40 jours. Nid au sol.

4. Busard cendré

Circus pygargus
(Rapaces diurnes)

En Europe : IV-IX. Caractéristiques : 41-46 cm/230-430 g. Plus petit et plus mince que le saint-martin. ♂ gris cendré bleuté avec barre noire sur l'aile et strie rougeâtre sur le ventre blanc. ♀ comme celle du saint-martin, mais tache blanche plus petite sur le croupion et ailes plus étroites. Oisillons comme ♀. Vol : ailes plus étroites et plus pointues que le saint-martin. Voix : ♂ en vol nuptial « kèkèkèk » ; ♀ « pi-èh ». Habitat : prés inondés, marais et roselières. Nourriture : petits mammifères et jeunes oiseaux, lézards et insectes. Couvaison : V-VII, 3-6 œufs, C 28-30 jours, N 35-40 jours. Nid au sol.

1

2|3

4

1. Faucon pèlerin

Falco peregrinus (Faucons)

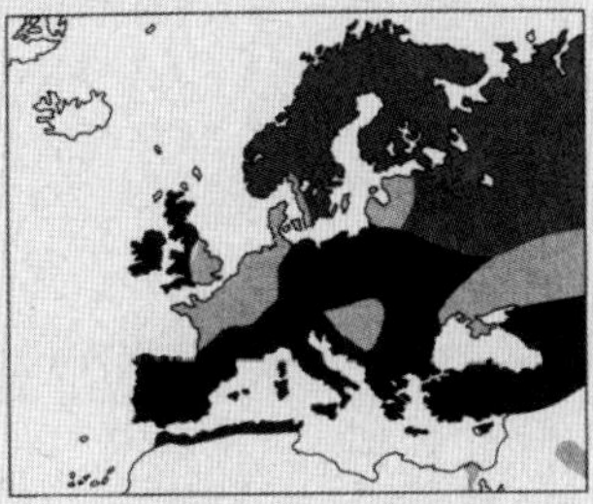

En Europe : I-XII. Caractéristiques : 38-48 cm/550-1 100 g. Grand faucon charpenté aux ailes pointues et à la queue courte ; dos gris ardoise, ventre blanchâtre avec d'étroites barres transversales ; dessus de la tête et moustaches noirâtres. ♀ comme ♂, mais plus foncée et nettement plus grande. Vol : rapides battements d'ailes plats, entrecoupés de courtes glissades ; plane parfois en profitant des courants ascendants. Silhouette en vol rappelant la forme d'une ancre. Voix : « bavardages » fréquents des deux sexes en parade, une plainte étirée en trémolos, « guèèèiih ». Habitat : terrains découverts, forêts claires en plaine et en montagne, toundra, zones semi-désertiques. Nourriture : presque exclusivement oiseaux capturés en vol après une chasse-poursuite en vol rasant. Couvaison : IV-VI, 3-5 œufs, C 28 jours, N 46-49 jours. Nid dans les rochers ou sur les arbres.

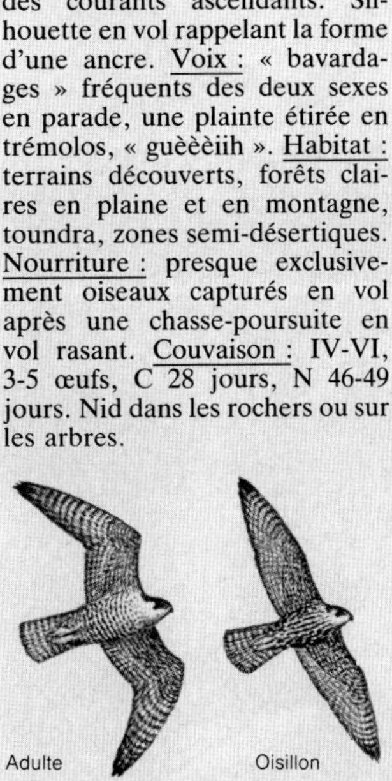

Adulte Oisillon

2. Faucon lanier

Falco biarmicus (Faucons)

Caractéristiques : 43 cm/500-900 g. De la taille du pèlerin, mais plus svelte, avec une queue plus longue et des ailes moins pointues. Couleur d'un pèlerin clair : dessus du corps gris ardoise, dessus de la tête et nuque brun-roux ; moustache plus étroite que chez le pèlerin, dessous du corps de couleur crème avec des tonalités rougeâtres et un dessin tacheté noir. ♀ comme ♂. Oisillons, dessus du corps très brun et dessous orné de grosses mouchetures en forme de gouttes. Vol : sa silhouette se différencie de celle du pèlerin par sa forme plus élancée, sa queue plus longue et ses ailes moins pointues. Battements d'ailes plus lents. Voix : plus silencieux que le pèlerin ; douces « supplications » et appels rauques comme « ki ki ki ki ki ». Habitat : la race d'Europe du Sud (lanier Feldeggi) a une prédilection pour les zones rocheuses et karstiques. Nourriture : presque uniquement oiseaux (perdrix rouges, pigeons bisets, gangas et faucons crécerellettes). Couvaison : III-V, 3-4 œufs, C 31-35 jours, N 45 jours. Nid dans les rochers.

1

2

1. Faucon sacré

Falco cherrug (Faucons)

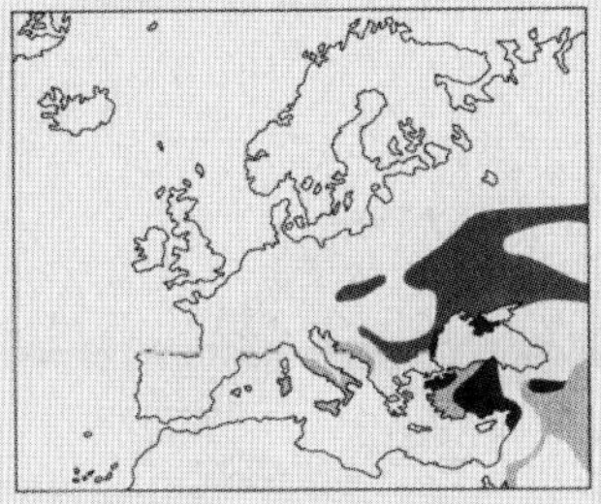

En Europe : I-XII. Caractéristiques : 46 cm/700-1 300 g. Ventre brun foncé, dos clair à taches brunes, tête claire avec calotte blanchâtre, moustache indistincte. ♀ comme ♂. Vol : se distingue du pèlerin par ses ailes plus larges et sa queue plus longue. Vol : « ijek ijek ijek » ; en parade, « geck geck geck » montant. Habitat : steppes sèches et steppes boisées. Nourriture : petits mammifères, oiseaux de la taille du canard. Couvaison : IV-VI, 3-5 œufs, C 28-30 jours, N 40-45 jours. Nid dans les arbres ou les rochers.

2. Faucon hobereau

Falco subbuteo (Faucons)

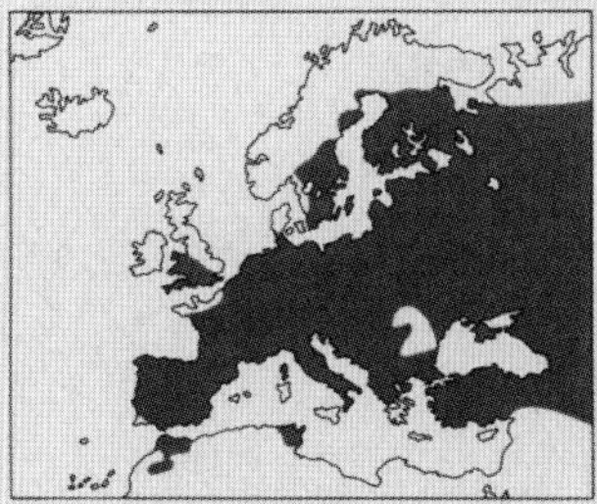

En Europe : IV-IX. Caractéristiques : 30-36 cm/175-600 g. Comme le pèlerin (p. 68), mais plus petit, délicat et svelte, avec des ailes plus longues et plus étroites. Dessus du corps gris ardoise foncé, dessous blanc avec des mouchetures noirâtres, « pantalon » rouille, moustache marquée. ♀ comme ♂. Vol : aspect d'un voilier à cause de ses ailes étroites en forme de faucille. Voix : « kjukjukju » ou « kikikiki ». Habitat : forêts sèches claires, souvent pinèdes. Nourriture : oiseaux et insectes volants. Couvaison : VI-VIII, 2 4 œufs, C 28 jours, N 28-32 jours. Nid dans les arbres.

3/4. Faucon kobez

Falco vespertinus (Faucons)

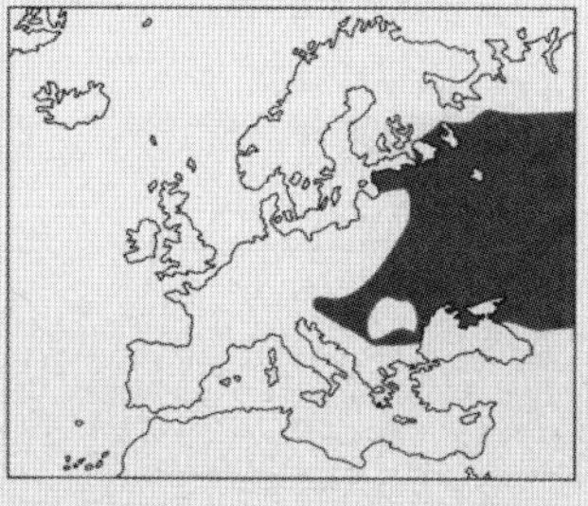

En Europe : IV-X. Caractéristiques : 30 cm/110-190 g. Plus petit que le faucon crécerelle (p. 72). ♂ (ill. 3) gris foncé avec « pantalon » rouille ; ♀ (ill. 4) roussâtre, avec de faibles taches longitudinales sur le ventre, dos gris cendré. Vol : même silhouette que le hobereau mais avec la queue plus longue ; fait souvent du surplace. Voix : vaste répertoire d'appels ; « kikikiki » clair comme le faucon crécerelle. Habitat : terrains découverts avec quelques arbres. Nourriture : insectes. Couvaison : V-VII, 3-5 œufs, C 22-23 jours, N 26 jours. Nid dans les arbres.

1

2

3|4

1. Faucon émerillon

Falco columbarius (Faucons)

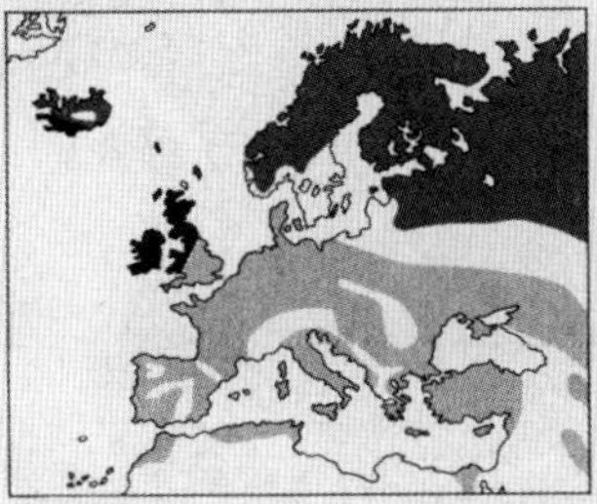

En Europe : IX-III. Caractéristiques : 27-33 cm/160-210 g. ♂ dos gris ardoise, nuque rousse, ventre rouille clair avec des taches plus foncées en longueur ; ♀ (ill.) dos brun foncé, ventre blanchâtre. Vol : se distingue du crécerelle par sa queue plus courte, du hobereau (p. 70) par ses ailes plus larges et son corps plus ramassé. Voix : « kikikiki » analogue à celui du crécerelle. Habitat : terrains découverts peu boisés, landes accidentées, zones d'arbustes nains. Nourriture : oiseaux jusqu'à la taille d'une grive, rarement souris. Couvaison : V-VI, 4-5 œufs, C 28-32 jours, N 25-27 jours. Nid au sol, dans les arbres ou les rochers.

2. Faucon crécerelle

Falco tinnunculus (Faucons)

En Europe : I-XII. Caractéristiques : 34 cm/150-280 g. ♂ dessus de la tête et joues gris-bleu, dos brun-rouge avec des taches noires, queue gris cendré ; ♀ tête et dos brun cannelle, queue brun-rouge avec des barres (ill. : jeune ♂). Vol : rapides battements d'ailes plats ; fait souvent du surplace. Voix : appel clair « kikikikiki » ; au voisinage du nid, « wriiiiih » gémissant et soutenu. Habitat : depuis les côtes maritimes jusqu'à la haute montagne, à l'exception des bois touffus ; villages, villes. Nourriture : souris, oisillons, gros insectes. Couvaison : IV-VII, 4-6 œufs, C 27-31 jours, N 28-32 jours. Nid dans les rochers, les bâtiments et les arbres.

3. Faucon crécerellette

Falco naumanni (Faucons)

En Europe : III-IX. Caractéristiques : 30 cm/130-180 g. Ressemble au crécerelle mais légèrement plus petit ; ventre roux, sans taches chez le ♂, tête et queue gris-bleu plus clair ; ♀ difficile à distinguer de celle du crécerelle mais serres de couleur corne clair. Oiseau très grégaire. Vol : comme le crécerelle mais moins de surplace et plus de balancements. Voix : appel rauque cliquetant « ché ché ché » ou « chitschit ». Habitat : terrains découverts secs et chauds. Nourriture : sauterelles et coléoptères. Couvaison : V-VI, 3-6 œufs, C 28-29 jours, N 28 jours. Nid dans les rochers, les murs, les parois de loess et de grès. Niche en colonies.

1|2

3

1. Hibou grand duc

Bubo bubo (Chouettes)

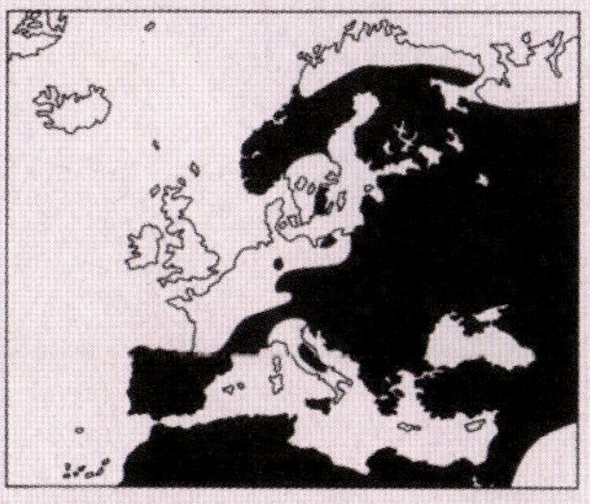

En Europe : I-XII. Caractéristiques : 66-71 cm/2 000-3 000 g. Le plus grand rapace nocturne d'Europe ; forme trapue puissante avec, sur les oreilles, de longues aigrettes horizontales et de grands yeux orangés ; pattes couvertes de plumes ; plumage brun-jaune, tacheté de brun sur le dos, avec des taches et des stries brunes sur le ventre ; dessous des ailes clair. ♀ comme ♂, mais un peu plus grande. Oiseau actif dès le crépuscule. Vol : bas à la recherche de ses proies. Voix : ♀ au printemps « chrieè » grave et nasal. Chant : « ououho » sourd, audible de loin, ou « hohoho » dont les séries se suivent à 10 secondes d'intervalle ; ♀ chante sur un ton plus élevé que ♂. Habitat : vallées fluviales à parois rocheuses dans des régions boisées, moyenne montagne ; chasse surtout en terrain découvert. Nourriture : campagnol, lièvre, surmulots, hérissons ; oiseaux (coq de bruyère). Couvaison : II-VII, 2-5 œufs, C 31-36 jours, N ≈ 35 jours. Niche dans les rochers, parfois dans les arbres et au sol.

2. Harfang des neiges

Nyctea scandiaca (Chouettes)

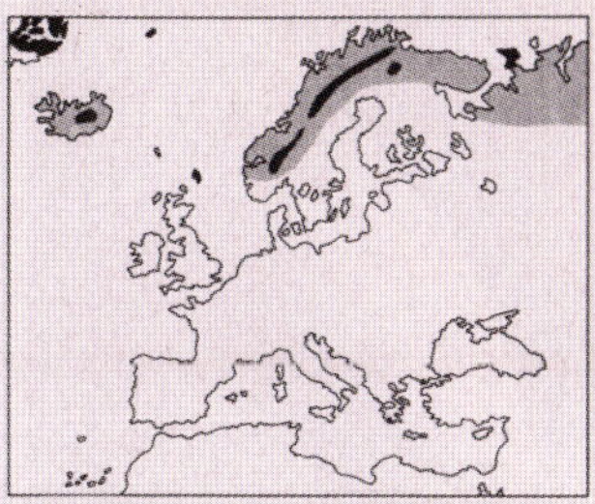

En Europe : hôte rare et sporadique. Caractéristiques : 55-56 cm/1 700-2 300 g. Chouette blanche, presque de la taille du grand duc, avec tête ronde et yeux jaune vif ; pattes et doigts couverts de plumes. ♂ presque entièrement blanc, ♀ plus grande, souvent avec des barres transversales brun foncé. Oisillons brun foncé, avec d'étroites barres blanc sale. Vol : analogue à celui d'une buse, glissades avec longues ailes rondes très visibles. Actif le jour et au crépuscule ; chasse à l'affût au sol ou depuis un poste de guet

bas. Voix : excitée, ♀ lance des sons caquetants ou des piaillements stridents ; cri d'alarme « kréh » dur ; en parade, ♂ et ♀ poussent des séries d'aboiements rauques « wou » ou « chrouh » audibles à près de 10 km. Habitat : toundra arctique de mousse et de lichen, toundra montagneuse. Nourriture : surtout lemmings ; petits rongeurs, lièvres des neiges, perdrix des neiges. Couvaison : V-VII, 4-6 œufs, C 32-33 jours, N ≈ 25 jours. Nid au sol.

1

2

1. Chouette effraie

Tyto alba (Chouettes)

En Europe : I-XII. Caractéristiques : 34 cm/350 g. Chouette claire, sans touffes de plumes aux oreilles, masque facial en forme de cœur, yeux sombres ; dos poivre-et-sel avec des taches brun doré. Vol : très longues ailes. Oiseau nocturne. Voix : cri d'alarme, « chréi » bref et strident ; halètements et ronflements. Chant : piaillements et plaintes durant 2 secondes. Habitat : terres cultivées découvertes proches de maisons. Nourriture : petits mammifères (campagnols, souris, musaraignes) ; oiseaux, amphibiens, insectes. Couvaison : III-X, 4-7 œufs, C 30-34 jours, N 44-67 jours ; 1-2 couvées par an. Niche dans des bâtiments, parfois dans les rochers.

2. Hibou moyen duc

Asio otus (Chouettes)

En Europe : I-XII. Caractéristiques : 36 cm/280 g. Plus petit et plus svelte que la chouette hulotte (p. 82) ; longues aigrettes aux oreilles, yeux jaune orangé, masque facial bien délimité ; plumage couleur écorce. ♀ souvent plus foncée que ♂. Vol : on remarque ses longues ailes pointues. Oiseau actif dans l'obscurité ; souvent en petites troupes en hiver. Voix : cri d'alarme « ouèk », parfois lancé en série ; « chweui » haleté. Chant : ♂ « houh » sourd et doux. Jeunes, « szieh » plaintif. Habitat : bois bordant des étendues découvertes ; dans les agglomérations en hiver. Nourriture : petits rongeurs, oiseaux. Couvaison : III-VI, 4-6 œufs, C 27-28 jours, N 18-25 jours. Pond dans des nids abandonnés de corbeaux.

3. Hibou petit duc

Otus scops (Chouettes)

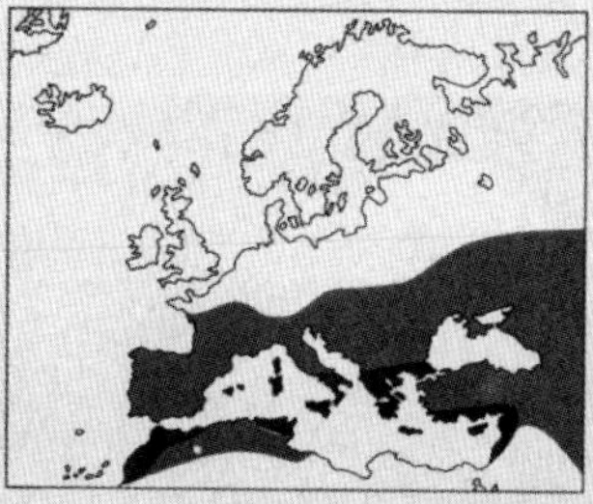

En Europe : III-IX. Caractéristiques : 19 cm/90 g. Petite chouette mince avec des touffes de plumes aux oreilles, le corps couleur écorce, des yeux jaunes et un masque facial indistinct. ♀ comme ♂. Oiseau nocturne. Voix : cri d'alarme, « piièè » perçant et soutenu. Chant : « djou » monotone ; ♀ ton plus élevé. Habitat : vergers, oliveraies, parcs, allées ; villes et villages. Nourriture : gros insectes, araignées, vers, souris, oisillons. Couvaison : IV-VI, 3-4 œufs, C 24-29 jours, N 21-29 jours. Niche dans des cavités d'arbres.

1

2|3

1/2. Hibou des marais

Asio flammeus (Chouettes)

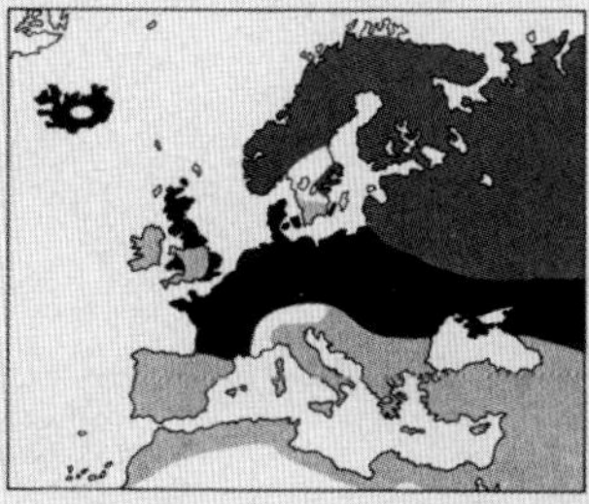

En Europe : I-XII. Caractéristiques : 38 cm/380 g. Plus trapu et avec des ailes plus longues que le moyen duc (p. 76) ; très courtes aigrettes, généralement cachées, masque facial clair très distinct, yeux jaunes ; dessus du corps brun noirâtre marbré de crème, dessous brun jaunâtre clair, stries longitudinales prononcées brun noirâtre à la gorge et la poitrine. ♀ dans l'ensemble plus foncée que ♂. Actif le jour et la nuit. Souvent perché sur des poteaux, rarement sur des arbres. Vol : sous-alaires blanchâtres avec la pointe noirâtre et une tache sombre au poignet ; vol mou et tangué, avec de lents battements d'ailes très allongés ; chasse en volant au ras du sol, fait souvent du surplace ; à la saison des amours, décrit des cercles comme la buse au-dessus de son territoire (ill. 2) ; vol nuptial avec claquements d'ailes. Voix : au printemps, ♂ lance en cas de danger un jappement « kwèr-wèk-wèk », la ♀ « warr ». Chant ♂ : « bou-bou-bou » de 8 à 12 syllabes. Habitat : terrains découverts, souvent marécageux, ou landes, prairies détrempées et étendues de dunes. Nourriture : surtout campagnols, rats, musaraignes, oiseaux. Couvaison : IV-VI, 4-8 œufs, C 24-28 jours, N 12-17 jours. Nid au sol dans la végétation basse.

3. Chouette épervière

Surnia ulula (Chouettes)

En Europe : hôte occasionnel de passage. Caractéristiques : 38 cm/300 g. Longue queue cunéiforme, masque facial blanc entouré d'une large bordure noire, yeux jaune clair ; dos brun-gris foncé avec des taches blanches, ventre à dessin d'épervier. ♀ comme ♂. Oisillons plus clairs, moins de taches sur le dos. Oiseau actif le jour et au crépuscule ; souvent juché à la cime d'un arbre, où il balance sa queue. Voix : dérangé,

il pousse un strident « kwikwikwi », « kwitt kwitt » ou un jappement « gèff gèff ». Chant sur le territoire ♂ : « hou-hou-houhouhouhou » ou « gugugu-uuuu » trillé pendant 2-3 secondes ; ♀ a un chant plus éraillé. Habitat : forêts claires de conifères ou de bouleaux bordant des étendues découvertes. Nourriture : campagnols, musaraignes, oiseaux. Couvaison : IV-VI, 3-13 œufs, C 25-30 jours, N 30 jours. Pond dans des trous d'arbres ou dans les nids d'oiseaux de proie.

1

2

3

1. Chouette de Tengmalm

Aegolius funereus (Chouettes)

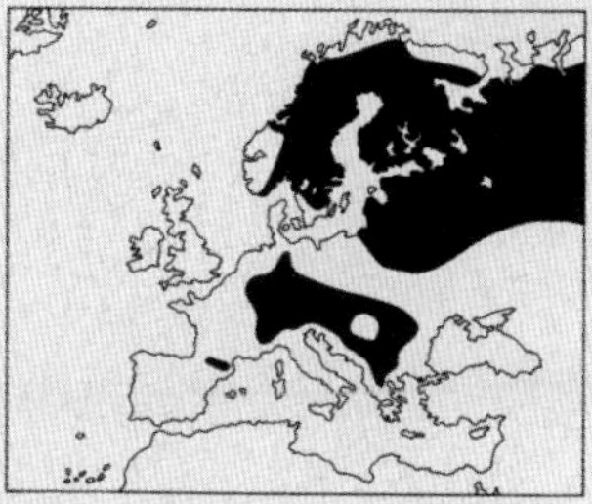

En Europe : I-XII. Caractéristiques : 25 cm/♂ 100 g, ♀ 160 g. Plus grande et queue plus longue que la chouette chevêche, grosse tête, masque clair et yeux jaunes ; dos brun-gris foncé avec grandes taches perlées blanches, ventre plus clair. ♀ comme ♂. Oisillons brun chocolat. Oiseau crépusculaire et nocturne ; peu sociable. Voix : cri d'alarme, « zjouck » claquant. Chant sur le territoire ♂ : série ondulante de 5-9 sons uniques, « houhouhouhouhou », pendant 1-2 secondes. Habitat : forêts d'épicéas ou d'essences mixtes avec trous de pics noirs et fourrés. Nourriture : petits rongeurs, oisillons. Couvaison : III-VI, 3-6 œufs, C 26-29 jours, N 30-32 jours. Nid dans des cavités.

2. Chouette chevêchette

Glaucidium passerinum (Chouettes)

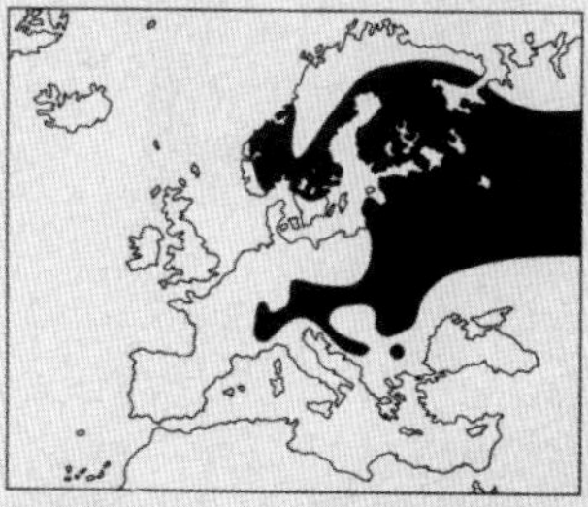

En Europe : I-XII. Caractéristiques : 16,5 cm/♂ 60 g, ♀ 75 g. Petite tête plate sans masque facial distinct, yeux jaune clair. ♀ comme ♂, mais un peu plus lourde. Oiseau actif au crépuscule et le jour ; souvent juché à la cime des épicéas où il balance sa queue. Voix : cri d'alarme « kiou ». Chant sur le territoire ♂ : « uhb uhb » sifflant monotone, « uhb uuu » vibrant, ou en rapide suite ascendante. Habitat : forêts de conifères avec clairières, jusqu'à 1 600 m d'altitude. Nourriture : oisillons, petits mammifères. Couvaison : IV-V, 4-6 œufs, C 28-29 jours, N 30-34 jours. Nid dans des cavités.

3. Chouette chevêche

Athene noctua (Chouettes)

En Europe : I-XII. Caractéristiques : 22 cm/200 g. Tête plate et queue courte ; yeux jaune clair, masque facial indistinct, dos brun avec taches perlées blanches, ventre blanc jaunâtre avec taches longitudinales brunes. ♀ comme ♂. Oisillons plus clairs. Oiseau actif le jour et la nuit ; souvent perché sur les poteaux télégraphiques ; exprime son inquiétude par des « révérences » hâtives. Voix : cri d'alarme, court « kjou », parfois en séries. Chant sur le territoire ♂ : doux « ououhg » ascendant, répété 10 à 20 fois par minute. Habitat : campagnes découvertes avec habitations, vergers. Nourriture : insectes, souris, petits oiseaux. Couvaison : IV-VI, 3-5 œufs, C 22-28 jours, N 34 jours. Nid dans des cavités.

1

2|3

1. Chouette hulotte

Strix aluco (Chouettes)

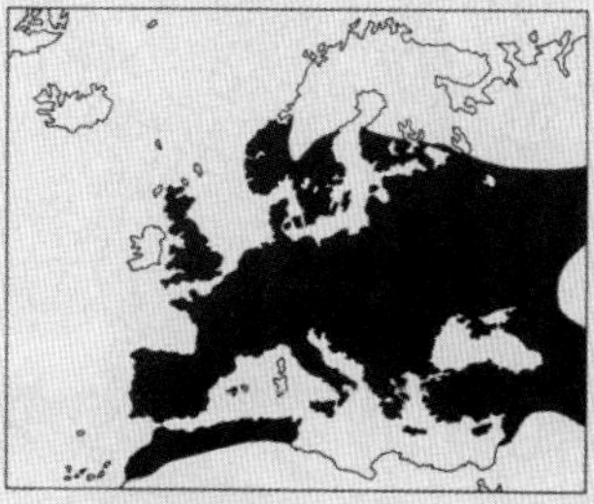

En Europe : I-XII. Caractéristiques : 38 cm/♂ 450 g, ♀ 550 g. Ailes et queue courtes ; grande tête ronde avec gros yeux noirs ; plumage brun-roux à gris, avec des traînées foncées ; sur le dessous du corps, striures avec ramifications transversales. ♀ comme ♂. Oiseau crépusculaire et nocturne ; prend le soleil devant la cavité où il niche. Voix : appel « kouwitt » (surtout jeunes), cri d'alarme « ouett ». Chant : doux « gououoh gou gourrououh » en trémolos. Habitat : forêts de feuillus, parcs. Nourriture : petits mammifères, oiseaux, grenouilles. Couvaison : II-VI, 3-5 œufs, C 28-30 jours, N 29-35 jours, jeunes aptes à voler à 45 jours. Nid dans des cavités.

2. Chouette de l'Oural

Strix uralensis (Chouettes)

En Europe : I-XII (rare). Caractéristiques : 61 cm/♂ 700 g, ♀ 900 g. Queue plus longue que la chouette hulotte, masque facial clair, petits yeux noirs ; plumage gris clair avec des striures brunâtres. ♀ comme ♂. Active le jour et la nuit. Voix : appel « whoo-whoo » aboyé ; en automne « ko-rah » ou « kouwèt » perçant. Chant : « houh, uhouhou » sourd ; ♀ chante avec une voix plus rauque, souvent en duo avec ♂. Habitat : vieilles forêts de feuillus, et de conifères. Nourriture : petits mammifères, oiseaux. Couvaison : III-VI, 3-4 œufs, C 28 jours, N 34-35 jours, jeunes aptes à voler à 42 jours. Niche dans des trous d'arbres ou d'anciens nids.

3. Chouette lapone

Strix nebulosa (Chouettes)

Caractéristiques : 69 cm/♂ 850 g, ♀ 1 100 g. Presque de la taille d'un grand duc, avec une longue queue, masque facial rond, petits yeux jaunes ; menton noir, moustache blanche. ♀ comme ♂. Active au crépuscule et le jour. Voix : dérangée au nid, cris aigus et grognements. Chant : ♂ « ho-ho-ho » profond et sourd ; ♀ pareil mais plus rauque. Habitat : forêts touffues de conifères de la taïga, avec clairières et landes, forêts de montagne. Nourriture : rats des champs ; mammifères jusqu'à la taille du lièvre, oiseaux jusqu'à la taille d'une poule. Couvaison : IV-VI, 3-6 œufs, C 28-30 jours, N 20-30 jours, jeunes aptes à voler à 40 jours. Niche dans les aires abandonnées d'oiseaux de proie, sur les souches d'arbres ou dans des trous du sol.

1|2

3

Planche des échassiers

Silhouettes des oiseaux au repos et en mouvement

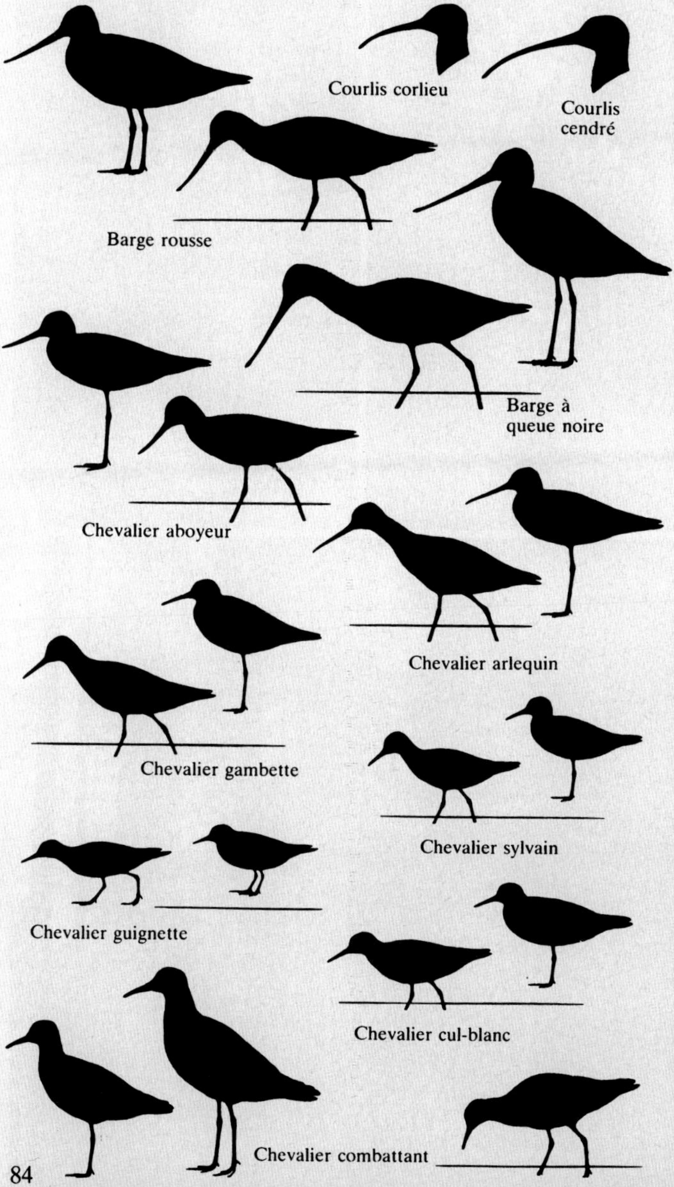

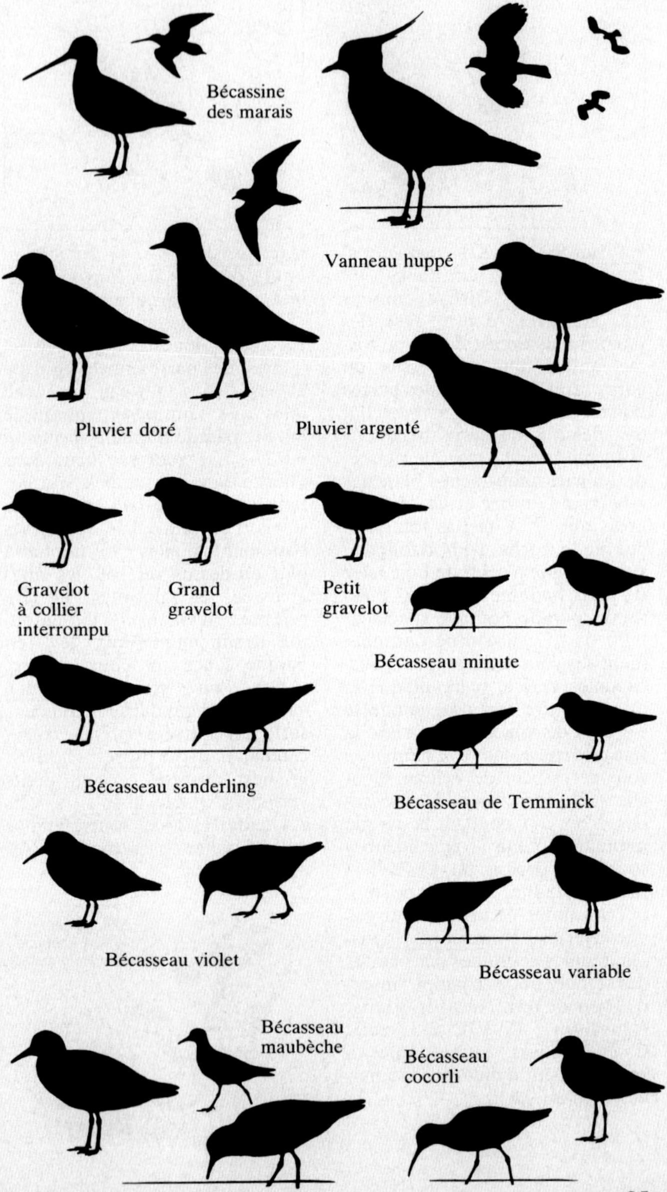
Bécassine des marais
Vanneau huppé
Pluvier doré
Pluvier argenté
Gravelot à collier interrompu
Grand gravelot
Petit gravelot
Bécasseau minute
Bécasseau sanderling
Bécasseau de Temminck
Bécasseau violet
Bécasseau variable
Bécasseau maubèche
Bécasseau cocorli

1. Outarde barbue ⚠

Otis tarda (Outardes)

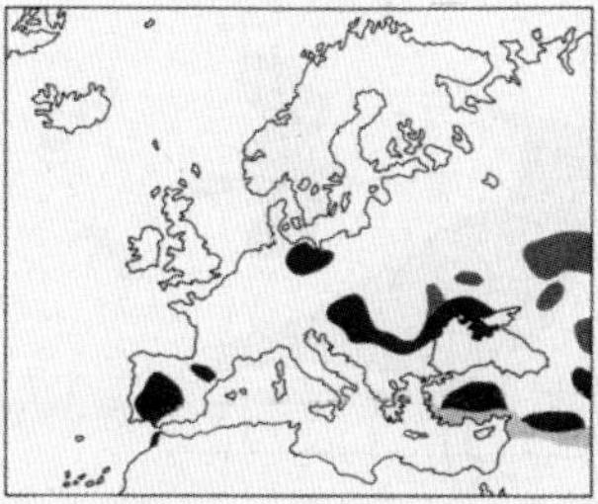

En Europe : I-XII. Caractéristiques : ♂ 102 cm/12 kg ; ♀ 76 cm/3,8 kg. Oiseau coureur très grand et robuste avec des jambes puissantes, de même forme qu'un dindon ; dessus du corps brun-rouge avec des barres noires, tête et cou gris blanchâtre, dessous du corps blanc. ♂ avec une bande pectorale rousse, de longues moustaches blanches à la racine du bec et un cou plus épais que ♀. Court la tête relevée et le corps à l'horizontale ; vol analogue à celui de l'oie avec de lents battements d'ailes puissants ; parade nuptiale spectaculaire du ♂ : il tourne partiellement ses sous-alaires et ses sous-caudales vers le haut, plaque la queue contre son dos, gonfle le sac d'air de son cou et renverse la tête en arrière dans son plumage ; sous cet aspect de « fleur blanche », il décrit des cercles saccadés. Voix : ♂ pendant la parade nuptiale « oumb » ou « chaub » sourd ; ♀ parfois un « wèèiii » plaintif. Habitat : régions de steppes ; grandes étendues cultivées découvertes. Nourriture : pousses, feuilles et graines des plantes des steppes et des champs ; insectes, vers de terre, lézards, souris. Couvaison : IV-VII, 2-3 œufs, C 21-26 jours, jeunes aptes à voler au bout d'environ 5 semaines. Nid au sol.

2. Outarde canepetière ⚠

Tetrax tetrax (Outardes)

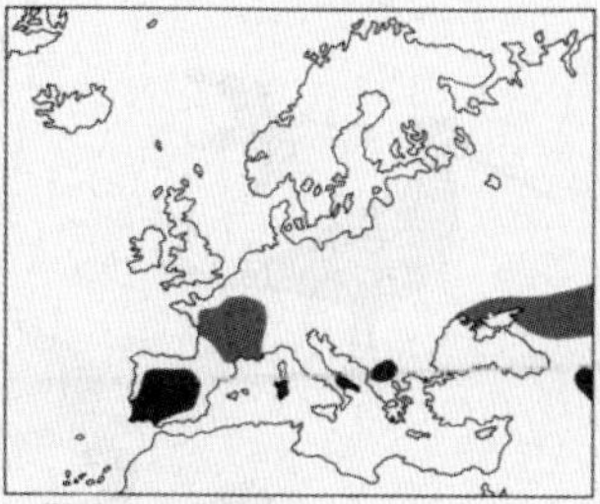

Caractéristiques : 43 cm/800 g. Petite outarde aux longues jambes, au cou épais et au bec court ; ♂ avec un dessin noir et blanc sur le cou, joues et gorge grises ; ♀ avec des barres sur la poitrine et les flancs. Oiseau farouche mais que l'on trouve parmi le bétail ; parade nuptiale spectaculaire. ♂ se redresse haut dans l'herbe, lance des appels en rejetant la tête et le cou en arrière, suivis d'un saut et de deux forts battements d'ailes ; vol nuptial à plat au-dessus du sol, les ailes abaissées et vibrantes, la tête relevée ; en volant, ♂ fait entendre un sifflement. Voix : le ♂ en parade lance un court et dur « ptrr » ou « trrrt ». Habitat : vastes herbages dans les collines ; surfaces cultivées (trèfle, colza, céréales). Nourriture : herbes, graines, insectes, vers, petits vertébrés. Couvaison : V-VII, 2-4 œufs, C 20-22 jours, jeunes aptes à voler à 4 semaines. Nid au sol.

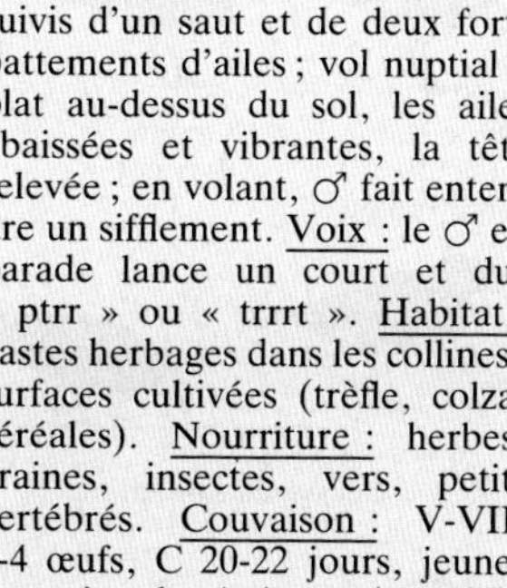

Attitude de l'outarde barbue pendant la parade

1

2

1. Râle d'eau

Rallus aquaticus (Râles)

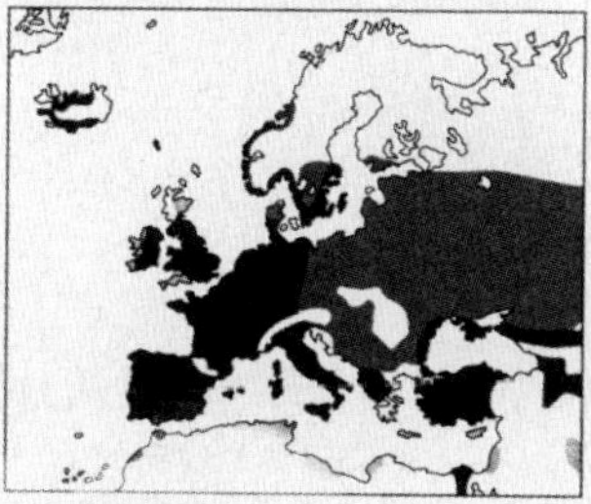

En Europe : I-XII. Caractéristiques : 28 cm/120 g. Long bec rouge, grandes pattes rougeâtres ; dos brun foncé avec taches longitudinales noires, côtés de la tête et ventre gris ardoise, sous-caudales blanc éclatant, flancs à barres noires et blanches. ♀ comme ♂. Vit dissimulé dans la végétation des berges ; s'enfuit en courant. Voix : vaste répertoire d'appels ; grognements en decrescendo comme un porcelet « krouih krouih krouih » ou « guip guip guip », et grondements ou grincements. Chant de parade : courts « tjuk ». Habitat : roselières au bord de l'eau, bords de fossés. Nourriture : insectes aquatiques, têtards, vers, grenouilles. Couvaison : IV-VI, 7-10 œufs, C 19-20 jours, jeunes aptes à voler à 7-8 semaines. Nid dans la végétation dense des berges.

2. Marouette ponctuée

Porzana porzana (Râles)

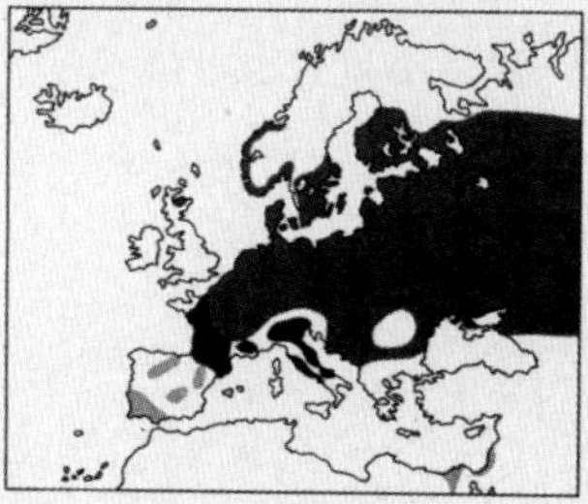

En Europe : IV-IX. Caractéristiques : 23 cm/80 g. Râle trapu au bec court et aux pattes verdâtres ; plumage brunâtre avec de fines taches blanches, sous-caudales jaune crème. ♀ comme ♂. Oiseau crépusculaire qu'on observe rarement ; vit encore plus caché que le râle d'eau. Voix : chant de parade ♂ : « houitt houitt » sonore et monotone ; cri d'alarme « tschik-tschouk ». Habitat : prairies humides à l'herbe haute, bords des fossés. Nourriture : petits coléoptères. Couvaison : IV-VII, 8-12 œufs, C 18-19 jours, jeunes aptes à voler à 40 jours. Nid souvent sur une touffe d'herbe.

3. Marouette poussin

Porzana parva (Râles)

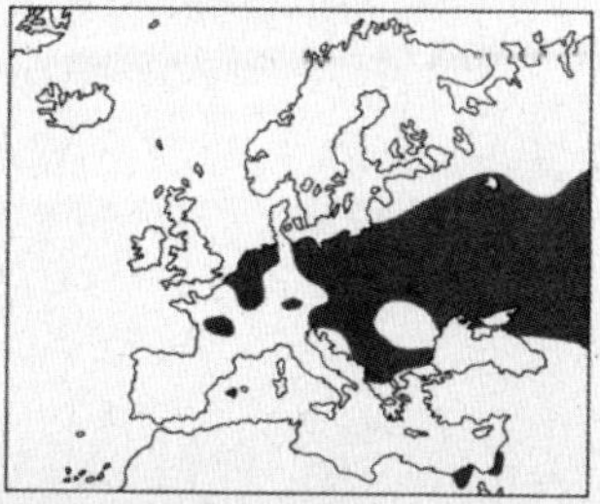

En Europe : IV-IX. Caractéristiques : 19 cm/55 g. Bec verdâtre à base rouge ; dos avec quelques taches blanches, barres des flancs indistinctes ; ventre gris ardoise, couleur crème claire chez ♀. Oiseau farouche, vivant très caché ; grimpe et nage avec agilité. Voix : ♂ à la saison des amours, série accélérée d'appels « quek-quek-quek » en descendant la gamme ; ♀ « peuck peuck peurr », « kukrirr ». Habitat : roselières et jonchaies épaisses. Nourriture : larves de moustiques, escargots, vers. Couvaison : V-VII, 4-8 œufs, C 21 jours, jeunes aptes à voler à 45-50 jours. Nid dans les roseaux.

1

2

3

1. Marouette de Baillon

Porzana pusilla (Râles)

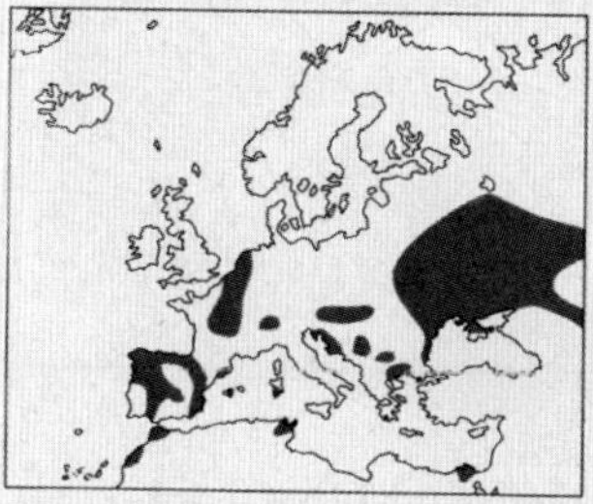

En Europe : IV-X. Caractéristiques : 18 cm/50 g. Très petit râle au bec vert ; pattes vert olive pâle ; dos brun à brun-rouge, avec de nombreuses stries longitudinales blanches et de petites taches blanches ; côtés de la tête, gorge et ventre gris ardoise, flancs et sous-caudales barrés de noir et blanc. ♀ comme ♂, mais un peu plus claire et moins contrastée. Difficile à observer. Voix : ♂ au début de la période nuptiale, bruit de crécelle « rrrrrr » ou « tjurri », audible de loin et rappelant le cri de la sarcelle (p. 38) ou de la grenouille, longueur des strophes ≈ 1-3 secondes. Habitat : touffes de laîches riches en cachettes parmi la végétation littorale des étangs, des lacs et des cours d'eau. Nourriture : insectes, vers, escargots, pousses tendres. Couvaison : V-VII, 6-9 œufs, C 17-20 jours, jeunes aptes à voler à 5 semaines. Niche sur des touffes de laîches ou au pied d'une tige de salicaire.

Silhouette en vol du râle des genêts

2. Râle des genêts

Crex crex (Râles)

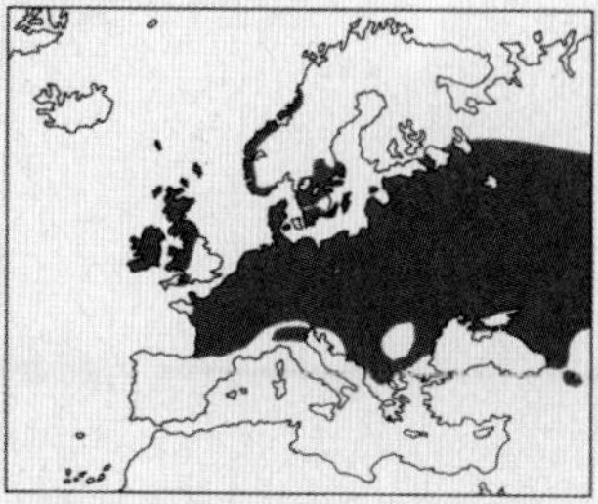

En Europe : V-IX. Caractéristiques : 27 cm/150 g. Rappelle la perdrix grise (p. 146), mais plus petit et plus svelte ; dessus du corps brun jaunâtre avec le centre des plumes sombre, couvertures alaires brun-rouge, poitrine et côtés de la tête gris, gorge blanchâtre, flancs et dessous de la queue avec de larges barres brun-rouge ; bec jaunâtre relativement court. ♀ comme ♂. Vol : pas de bruit bourdonnant, battements d'ailes sans vigueur, pas de glissades ; se distingue de la perdrix grise par ses pattes pendantes, ses couvertures alaires brun-rouge et l'absence de rouge sur la queue ; court très rapidement dans la végétation touffue, sans faire bouger le moindre brin d'herbe, en tenant le coù et la tête à l'horizontale. Voix : chant de parade ♂ : très caractéristique et durable, jour et nuit, bruit de crécelle « rerrp rerrp » qui s'entend à près d'1 km de distance. Habitat : prés humides, pâturages de hautes herbes, champs de trèfle et de luzerne, étendues d'herbes sauvages ; plus rarement champs de blé, plantation de carottes et de pommes de terre. Nourriture : coléoptères, libellules, tipules, vers, escargots, petits vertébrés. Couvaison : V-VII, 7-12 œufs, C 16-19 jours, jeunes aptes à voler à environ 5 semaines. Nid dans des dépressions peu profondes du sol.

1

2

1. Foulque noire

Fulica atra (Râles)

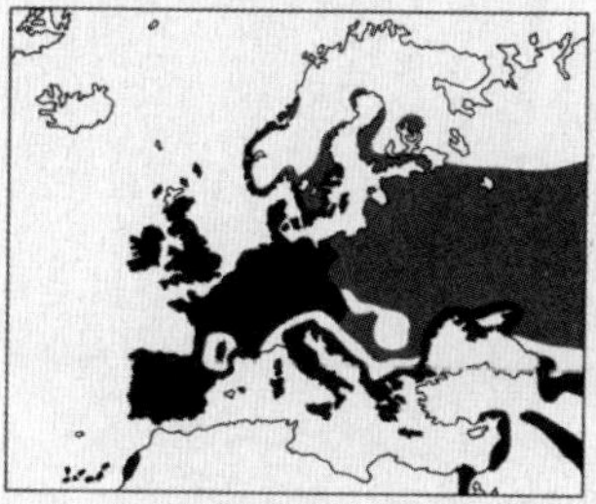

En Europe : I-XII. Caractéristiques : 38 cm/700 g. Oiseau noir, arrondi, presque de la taille d'un canard ; bec et plaque frontale blancs ; doigts entourés de festons membraneux. ♀ comme ♂. En nageant, incline la tête en cadence ; souvent sur les lacs en bandes hors de la saison des nids. Plonge avec un léger saut. Voix : dur « pix », « dp », « pssi » ; ♀ « keuw » aboyé. Habitat : eaux à riche végétation sous-marine. Nourriture : plantes aquatiques, pousses de roseaux, herbe, insectes. Couvaison : IV-VII, 5-10 œufs, C 23-24 jours, jeunes aptes à voler à 8 semaines. Nid flottant.

2. Poule d'eau

Gallinula chloropus (Râles)

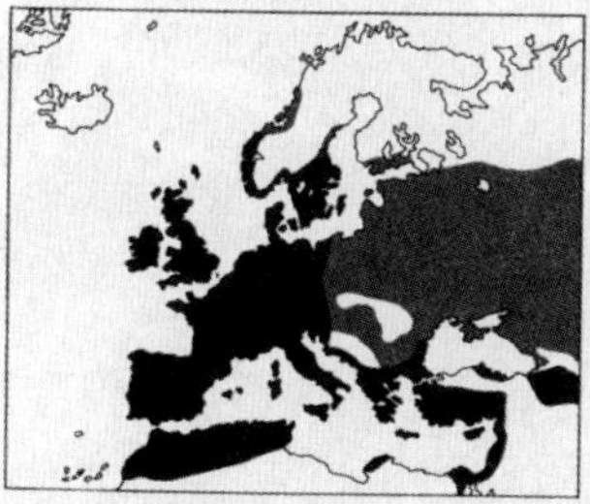

En Europe : I-XII. Caractéristiques : 33 cm/300 g. Petit oiseau noirâtre ; pattes et doigts longs et verdâtres ; bec rouge à pointe jaune, plaque frontale rouge, sous-caudales externes d'un blanc étincelant. ♀ comme ♂. Oisillons brun-gris. Court et nage avec des mouvements de tête cadencés et des hochements nerveux de la queue. Voix : cri d'alarme, « kurrk » ou « kirreck » perçant. Habitat : eaux aux rives verdoyantes. Nourriture : plantes aquatiques, herbes, insectes, têtards. Couvaison : IV-VII, 4-10 œufs, C 19-22 jours, jeunes aptes à voler à 35 jours ; 1-3 couvées par an. Nid flottant ou dans les couverts du rivage.

3. Grue cendrée

Grus grus (Grues)

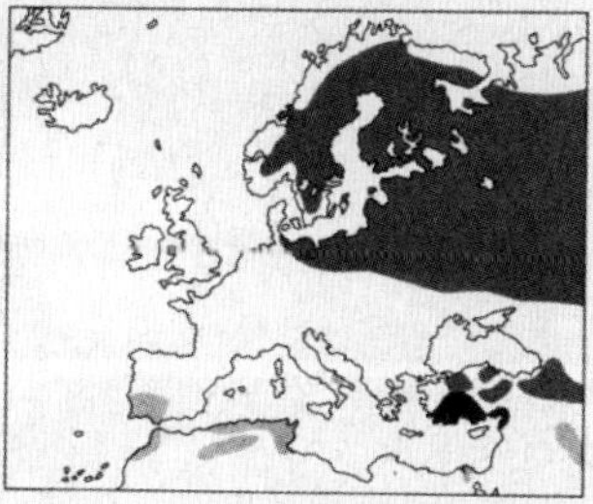

En Europe : III-X. Caractéristiques : 114 cm/5 500 g. Très grand oiseau gris ardoise ; bec puissant, assez court, tache rouge à l'arrière de la tête. ♀ comme ♂. Oiseau farouche et très vigilant ; démarche majestueuse ; sur le terrain de parade et les aires traditionnelles de repos, danses spectaculaires en files : les grues tournent les unes autour des autres, les ailes déployées, en bondissant et en faisant de profondes révérences. Voix : « krouh-krui-krouh » trompetant et sonore, à l'aube et au moment de l'envol. Habitat : terrains marécageux et landes étendus. Nourriture : graines, particules végétales, pommes de terre, insectes, escargots, petits vertébrés. Couvaison : IV-VI, 2 œufs, C 29-30 jours, jeunes aptes à voler à 9-10 semaines. Nid au sol.

1

2

3

1. Huîtrier pie

Haematopus ostralegus
(Huîtriers)

En Europe : I-XII. Caractéristiques : 43 cm/600 g. Grand limicole trapu avec de puissantes pattes rouges et un long bec rouge orangé ; tête, poitrine et dos noirs, ventre blanc ; yeux rouges. Plumage internuptial avec une bande transversale blanche sur la poitrine et les côtés du cou. ♀ comme ♂. Vol : queue blanche avec large bordure terminale noire. Oiseau grégaire. Voix : « kliep kliep » retentissant ; cri d'alarme « glièh glièh ». Habitat : littoraux de toutes sortes, eaux intérieures. Nourriture : moules, crustacés, escargots, vers marins. Couvaison : IV-VII, 3 œufs, C 26-28 jours, jeunes aptes à voler à 32-35 jours. Nid au sol.

2. Échasse blanche

Himantopus himantopus
(Échasses)

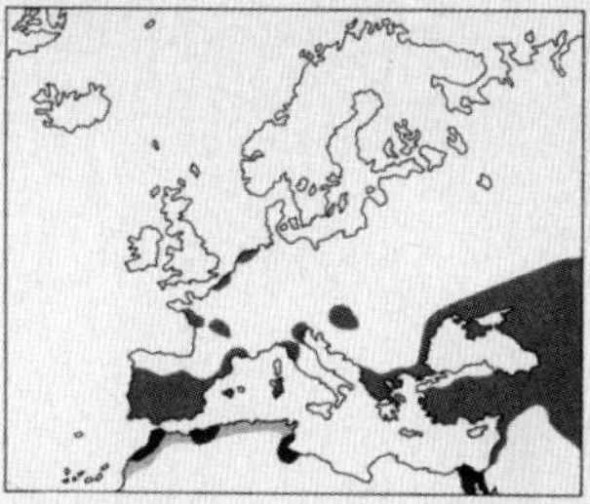

En Europe : IV-IX (rare). Caractéristiques : 38 cm/200 g. Échassier gracile au fin bec noir, aux longues pattes rouges ; dos et ailes noirs, reste du corps blanc ; ♂ dessus et arrière de la tête noirâtres, blancs en plumage internuptial. ♀ comme ♂ en livrée internuptiale avec le dos brun noirâtre. Voix : cri d'alarme « kwip », « kwiwip » stridents ; en outre « djoua », « guick ». Habitat : terrains marécageux. Nourriture : insectes, petits crustacés, têtards, poissons. Couvaison : IV-VI, 3-4 œufs, C 22-24 jours, jeunes aptes à voler à 28-30 jours. Niche en colonies ; nid au sol.

3. Avocette

Recurvirostra avosetta
(Échasses)

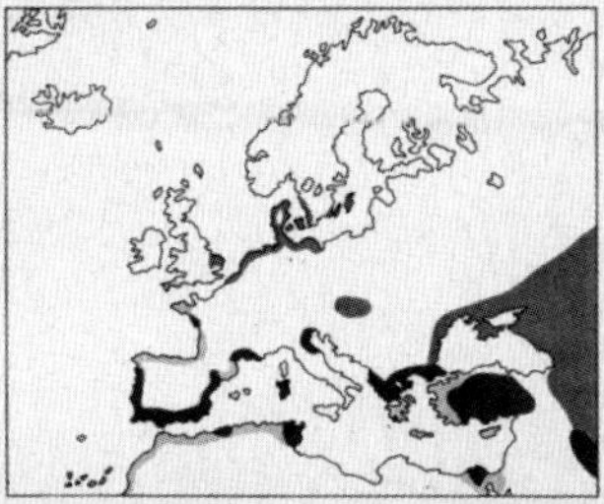

En Europe : IV-X. Caractéristiques : 43 cm/300 g. Grand limicole élégant au plumage noir et blanc, avec de longues pattes gris-bleu et un bec noir retroussé. ♀ comme ♂. Vol : dessous du corps d'un blanc pur avec les rémiges primaires noires. En quête de nourriture, mouvements latéraux pendulaires de la tête ; très grégaire. Voix : doux « plouit », « plut ». Cri d'alarme « blik-blik-blik ». Habitat : criques envasées, lagunes, rives plates des marais salants. Nourriture : petits crustacés, vers, insectes aquatiques. Couvaison : IV-VII, 4 œufs, C 24-25 jours, jeunes aptes à voler à 35-40 jours. Niche en colonies dans des trous du sol.

1

2|3

1. Grand gravelot

Charadrius hiaticula
(Pluviers)

En Europe : III-X. Caractéristiques : 19 cm/65 g. Petit limicole d'aspect arrondi ; pattes et bec jaune orangé, pointe du bec noire ; en vol, bande alaire blanche ; devant du front blanc, large plastron noir. En livrée internuptiale, pas de dessin noir sur la tête et le cou, tache blanche derrière les yeux. ♀ comme ♂. Court très vite (« en roulant »), s'immobilise brusquement et s'incline. Voix : « tuit », en vol « t'wuèh t'wuèh t'wuèh », « dru dru dru ». Habitat : littoral maritime, toundra montagneuse. Nourriture : insectes, crustacés, vers, escargots. Couvaison : IV-VII, 4 œufs, C 21-28 jours, jeunes aptes à voler à 21-25 jours ; 2 couvées par an. Nid dans des trous du sol.

2. Petit gravelot

Charadrius dubius
(Pluviers)

En Europe : IV-IX. Caractéristiques : 15 cm/40 g. Plus petit que le grand gravelot ; mince bec noir, bandeau frontal noir, étroit collier noir, cercle oculaire jaune citron, pattes jaunâtre pâle ; pas de bande alaire blanche. Court vite en trottinant. Voix : « piou », « diou » élevé et sifflant ; trille de parade allant en s'accélérant, « gru gru gru », « triè triè triè ». Habitat : sablières et gravières au bord des lacs et cours d'eau. Nourriture : coléoptères, crustacés, escargots, vers. Couvaison : IV-VII, 4 œufs, C 22-28 jours, jeunes aptes à voler à 22-25 jours. Pond dans des dépressions du sol.

3. Gravelot à collier interrompu *Charadrius alexandrinus* (Pluviers)

En Europe : III-VIII. Caractéristiques : 16 cm/50 g. Petit pluvier clair aux pattes assez hautes ; pattes et bec noirâtres ; sur le poitrail, fine bande noire (brune chez ♀), interrompue au milieu. ♀ teintes moins contrastées. En vol, bande alaire blanche. Chez ♂ au printemps, calotte rouge jaunâtre. En livrée internuptiale comme ♀ en plumage nuptial. Court longtemps. Voix : « puit », « gugug » ; en vol, trille accéléré. Habitat : côtes sablonneuses, marais salants. Nourriture : vers, insectes, crustacés. Couvaison : IV-VII, 3 œufs, C 23-29 jours, jeunes aptes à voler à 30-40 jours. Nid au sol.

1

2

3

1. Pluvier doré

Pluvialis apricaria
(Pluviers)

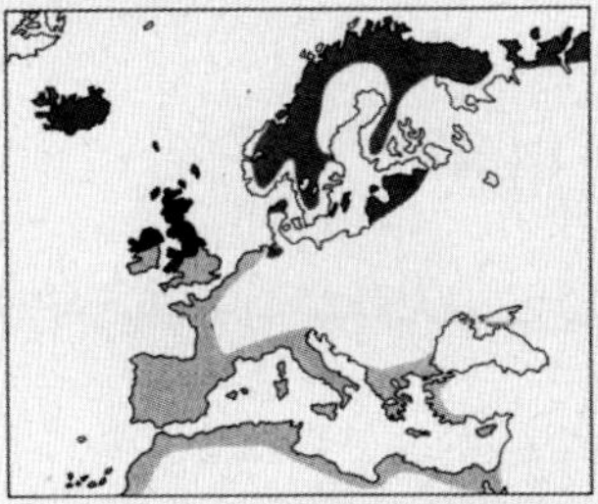

En Europe : III-X. Caractéristiques : 28 cm/190 g. Grand pluvier d'aspect arrondi, au dos finement coloré de noir et jaune verdâtre ; ventre et tête avec plus ou moins de noir selon les races, blanc sale en plumage internuptial. ♀ comme ♂. En vol, ailes pointues, blanches sur le dessous. Souvent en essaims avec des vanneaux. Voix : doux « duh », « tluh » flûté ; excité « tlu-i » ; chant au vol « tu-tu-tudiou-tudiou-tudiou ». Habitat : terrains marécageux et landes de bruyère, toundra ; en migration, se repose souvent dans les champs. Nourriture : insectes, araignées, petits escargots, baies. Couvaison : IV-VII, 3 œufs, C 27-30 jours, jeunes aptes à voler à 30-33 jours. Pond dans des trous du sol.

2. Pluvier argenté

Pluvialis squatarola
(Pluviers)

En Europe : III-IX. Caractéristiques : 29 cm/190 g. Un peu plus grand et plus trapu que le pluvier doré avec un bec puissant ; dos sans tonalités de jaune ni de vert. En plumage internuptial (ill.), dos plus gris que jaunâtre ; net sourcil blanc. Vol : on remarque ses aisselles noires. Voix : en vol, mélancolique « tli-u-i ». Habitat : toundra arctique ; en migration, estuaires. Nourriture : insectes, moules, escargots, vers marins. Couvaison : V-VII, 4 œufs, C 27 jours, jeunes autonomes à 4 semaines. Pond dans des trous du sol.

3. Pluvier guignard

Eudromias morinellus
(Pluviers)

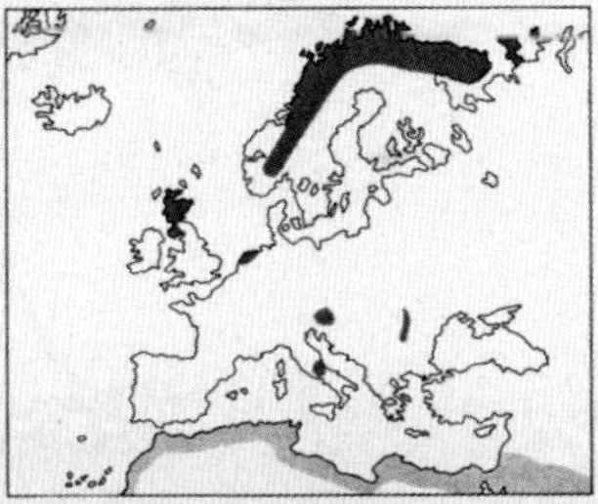

En Europe : V-IX. Caractéristiques : 20-22 cm/100-120 g. Dos gris ardoise avec des dessins clairs, sourcils blancs se rejoignant sur la nuque, bande pectorale blanche. En livrée internuptiale, plumage plus pâle. ♀ (ill.) un peu plus grande, de teintes plus contrastées que ♂. Oiseau très confiant. Voix : calme « dru dru » ou « puè puè ». En parade : séries de « pit pit ». Habitat : toundra de mousses et lichens, toundra alpine ; en migration, prés, steppes salées. Nourriture : insectes, escargots, vers. Couvaison : V-VII, 3 œufs, C 25-27 jours, jeunes aptes à voler à 26-30 jours. Pond dans des trous.

1|2

3

1. Tournepierre à collier

Arenaria interpres
(Pluviers)

En Europe : IV-V, VIII-IX. Caractéristiques : 23 cm/120 g. Petit oiseau côtier bariolé, trapu, aux pattes courtes ; bec court et pointu, un peu retroussé ; jambes jaune orangé. En livrée internuptiale, dos brun foncé, gorge blanche, plastron sombre. ♀ de teintes moins contrastées que ♂. En vol paraît blanc et noir. En marchant, il avance et recule tête et cou ; en quête de nourriture, il retourne de petits objets ; il nage bien. Généralement en petites troupes en migration. Voix : doux « kjug » (cri de ralliement), « tukè-tuk » ; excité, « kikèkikèkikè » ou « rrurrurrurr ». Habitat : côtes pierreuses, îles rocheuses ou sablonneuses près des côtes ; toundra de mousses et de lichens. Nourriture : insectes, crustacés, moules, escargots. Couvaison : V-VII, 4 œufs, C 22-23 jours, jeunes aptes à voler à 24-26 jours. Nid au sol.

2. Vanneau huppé

Vanellus vanellus (Vanneaux)

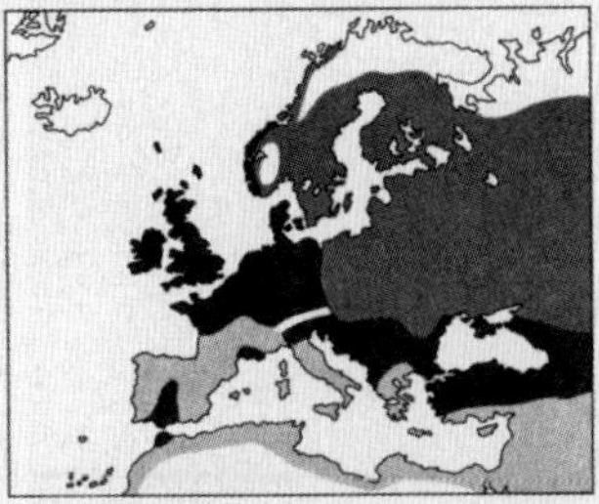

En Europe : III-XI. Caractéristiques : 30 cm/200 g. Grand limicole paraissant blanc et noir de loin, avec une longue huppe pointue et étalée à l'arrière de la tête ; dos noir brunâtre avec reflets métalliques verdâtres ; face, menton, gorge et plaque pectorale semi-circulaire noirs ; ventre blanc, sous-caudales brun-roux. ♀ avec la gorge blanche et la huppe plus courte. Plumage internuptial moins contrasté, bandeau pectoral noir plus étroit. Vol : larges ailes arrondies noir et blanc, chez ♂ région des rémiges primaires plus large ; queue blanche avec large bande terminale noire. Sociable en toute saison. Vol souvent chancelant, avec des battements d'ailes assez lents ; spectaculaire vol de parade du ♂ avec des chutes verticales et des ascensions vertigineuses. Voix : cri de ralliement « piè-witt » ; ♂ en vol de parade « witt witt witt kchriouwitt ». Habitat : terrains alluvionnaires, landes, champs, prairies, pâturages. Nourriture : insectes, vers, escargots. Couvaison : III-VI, 4 œufs, C 26-29 jours, jeunes aptes à voler à 35-40 jours. Colonies clairsemées ; nid au sol.

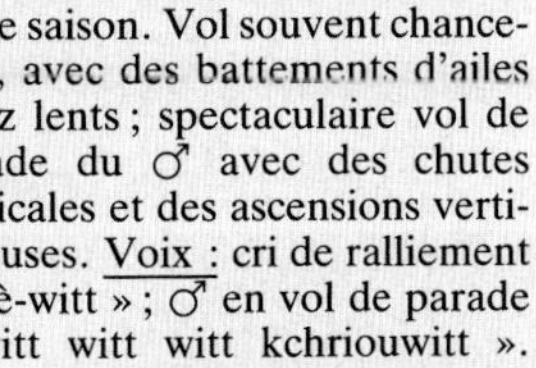

1

2

1. Bécasseau cocorli

Calidris ferruginea (Bécasseaux)

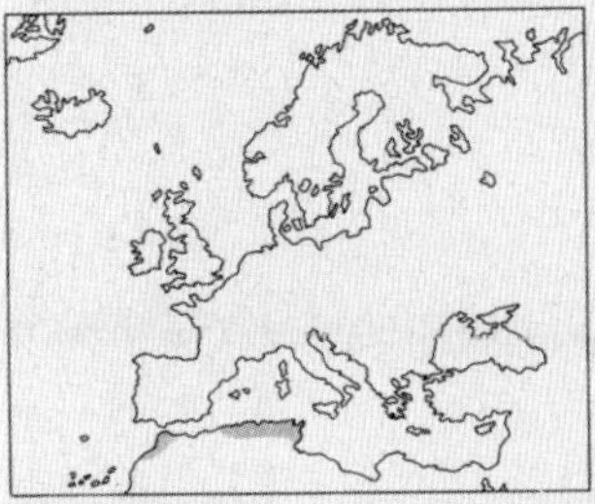

En Europe : IV-V, VII-IX. Caractéristiques : 19 cm/65 g. Aussi grand que le bécasseau variable, mais bec plus long, légèrement arqué vers le bas, et des pattes plus hautes ; brun-roux avec des taches foncées, croupion blanc. ♀ un peu plus pâle. En plumage internuptial (ill.), semblable au bécasseau variable mais sourcils plus blancs. Généralement en station droite. Voix : « tirr », « tirrit ». Chant trillé. Habitat : toundra arctique ; en migration, vasières. Nourriture : vers, hérissons, petits escargots et moules. Couvaison : VI-VII, 4 œufs. Nid dans un trou du sol.

2/3. Bécasseau variable

Calidris alpina (Bécasseaux)

En Europe : I-XII. Caractéristiques : 17-19 cm/45-65 g. Le plus courant des petits limicoles ; long bec recourbé vers le bas à la pointe ; dos noir brunâtre à brun-rouge, ventre avec une grande tache noire (ill. 2). En livrée internuptiale (ill. 3), dessus du corps gris-brun, dessous blanc sale. ♀ comme ♂. Très sociable ; en quête de nourriture, il sonde la vase avec nervosité ; troupes compactes en vol. Voix : « trurr » roulé et énergique. Chant trillé. Habitat : toundra arctique, prairies côtières, marécages ; en migration, surtout dans les vasières et estuaires. Nourriture : insectes, petites moules, escargots, vers marins. Couvaison : IV-VI, 4 œufs, C 20-22 jours, jeunes aptes à voler à 19-22 jours. Nid dissimulé dans la végétation.

4. Bécasseau minute

Calidris minutus (Bécasseaux)

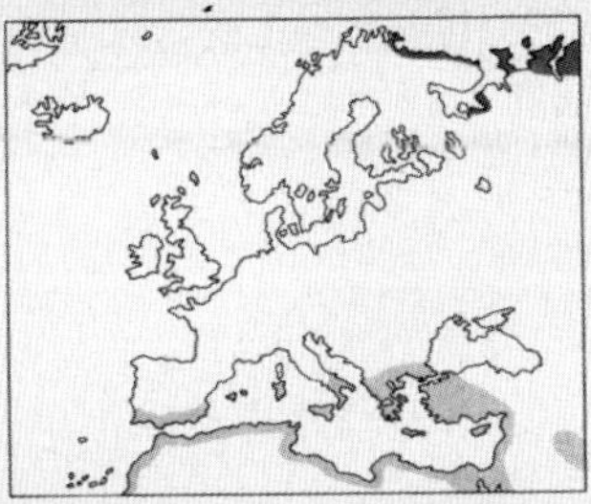

En Europe : V-XI. Caractéristiques : 13 cm/25 g. Limicole guère plus grand qu'un moineau, avec un bec droit relativement court ; dos à dessins noirs et brun-rouge, gris en livrée internuptiale ; dessous blanc. ♀ comme ♂. Oisillons avec un net dessin en « V » sur le dos. Souvent en compagnie de bécasseaux variables, il cherche comme eux sa nourriture avec nervosité. Voix : clair « tirrtirrtirrit » vibrant ; appel en vol « kip ». Chant : trille montant et descendant. Habitat : vasières de la toundra ; en migration, rivages fangeux de la mer et champs d'épandage. Nourriture : insectes, vers, petits escargots et crustacés. Couvaison : VI-VII, 4 œufs. Nid dans un trou du sol.

1

2|3

4

1. Bécasseau de Temminck

Calidris temminckii (Bécasseaux)

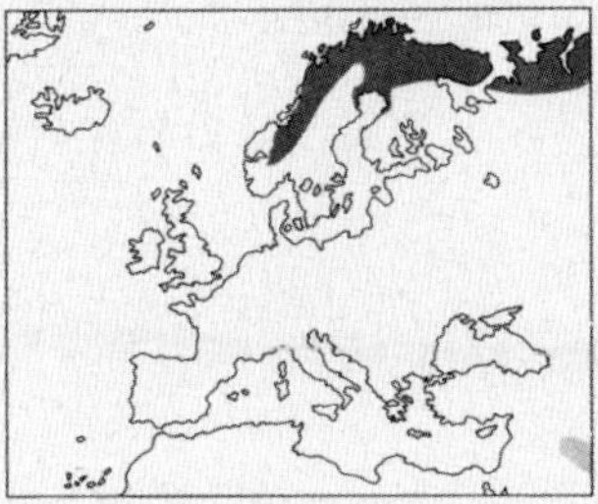

En Europe : IV-V, VII-IX. Caractéristiques : 14 cm/25 g. Semblable au bécasseau minute (p. 102), mais pattes vert jaunâtre plus courtes, et bec plus mince ; plumage gris, légèrement dessiné, sur le dessus. Livrée internuptiale plus claire que livrée nuptiale. ♀ comme ♂. Débusqué, il s'envole haut en zigzaguant ; peu sociable. Voix : « kililili » ténu, « tirr » trillé. Chant : trilles et pépiements. Habitat : toundra d'arbrisseaux nains, hauts plateaux dénudés ; en migration, vasières riches en végétation. Nourriture : insectes, escargots, vers. Couvaison : V-VII, 4 œufs, C 19-22 jours, jeunes aptes à voler à 16-18 jours. Nid dans un trou du sol.

2. Bécasseau sanderling

Calidris alba (Bécasseaux)

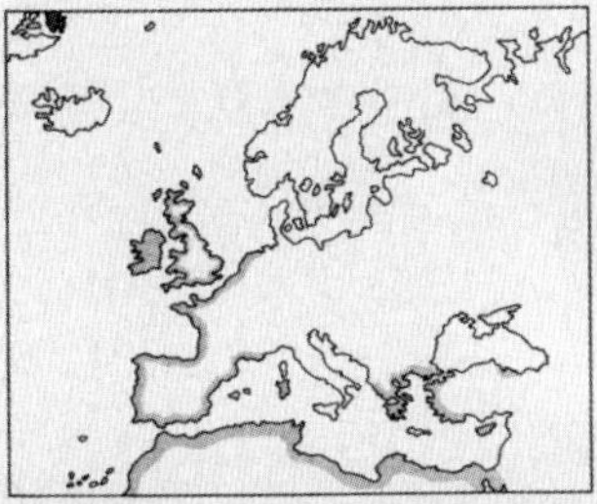

En Europe : III-V, VIII-X. Caractéristiques : 20 cm/55 g. Un peu plus grand et plus trapu que le bécasseau minute (p. 102), avec un court bec droit ; dos tacheté de roux en plumage nuptial, gris clair avec une tache noirâtre sur l'épaule en livrée internuptiale (ill.) ; dessous toujours d'un blanc pur. ♀ comme ♂. En vol, large bande alaire blanche. Sociable ; court avec rapidité en position accroupie le long des vagues mourantes. Voix : court « plit » ou « twik ». Chant : trille ronflant. Habitat : toundra arctique ; en migration, vasières, souvent zone de ressac des îles. Nourriture : insectes, moules, crustacés. Couvaison : VI-VII, 4 œufs, C 23-24 jours. Nid dans un trou du sol.

3. Bécasseau maubèche

Calidris canutus (Bécasseaux)

En Europe : IV-IX. Caractéristiques : 25 cm/150 g. Grand limicole dodu avec un cou court, un bec assez petit et de courtes pattes ; dos tacheté de brun-roux, ventre roux. Plumage internuptial (ill.) dos gris cendré et bord des plumes blanc, ventre blanc jaunâtre. ♀ comme ♂. Très sociable. Vol : effectue des manœuvres en formations serrées. Voix : en vol « touit-vit », « gjoug ». Chant : rappelant le courlis (p. 114). Habitat : à la saison des nids, toundra de mousses et de lichens, hauts plateaux dénudés ; sinon vasières et estuaires. Nourriture : araignées, moules, crustacés. Couvaison : VI-VII, 4 œufs. Nid dans une cavité du sol.

1

2

3

1. Bécasseau violet

Calidris maritima (Bécasseaux)

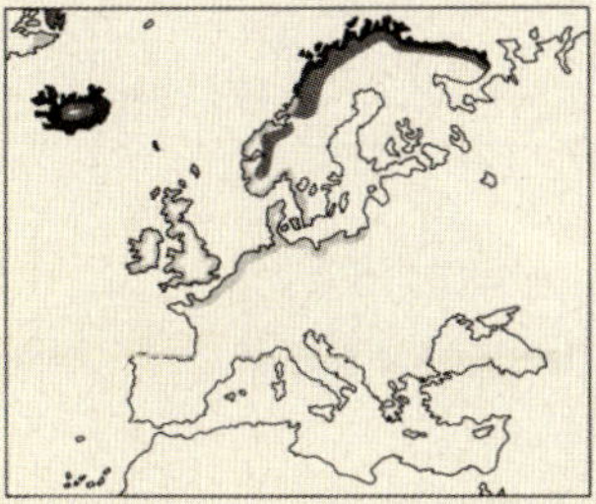

En Europe : XI-III. Caractéristiques : 21 cm/85 g. Un peu plus grand que le bécasseau variable (p. 102), avec un aspect trapu, pattes courtes ; pattes et naissance du bec jaunâtres ; dos brun foncé, avec des dessins roux et blancs. Plumage internuptial (ill. 1) à prédominance de gris-brun, ventre blanc. ♀ comme ♂. Paraît très sombre en vol. Sociable hors de la saison des nids. Vol : chanté du ♂ bourdonnant et glissant, avec les ailes abaissées. Voix : assez silencieux ; à l'envol « wiet », « wiet-wit », « tritt-tritt ». Chant territorial : flûté et trillé comme celui du pic vert. Habitat : toundra de mousses et de lichens, éboulis et névés, îles rocheuses en face des côtes ; en dehors de la saison des nids, zone de ressac des côtes rocheuses ou couvertes de galets. Nourriture : petits escargots et crustacés. Couvaison : VI-VII, 4 œufs, C 21-22 jours, jeunes aptes à voler à 3-4 semaines. Nid dans un trou du sol.

Espèce voisine : **Bécasseau falcinelle,** *Limicola falcinellus*. Petit limicole à long bec, au bout légèrement recourbé ; courtes pattes ; dos avec des dessins analogues à ceux de la bécassine des marais. Habite les tourbières de Scandinavie. Rare en Europe centrale (V, VII-X), sur le littoral et dans l'intérieur des terres.

2/3. Phalarope à bec étroit

Phalaropus lobatus (Bécasseaux)

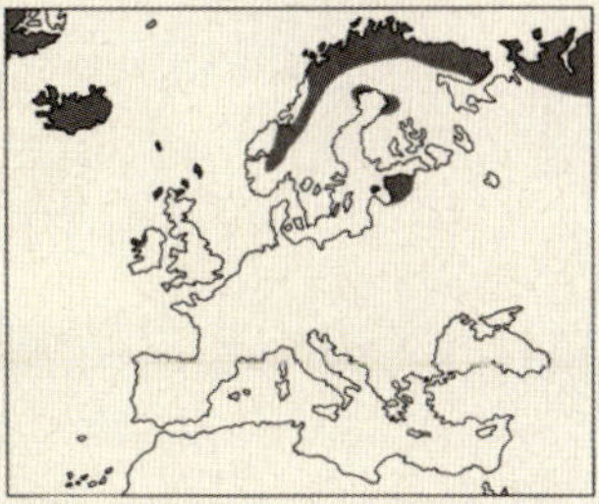

En Europe : V-VII, VIII-IX. Caractéristiques : 18 cm/35 g. Bec noir très fin ; doigts pourvus d'une membrane lobée grise ; gorge blanche ; ♂ à tête rousse, ♀ à tête noirâtre, dans l'ensemble plus contrastée que ♂ (ill. 2). Plumage internuptial (ill. 3) ♂ et ♀ avec le dessus du corps gris ardoise foncé, une raie sombre sur les yeux et le dessous du corps blanchâtre. En vol, spectaculaire barre alaire blanche. Nage en se tenant très haut sur l'eau et en tournoyant sur lui-même avec des inclinations incessantes de la tête ; rarement à terre. Vol : rapide et souple des limicoles. Voix : en vol « bitt », « witt witt » ; cri de ralliement « vèdu vèdu ». Habitat : petites nappes d'eau de la toundra ; en dehors de la saison des nids, surtout en haute mer. Nourriture : insectes, crustacés, araignées et mollusques. Couvaison : VI-VII, 4 œufs, C 17-19 jours, jeunes aptes à voler à 18-20 jours. Nid au sol.

Phalarope en plumage internuptial

1

2

3

1. Chevalier gambette

Tringa totanus (Bécasseaux)

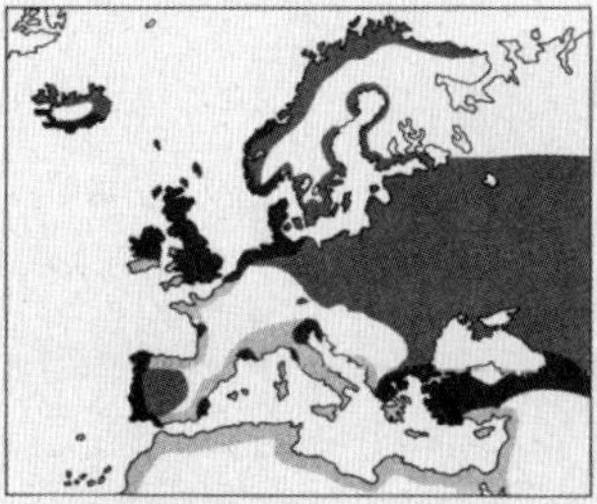

En Europe : III-IX. Caractéristiques : 28 cm/130 g. Échassier aquatique à longues pattes rouge orangé ; bec noir à base rouge ; dos brun-gris avec des taches foncées, ventre blanc sale avec des taches brunes ; queue rayée transversalement de noir et de blanc. Plumage internuptial plus clair et moins tacheté. ♀ comme ♂. En vol, large bordure arrière blanche des ailes, croupion et bas du dos blancs. Souvent perché en hauteur ; spectaculaire vol nuptial du ♂ avec bruyants battements d'ailes. Voix : « dju-u » ou « dju-u-u » flûté et mélodieux, « gjib gjib » strident. Chant jodlé. Habitat : marécages, landes humides, marais salants ; hors de la saison des nids, côtes maritimes plates. Nourriture : insectes, vers de terre, petites grenouilles. Couvaison : IV-VI, 4 œufs, C 22-25 jours, jeunes aptes à voler à 25 jours. Nid au sol. Espèces voisines : **Térékie cendrée,** *Xenus cinereus.* Plus petite que le gambette, bec presque deux fois plus long que la tête, arqué vers le haut. Niche dans le nord-est de l'Europe. — **Chevalier stagnatile,** *Tringa stagnatilis.* Plus petit que le gambette, plumage plus clair ; long bec fin et pointu. Traverse l'Europe centrale et l'Europe méridionale quand il migre vers l'Afrique.

Chevalier gambette

Chevalier arlequin

2. Chevalier arlequin

Tringa erythropus (Bécasseaux)

En Europe : IV-V, VIII-X. Caractéristiques : 30 cm/150 g. Paraît plus svelte que le gambette à cause de ses pattes et de son bec plus longs ; pattes rouge foncé ; plumage gris-noir à fines taches blanches sur le dos. En livrée internuptiale, dos gris cendré, tacheté de blanc, ventre gris clair ; plus clair que le gambette (ill. : plumage de transition). ♀ comme ♂. En vol, pas de blanc sur les ailes. Dans l'eau jusqu'au ventre, en quête de nourriture ; nage plus que les autres échassiers aquatiques, atterrit sur l'eau. Voix : appel « djou-it » ; dérangé, « tjicktjicktjict ». Chant roulé mélodieux. Habitat : toundra humide, hauts plateaux marécageux en bordure nord de la taïga ; hors de la saison des nids, eaux intérieures, criques maritimes. Nourriture : insectes aquatiques, petits crustacés, vers, petits poissons. Couvaison : V-VII, 4 œufs. Nid dans une cavité du sol.

1

2

1. Chevalier aboyeur

Tringa nebularia (Bécasseaux)

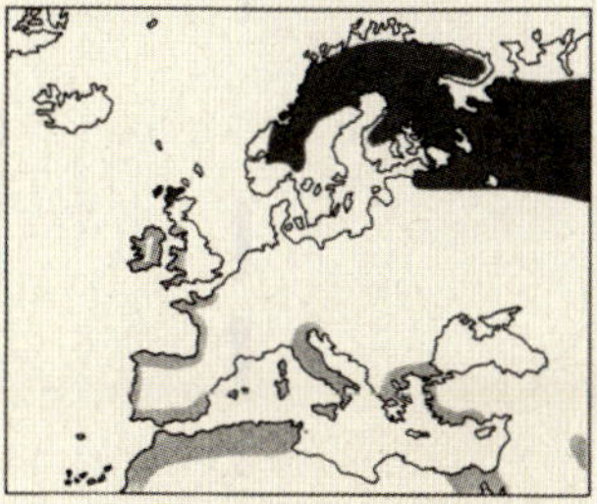

En Europe : IV-V, VII-X. Caractéristiques : 30,5 cm/200 g. Grand échassier aquatique clair avec de longues pattes verdâtres ; long bec, retroussé dans sa moitié antérieure ; dos brun-gris, tête et cou finement striés de foncé. Plumage internuptial plus clair. ♀ comme ♂. Peu sociable. Voix : « kjuck-kjuckju » sonore et pénétrant ; ♂ en vol, chant flûté « tjou-i ». Habitat : marécages, landes de bruyère, couvertes de lichens ; en migration, rives de lacs et de cours d'eau, côtes maritimes plates. Nourriture : vers, crustacés, insectes aquatiques, poissons. Couvaison : V-VII, 4 œufs, C 23-25 jours, jeunes aptes à voler à 28-30 jours. Nid dans une cavité du sol.

2. Chevalier sylvain

Tringa glareola (Bécasseaux)

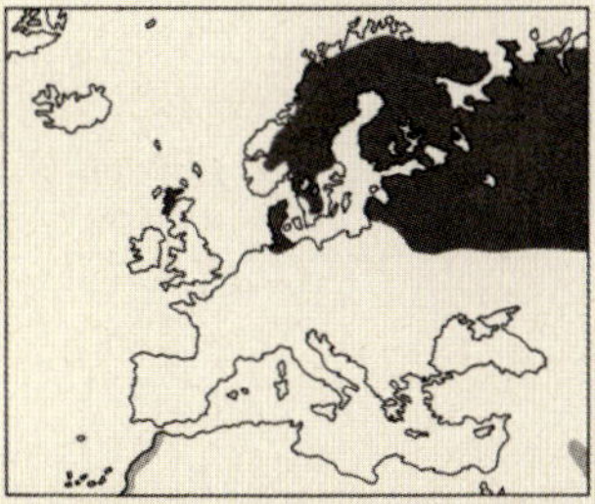

En Europe : III-XI. Caractéristiques : 20 cm/65 g. Plus petit que le gambette (p. 108), avec le bec plus court et plus foncé, pattes vert jaunâtre ; dos brun-gris avec de fines taches blanches très nombreuses ; sourcil clair. ♀ comme ♂. Voix : à l'envol, « guiff guiff guiff » aigu. Chant du ♂ et de la ♀ (également en vol de parade) rappelant celui de l'alouette lulu. Habitat : marécages de montagne, landes humides, forêts de conifères inondées ; hors de la saison des nids, vasières. Nourriture : insectes, crustacés, petits escargots. Couvaison : V-VII, 4 œufs, C 22-23 jours. Pond parmi les arbrisseaux ou dans d'anciens nids de merles.

3. Chevalier cul-blanc

Tringa ochropus (Bécasseaux)

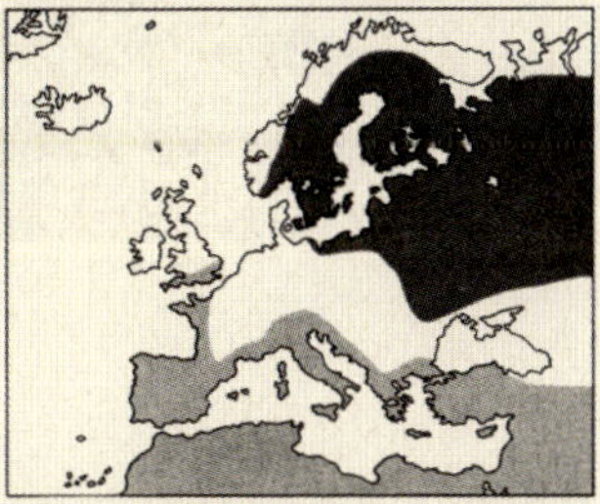

En Europe : I-XII. Caractéristiques : 23 cm/80 g. Analogue au sylvain, mais dos brun foncé avec beaucoup de taches claires ; plumage internuptial avec le dos gris bleuté et des taches discrètes ; dos toujours blanc. En vol, croupion blanc de neige contrastant avec les ailes sombres. Peu sociable ; débusqué, vole vers le ciel en zigzag en lançant des appels. Voix : « tloui-titit » aigu et clair. Habitat : régions montagneuses marécageuses, forêts marécageuses ; en migration, rives des lacs couvertes de végétation, fossés. Nourriture : insectes, araignées, vers. Couvaison : IV-VI, 4 œufs, C 19-21 jours. Pond dans d'anciens nids de merles.

1

2

3

1. Chevalier guignette

Actitis hypoleucos
(Bécasseaux)

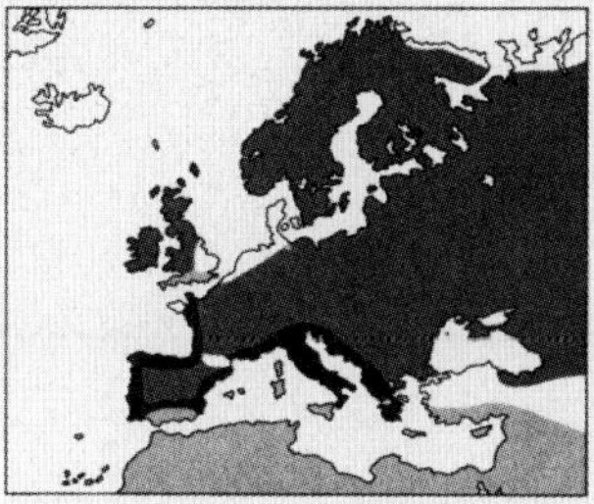

En Europe : III-XI. Caractéristiques : 20 cm/55 g. Petit échassier aquatique aux pattes et bec courts ; dos brun olivâtre avec de fins dessins, cou et côtés du poitrail brun-gris se détachant du dessous du corps blanc ; pattes verdâtres. ♀ comme ♂. En vol, bande alaire blanche, dessus de la queue brun olivâtre, côtés de la queue blancs. Agite presque constamment l'arrière du corps et incline la tête ; débusqué, vol ramé rapide au ras de l'eau alternant avec des glissades, les ailes arquées vers le bas ; souvent juché sur des pierres ou des bois flottants ; vol de parade du ♂ avec de bruyants battements d'ailes et des changements de direction en zigzag. Voix : fréquent « hihdidihihdidi » pénétrant, accentué chaque fois sur la première syllabe au ton plus élevé ; dérangé, lance un « iit » soutenu. Chant ♂ : « titihihihi ». Habitat : rives graveleuses et sablonneuses, couvertes de végétation, des cours d'eau et des lacs ; en migration, fossés et petites nappes d'eau, rivages bétonnés et installations portuaires. Nourriture : insectes, araignées, petits crustacés. Couvaison : V-VII, 4 œufs, C 21-22 jours, jeunes aptes à voler à 20 jours. Nid au sol, bien dissimulé.

2/3. Chevalier combattant

Philomachus pugnax
(Bécasseaux)

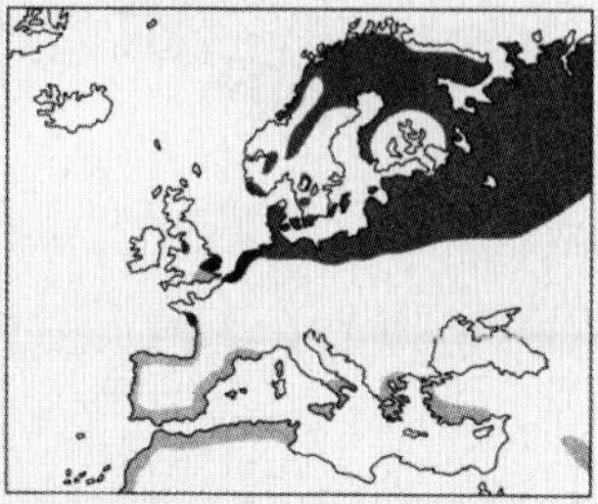

En Europe : III-XI. Caractéristiques : ♂ 29 cm/170 g ; ♀ 23 cm/100 g. ♂ en plumage nuptial (ill. 2), avec de spectaculaires touffes de plumes aux oreilles et une collerette géante ; les garnitures de la tête et du cou peuvent varier du noir au blanc ou au rouille ; face nue ; pattes toujours claires. ♀ (ill. 3) plus petite et sans parure sur la tête et le cou, dos brun-gris d'aspect écailleux à cause du liséré clair des plumes. ♂ en plumage internuptial comme ♀. Spectaculaire parade des mâles avec simulacres de combat. Voix : presque muet ; en vol, rares « kru ». Habitat : prairies humides à l'herbe rase, marais et landes inondés, dunes, toundra d'arbrisseaux ; en migration, vasières et tourbières. Nourriture : insectes, petits crustacés, escargots, vers. Couvaison : V-VII, 4 œufs, C 20-22 jours, jeunes aptes à voler à 25 jours. Nid au sol.

1

2

3

1. Courlis cendré

Numenius arquata (Bécasseaux)

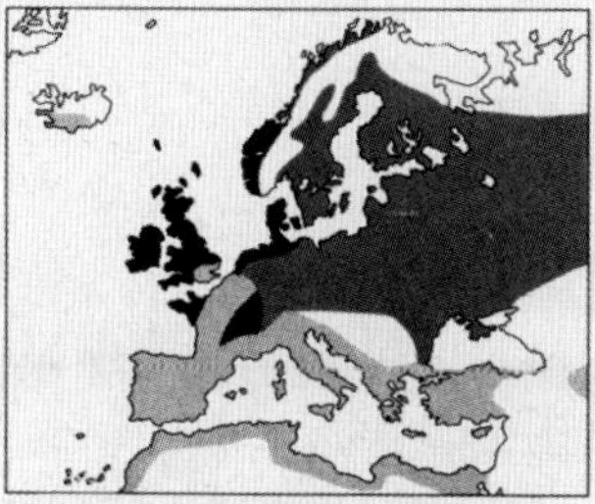

En Europe : III-IX, hiverne de temps à autre. Caractéristiques : 53-58 cm/600-900 g. Très grand bécasseau avec un long bec recourbé vers le bas ; dos brunâtre, avec des dessins brun noirâtre serrés, ventre plus clair avec des taches plus espacées ; pattes gris-vert. ♀ bec plus long, un peu plus arqué dans le premier tiers de de la pointe. En vol, croupion blanc en « V » allongé jusqu'au bas du dos, queue à fines barrures transversales. Vol : rapide, avec des battements d'ailes assez lents ; les troupes sont en « V » ou en files ; oiseau farouche. Voix : flûtée, mélodieuse ; en vol,

appel profond ascendant « dlui », « kléui ». Chant territorial ♂ : lancé en vol, séries sonores et montantes de « goui » s'accélérant et se terminant en trille. Habitat : vastes prés humides découverts, landes, herbages, prairies marécageuses ; en dehors de la saison des nids, vasières et estuaires, prés inondés, berges limoneuses. Nourriture : insectes et larves, araignées, petits crustacés, moules, vers, escargots ; en automne, également baies. Couvaison : IV-VI, 4 œufs, C 27-29 jours, jeunes aptes à voler à 5 semaines. Nid au sol dans la végétation basse.

2. Courlis corlieu

Numenius phaeopus (Bécasseaux)

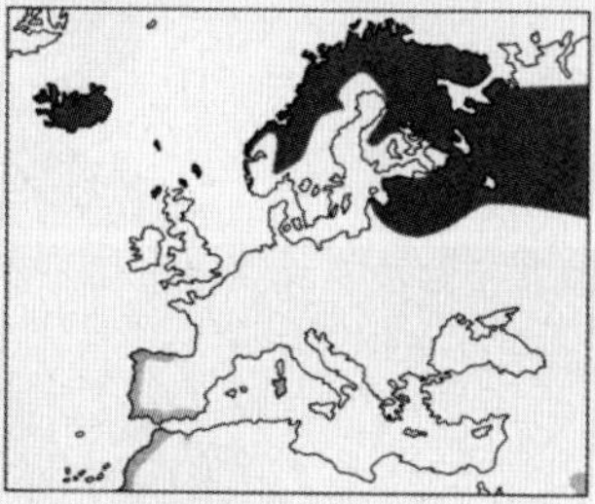

En Europe : IV-V, VII-IX. Caractéristiques : 41 cm/500 g. Bec plus court que le courlis cendré, un peu plus épais et moins recourbé ; dos plus foncé à dessins plus contrastés ; sur la calotte crânienne, dessin de rayures longitudinales brun foncé caractéristique. ♀ comme ♂. Sur le terrain des nids, se pose sur des arbrisseaux ou des branches d'arbres ; sociable, souvent en compagnie de courlis cendrés. Voix : émet un ricanement peu mélodieux « ki-iiiii » ou « bibibibibi », « duyuyuyuyu ». Chant ♂ : « ouid-ouid-ouid », qui rappelle celui du pic vert. Habitat : marais et landes, toundra montagneuse ; hors de la saison des nids, côtes plates avec des étendues de sable, de vase ou de limon, petites nappes d'eau voisines du littoral, côtes rocheuses. Nourriture : insectes, escargots, vers, crustacés ; en automne, généralement baies de camarine et de canneberge. Couvaison : V-VII, 4 œufs, C 27-28 jours, jeunes aptes à voler à 5-6 semaines. Nid au sol.

1

2

1. Barge à queue noire

Limosa limosa (Bécasseaux)

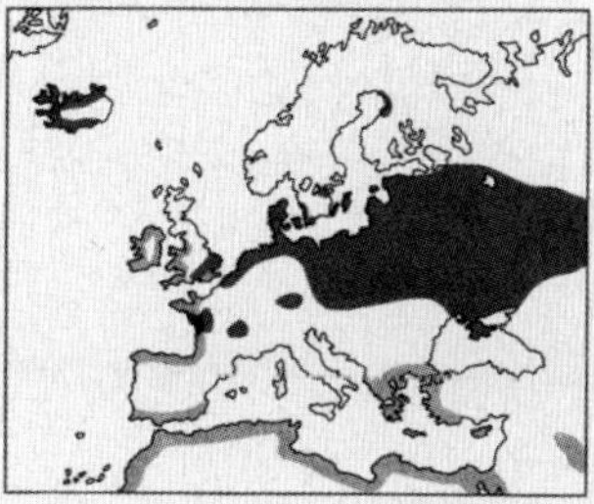

<u>En Europe</u> : III-X. <u>Caractéristiques</u> : 41 cm/300 g. Grand échassier aux longues pattes et au très long bec, droit ou légèrement retroussé, jaune orangé avec le premier tiers de la pointe noir ; dos gris-brun avec des taches noires ; tête, cou et poitrine brun-roux, ventre blanc avec des barres transversales noirâtres prononcées. ♀ plus terne, souvent presque grise. Plumage internuptial brun-gris, ventre blanc uni. En vol, bande alaire blanche et

Barge rousse — Barge à queue noire

queue blanche à large bande terminale noire ; les pattes dépassent de loin la queue. Très sociable en dehors de l'époque de l'accouplement ; souvent en compagnie d'autres échassiers et de canards, pataugé dans l'eau en quête de nourriture ; au printemps, spectaculaire vol de parade du ♂ avec des battements d'ailes ralentis, des descentes et des montées en flèche ainsi que des balancements pendulaires autour de l'axe longitudinal. <u>Voix</u> : appel « dididi », « dèèt », « gritta gritta gritta » ; en parade haut dans les airs, chant stéréotypé « groutio groutio ». <u>Habitat</u> : prairies humides à l'herbe haute, herbages d'exploitation extensive, côtes maritimes plates. <u>Nourriture</u> : vers, sauterelles, coléoptères, escargots, petits crustacés, têtards. <u>Couvaison</u> : III-VI, 4 œufs, C 22-24 jours, jeunes aptes à voler à 31-35 jours. Nid au sol.

2. Barge rousse

Limosa lapponica (Bécasseaux)

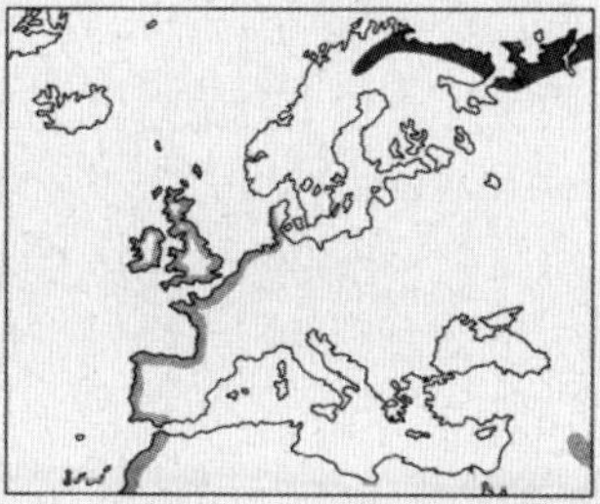

<u>En Europe</u> : IV-VI, VIII-X. <u>Caractéristiques</u> : 38 cm/300 g. Semblable à la barge à queue noire, mais plus petite, avec un bec plus court, légèrement retroussé ; dos brun-roux à taches noirâtres, ventre roux sans barrures. ♀ un peu plus grande que ♂, bec plus long, de couleur fauve. Plumage internuptial (ill.), dos brun-gris, fortement tacheté, ventre blanchâtre. En vol, pas de bande alaire blanche. Sociable sauf à l'époque de la nidification ; souvent en compagnie de courlis, de barges à queue noire et d'huîtriers ; les troupes se déplacent en files obliques. <u>Voix</u> : en vol « vèd vèd vèd », « guéguéguégué », nasal. Chant ♂ (en parade) : jodlé. <u>Habitat</u> : marais de la toundra, plantations d'arbrisseaux avec des mares dans la taïga ; hors de la saison des nids, estuaires de sable fin. <u>Nourriture</u> : vers marins, moules, escargots, larves, coléoptères. <u>Couvaison</u> : V-VI, 3-4 œufs, C 20-21 jours. Nid au sol.

1

2

1. Bécasse des bois

Scolopax rusticola (Bécasseaux)

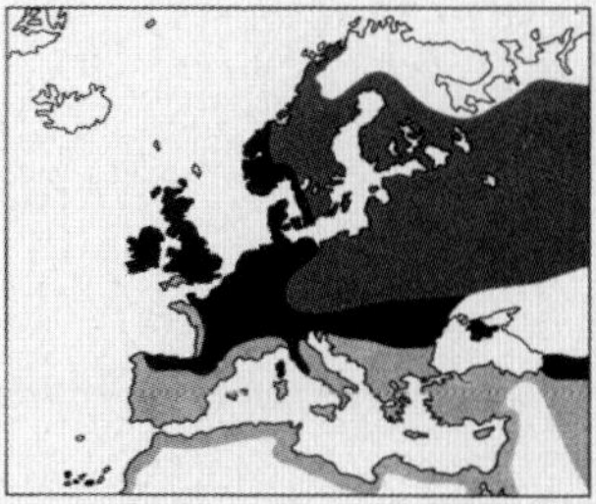

En Europe : III-X. Caractéristiques : 34 cm/300 g. Grand bécasseau trapu au bec long et fort ; grands yeux situés haut sur la tête ; plumage couleur écorce avec, sur la tête, 3-4 larges barres transversales foncées. ♀ comme ♂. Paraît courtaude et dépourvue de cou en vol, avec des ailes larges et arrondies. Peu sociable, s'active au crépuscule. Vol : débusquée, s'élève en zigzag pour retomber aussitôt , vol de parade lent. Voix : ♂ en parade « ouorrt ouorrt », « psiwick ». Habitat : forêts de feuillus et forêts mixtes humides. Nourriture : vers de terre, insectes, araignées. Couvaison : III-VII, 4 œufs, C 20-22 jours, jeunes aptes à voler à 20 jours. Nid bien camouflé au sol.

2. Bécassine sourde

Lymnocryptes minimus (Bécasseaux)

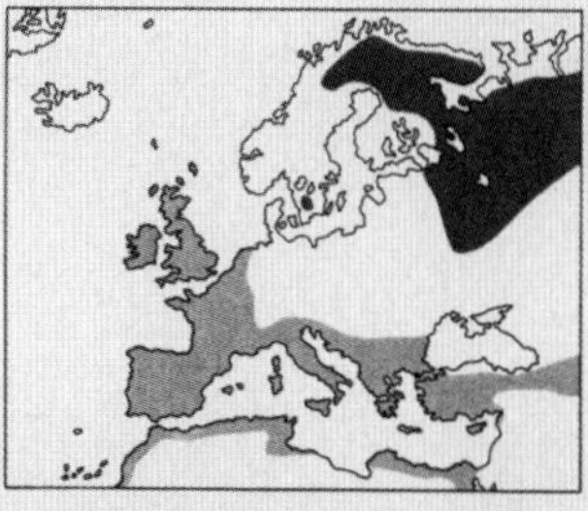

En Europe : III-V, VIII-XI. Caractéristiques : 19 cm/60 g. Très petit bécasseau à bec assez court ; dos avec des reflets métalliques verdâtres et 2 raies longitudinales jaune crème. ♀ comme ♂. En vol, queue cunéiforme sans blanc. Quand on la lève, atterrit à environ 50 m. Voix : appels rares ; en vol de parade (♂ et ♀), strophes semblables à un galop. Habitat : marais, zones alluvionnaires, bois marécageux ; prairies humides. Nourriture : vers, escargots, insectes. Couvaison : V-VII, 4 œufs, C 22-24 jours. Nid au sol.

3. Bécassine des marais

Gallinago gallinago (Bécasseaux)

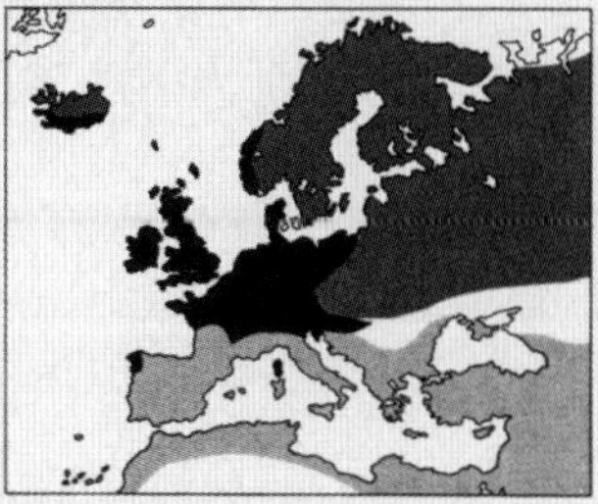

En Europe : III-X. Caractéristiques : 27 cm/110 g. Bécasseau au bec très long et aux pattes courtes ; plumage avec des couleurs de camouflage, dos brunâtre à taches noires et rayures longitudinales blanchâtres. ♀ comme ♂. Vol : quand on la lève, s'envole en zigzaguant avec un cri caractéristique et s'élève en biais ; vit cachée ; vol du ♂ pour marquer son territoire avec des chevrotements produits par la vibration des plumes externes de la queue. Voix : à l'envol « ètsch ». Chant nuptial ♂ et ♀ : « tuckeu tuckeu » émis au sol. Habitat : marais, zones alluvionnaires. Nourriture : vers, crustacés, escargots, insectes. Couvaison : III-VII, 4 œufs, C 18-20 jours, jeunes aptes à voler à 20-25 jours. Nid au sol.

1

2

3

1. Œdicnème criard

Burhinus œdicnemus
(Œdicnèmes)

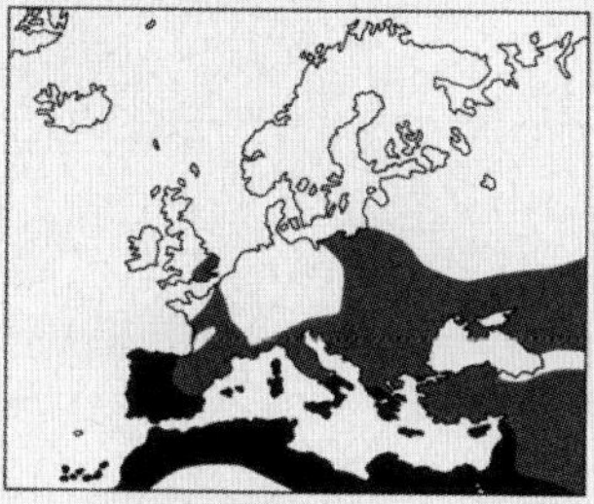

En Europe : III-X (rare). Caractéristiques : 41 cm/450 g. Grand échassier trapu avec une grosse tête, de grands yeux jaunes, un fort bec jaune à pointe noire ; pattes jaunes, longues et puissantes ; plumage brun clair sur le dessus du corps avec un dessin longitudinal blanchâtre et brun noirâtre, barre alaire horizontale claire. ♀ comme ♂. En vol, on voit 2 barres alaires blanches. Oiseau surtout crépusculaire : de jour, il se tient posé sur les articulations de ses talons, dans une attitude de camouflage ; très sensible au moindre dérangement. Voix : s'entend de loin ; « kruu-li » rauque rappelant celui du courlis cendré (p. 114) ; souvent de nombreux appels en même temps. Habitat : régions sèches, sablonneuses ou pierreuses, avec une végétation éparse, grandes coupes blanches dans les forêts sèches de pins et de bruyère. Nourriture : vers, escargots, sauterelles, grenouilles, reptiles, oisillons, petits mammifères. Couvaison : IV-VIII, 2 œufs, C 25-27 jours, jeunes aptes à voler au bout de 35-40 jours ; 1-2 couvées par an. Nid au sol.

2. Glaréole à collier

Glareola pratincola
(Glaréoles)

Caractéristiques : 25 cm/85 g. Échassier ressemblant à une sterne avec un bec court, légèrement arqué vers le bas et rouge à la base ; pattes courtes ; dos brun olivâtre ; menton et gorge jaune rougeâtre, entourés de noir ; bride noire, brunâtre chez ♀ (ill.). En plumage internuptial, gorge tachetée de foncé, plumes du dos bordées de clair. En vol, longues ailes pointues ; queue noire très fourchue, en forme d'épieu

quand elle n'est pas déployée ; sous-alaires brun-roux. Sociable ; chasse les insectes surtout le matin et le soir, en lançant des appels. Voix : à la saison des nids, « karja karja », « guit guit guit », « pirjo pirjo ». Habitat : espaces plats, steppes de salicorne, prairies sèches, champs en jachère ; au voisinage de l'eau. Nourriture : sauterelles, coléoptères, papillons de nuit. Couvaison : V-VII, 3 œufs, C 17-18 jours, jeunes aptes à voler à 33 jours. Niche en colonies au sol.

1

2

1. Grand labbe

Stercorarius skua (Labbes)

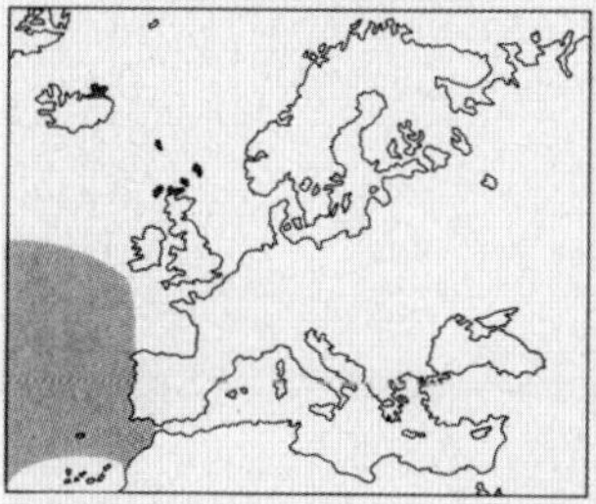

Caractéristiques : 58 cm/1 400 g. Plus grand et beaucoup plus trapu que le goéland argenté (p. 128) ; courte queue, légèrement cunéiforme ; bec noir, crochu ; plumage brun-gris foncé. ♀ légèrement plus grande que ♂. En vol, très larges ailes arrondies marquées d'un champ clair. Agressif, il chasse d'autres oiseaux marins. Voix : « ok ok ok » aboyé, « skirr » aigu, « a-err » gémissant. Habitat : marais et landes du littoral, îles à végétation de toundra ; en dehors de la saison des nids, haute mer, côtes. Nourriture : proies animales ; œufs et petits oiseaux marins. Couvaison : V-VII, 2 œufs, C 28-30 jours, jeunes autonomes à 6-7 semaines. Nid au sol.

2. Labbe parasite

Stercorarius parasiticus (Labbes)

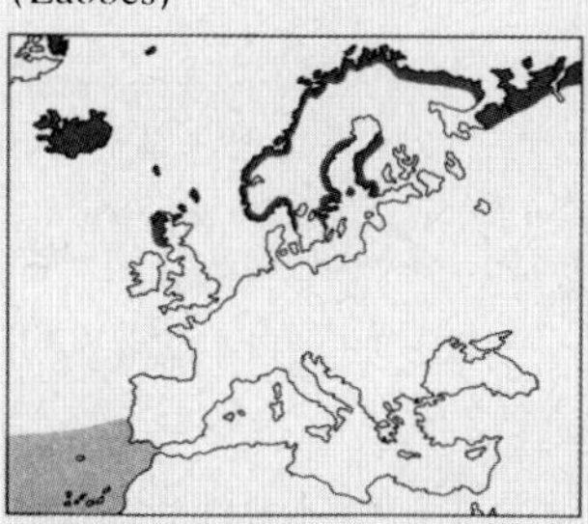

Caractéristiques : 46 cm/400 g. 2 courtes rectrices pointues ; variante sombre, brun foncé ; variante claire (ill.) avec le ventre blanchâtre, joues et cou jaunâtres. ♀ un peu plus grande que ♂. En vol, ressemble à un oiseau de proie avec ses longues ailes étroites et pointues. Vole très vite ; chasse d'autres oiseaux marins. Voix : « ihèhr » rauque et élevé, « ka-ouh » pleurant. Habitat : marais, landes humides, îles plates, toundra, à proximité du littoral ; en haute mer en dehors de la saison des nids. Nourriture : détrousse les oiseaux de mer ; poissons, petits rongeurs, œufs d'oiseaux. Couvaison : V-VI, 2 œufs, C 24-28 jours, jeunes aptes à voler à 1 mois. Nid au sol.

3. Labbe à longue queue

Stercorarius longicaudus (Labbes)

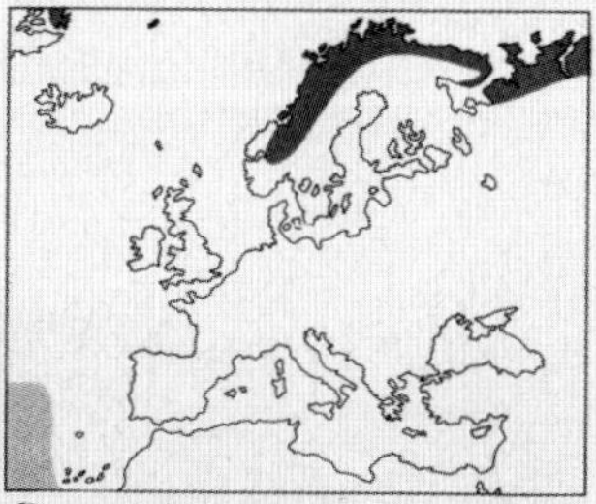

Caractéristiques : 51-56 cm/250 g. De la taille d'une mouette rieuse avec de longues rectrices dépassant la queue de près de 25 cm. ♀ un peu plus grande que ♂. En vol, aussi gracieux qu'une sterne avec ses longues ailes étroites et ses longues rectrices. Fait souvent du surplace. Voix : sur le terrain des nids, piaillements « kri kri ». Habitat : toundra, fjelds ; en dehors de la période des nids, haute mer. Nourriture : lemmings, petits oiseaux ; détrousse les oiseaux marins. Couvaison : VI-VII, 2 œufs, C 23 jours, jeunes aptes à voler au bout de 3-4 semaines. Nid au sol.

1

2

3

1/2. Mouette rieuse

Larus ridibundus (Mouettes)

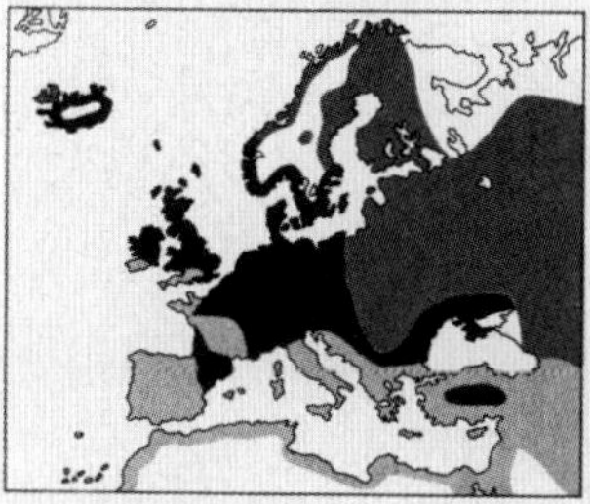

<u>En Europe :</u> I-XII. <u>Caractéristiques :</u> 35-38 cm/230-260 g. La mouette la plus fréquente dans les terres ; bec fin rouge foncé, pattes rouges ; en plumage nuptial (ill. 1), tête, menton et gorge brun chocolat, dos gris clair, reste du plumage blanc. En plumage internuptial (ill. 2), tête blanche avec tache sombre à la hauteur des oreilles. ♀ comme ♂. Oisillons, dos tacheté de brunâtre, barre noire sur la queue.

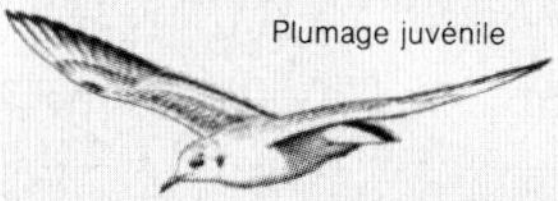

Plumage juvénile

<u>Vol :</u> pointes des rémiges primaires noires, bord d'attaque des ailes blanc. Sociable en toute saison. Fréquemment sur les décharges d'ordures ; en hiver, près de l'eau dans les grandes villes. <u>Voix :</u> « kwèèr », « krrrija », « arrererr », « guéguéguég » et autres sons criards ; bruyante à la saison des nids. <u>Habitat :</u> eaux avec dépôts alluvionnaires, marais, landes, bancs de sable et de galets ; hors de la saison des amours, eaux intérieures et côtes maritimes. <u>Nourriture :</u> coléoptères, libellules, escargots, vers, poissons, charognes, ordures. <u>Couvaison :</u> IV-VI, 3 œufs, C 22-24 jours, jeunes aptes à voler à 5-6 semaines. Niche en colonies ; nids sur les plantes des marais.

3. Mouette pygmée

Larus minutus (Mouettes)

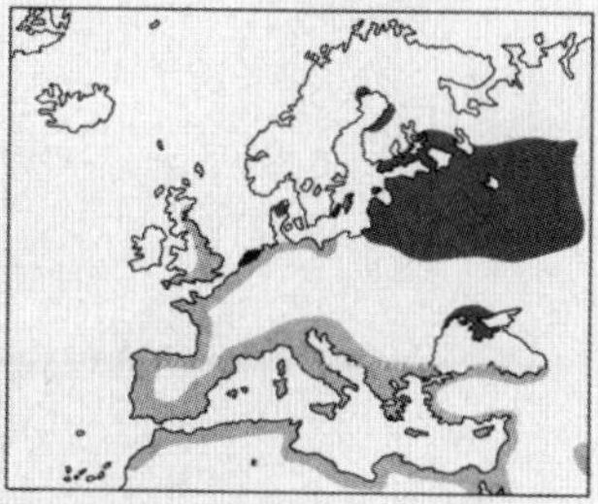

<u>En Europe :</u> III-X. <u>Caractéristiques :</u> 28 cm/120 g. Semblable à la mouette rieuse, mais beaucoup plus petite ; tête noire (et non pas brune), ailes gris clair sur le dessus et sans noir ; courtes pattes rouges. En plumage internuptial, tache sombre sur les oreilles, dessus de la tête avec un vague dessin sombre. ♀ comme ♂. Dessous des ailes noirâtre. Plumage des oisillons comme plumage internuptial, mais avec le dessus du corps brunâtre ; bande noirâtre en zigzag sur le dessus des ailes, bout de la queue noir. <u>Vol :</u> léger et élégant comme celui d'une sterne ; souvent en compagnie de mouettes rieuses ou de guifettes noires. <u>Voix :</u> « kjeck », « gjèèg », « kik-ki-ki » dur, analogue au cri de la sterne. <u>Habitat :</u> lacs intérieurs riches en végétation avec des peuplements de laîches, de prêles et de roseaux, pièces d'eau à végétation peu dense, criques maritimes ; en dehors de la saison des nids, surtout littoral marin et pleine mer, également lacs intérieurs. <u>Nourriture :</u> insectes volants et aquatiques, petits poissons, mollusques, vers, crustacés. <u>Couvaison :</u> V-VI, C 20-21 jours, jeunes aptes à voler au bout de 21-24 jours. Niche en colonies ; nids aux endroits secs des marais.

1

2

3

1. Goéland marin

Larus marinus (Mouettes)

En Europe : I-XII, mais ne s'y reproduit pas. Caractéristiques : 64-79 cm/1 600-1 900 g. Pattes couleur chair ; dos et dessus des ailes noir de suie, reste du plumage, bord arrière et pointes extrêmes des ailes blancs ; bec jaune très robuste. En livrée internuptiale, tête tachetée de gris. ♀ plus petite que ♂, avec un bec moins fort. Oisillons plus contrastés que les jeunes goélands argentés (p. 128), la tête et le ventre plus clairs, et ne fonçant qu'à leur quatrième année. Vol : majestueux, avec de fréquents vols planés ; pas aussi sociable que le goéland argenté ; souvent près des conserveries de poissons ; suit les bateaux de pêche. Voix : en vol « krao », rire rauque composé de « ouk », « gog » sourd ; dérangé, pousse un profond « ga-ag-ag-ag ». Habitat : côtes rocheuses ou de galets, marais et landes de bruyère proches des côtes ; hors de la saison des nids, côtes. Nourriture : œufs et petits des oiseaux littoraux et marins, charognes, ordures. Couvaison : IV-V, 2-3 œufs, C 26-30 jours, jeunes aptes à voler à 8 semaines. Grand nid au sol.

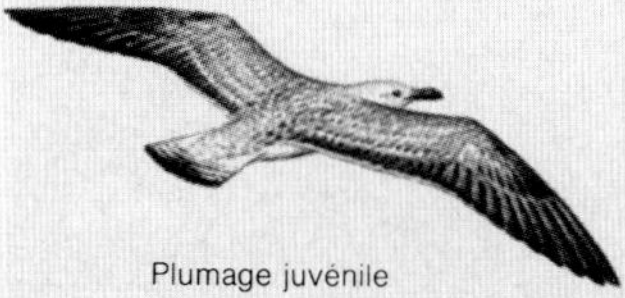

Plumage juvénile

Espèce voisine : **Goéland bourgmestre,** *Larus hyperboreus*. Analogue au goéland marin, mais manteau blanc-gris. Niche sur les côtes arctiques (Russie du nord, Islande). En hiver, jeunes oiseaux sur les côtes de Scandinavie et des îles britanniques.

2. Goéland brun

Larus fuscus (Mouettes)

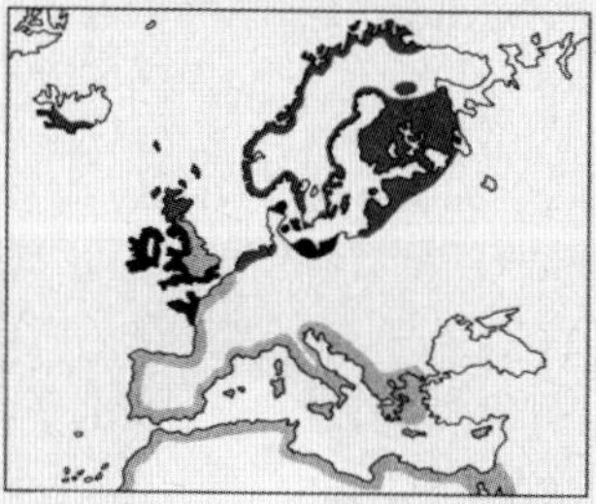

En Europe : I-XII. Caractéristiques : 52-56 cm/800-1 100 g. Semblable au goéland argenté (p. 128), mais dessus des ailes et dos gris foncé à noirâtre selon les races ; pattes jaunes, parfois couleur chair en hiver. ♀ plus petite que ♂. Oisillons dans leur premier hiver difficiles à distinguer des jeunes goélands argentés, mais dessus du corps plus foncé au cours du deuxième hiver. Voix : « ouk ouk » semblable à celui du goéland marin, mais sur un ton un peu plus élevé ; en cas de danger « aeu » nasal, « gagaga ». Habitat : rivages sablonneux et rocheux, landes, étendues d'arbrisseaux nains, herbages près des côtes ; grands fleuves, îles des lacs d'eau douce et d'eau salée ; en dehors de la saison des nids, pleine mer, îles et côtes rocheuses. Nourriture : poissons, moules, crustacés, insectes, souris, charognes, ordures. Couvaison : IV-VI, 3 œufs, C 25-27 jours, jeunes aptes à voler à 5-6 semaines. Niche en colonies ; grand nid désordonné au sol.

1

2

1. Goéland argenté

Larus argentatus (Mouettes)

En Europe : I-XII. Caractéristiques : 56-66 cm/900-1 300 g. Goéland le plus fréquent sur nos côtes ; dos et ailes gris argenté, pointe des ailes noire avec des taches blanches, reste du plumage blanc ; bec jaune, avec une tache rouge ; yeux jaunes ; pattes de la race d'Europe centrale couleur chair, jaunes chez les autres. ♀ plus petite que ♂. Oisillons tachetés de brun. Très sociable ; souvent sur les dépôts d'ordures, dans les ports ; suit les bateaux ; fait du vol plané. Voix : « kiaou » pleurant et miaulant, souvent en séries ; « kiya kiya kiya kiyaou kiyaou » joyeux. Habitat : côtes et eaux voisines ; grands lacs et cours d'eau. Nourriture : poissons, petits animaux, charognes, ordures. Couvaison : IV-VI, 2-3 œufs, C 25-27 jours, jeunes aptes à voler à 6-7 semaines. Nid au sol.

2. Goéland cendré

Larus canus (Mouettes)

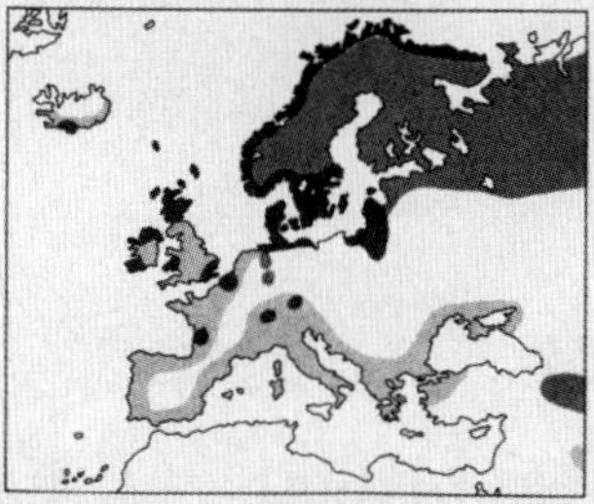

En Europe : I-XII. Caractéristiques : 41 cm/360 g. Tête arrondie, bec et pattes jaune verdâtre, yeux sombres. ♀ comme ♂. Oisillons au dos brun-gris et une large barre noire sur la queue. L'hiver, en petit nombre dans les villes. Voix : plus élevée et plus perçante que celle du goéland argenté avec des « ghiya ghiya », « è-è-èiiè-èiiè », « kyaou ». Habitat : côtes maritimes, lacs intérieurs. Nourriture : insectes, mollusques, poissons, souris, charognes, ordures. Couvaison : IV-VII, 3 œufs, C 24-28 jours, jeunes aptes à voler à 4-5 semaines. Nid au sol.

3. Mouette tridactyle

Rissa tridactyla (Mouettes)

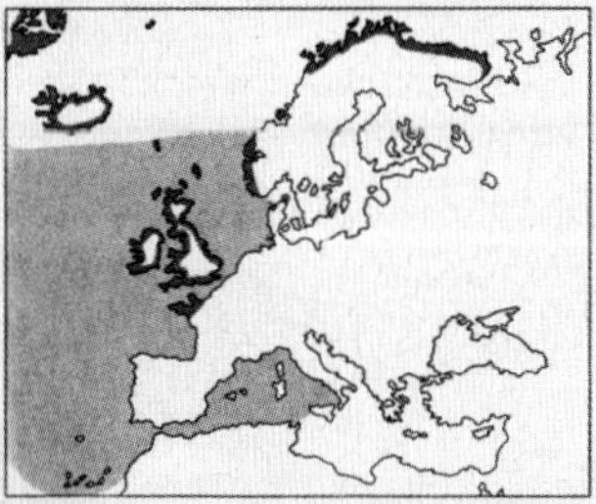

En Europe : I-XII (rare). Caractéristiques : 41 cm/440 g. D'un blanc pur avec un manteau gris, pointes des ailes noires, fin bec jaune, yeux sombres, pattes noires à 3 doigts. ♀ comme ♂. Oisillons avec une bande brun noirâtre sur la nuque et bout de la queue noir. Très agile en vol ; plongeons rapides comme les sternes. Voix : sur le terrain des nids, « kiti-ouèk » pénétrant, « gag gag » rauque. Habitat : à la saison des nids, falaises abruptes, sinon haute mer. Nourriture : poissons, mollusques, crustacés, ordures. Couvaison : V-VII, 2 œufs, C 24-28 jours, N 5-8 semaines. Niche en colonies ; nids sur d'étroites corniches rocheuses, ou sur des bâtiments.

1

2

3

1. Sterne caugek

Sterna sandvicensis
(Sternes)

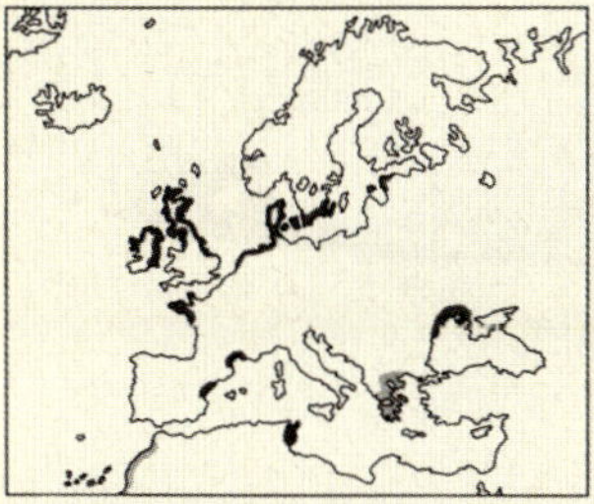

En Europe : IV-IX. Caractéristiques : 41 cm/250 g. Bec noir mince à pointe jaune, huppe noire ; pattes noires ; en hiver (ill.), front blanc. ♀ comme ♂. Oisillon avec des taches écailleuses brunes sur la tête et le dos. Sociable et bruyante ; plongeons rapides pour attraper sa nourriture. Voix : « kirrik », « krick » ou « krékrékré » sonores. Habitat : plages de sable ou de galets, côtes rocheuses plates. Nourriture : petits poissons, crustacés, mollusques, vers. Couvaison : V-VII, 2 œufs, C 22-26 jours, jeunes aptes à voler à 30-35 jours. Niche en colonies.

2. Sterne pierregarin

Sterna hirundo (Sternes)

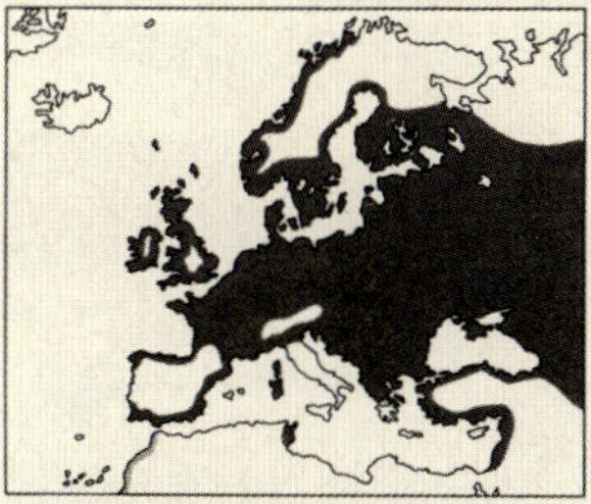

En Europe : IV-IX. Caractéristiques : 35 cm/150 g. Fin bec rouge orangé ; pattes rouges ; queue ne dépassant pas la pointe des ailes au repos ; en hiver, front blanc, bec noirâtre à la naissance rouge. ♀ comme ♂. Juvéniles au front blanc et au-dessus du corps tacheté de brunâtre. Sociable. Vol : très élégant ; plongeons rapides à la recherche de nourriture. Voix : « krièrr », « kirrikirri » ou « kit kit kirr » aigu. Habitat : bancs de sable ou de galets des eaux intérieures, côtes maritimes plates, dunes. Nourriture : petits poissons, crustacés, larves d'amphibiens, insectes aquatiques. Couvaison : V-VII, 2-3 œufs, C 20-23 jours, jeunes aptes à voler à 24-30 jours. Niche en colonies.

3. Sterne arctique

Sterna paradisea (Sternes)

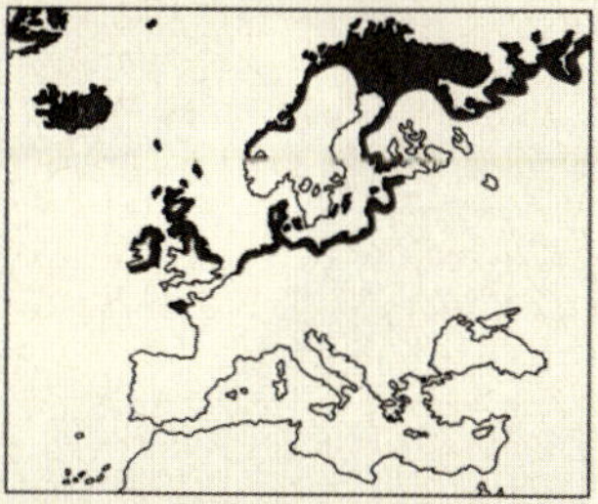

En Europe : IV-X. Caractéristiques : 35 cm/120 g. Comme la sterne pierregarin, mais bec uniformément rouge sang, courtes pattes, dessous du corps plus foncé, rectrices dépassant le bout des ailes au repos ; en hiver, front et haut de la tête blancs, bec et pattes noirâtres. ♀ comme ♂. Oisillons analogues à ceux de la pierregarin. Sociable. Vol : très élégant ; plongeons rapides à la recherche de nourriture. Voix : appels « krurr », « krier » et « ki ki ». Habitat : plages de sable et de galets au bord de la mer, toundra. Nourriture : crustacés, poissons. Couvaison : V-VII, 2-3 œufs, C 20-22 jours, jeunes aptes à voler au bout de 20-30 jours. Niche en colonies.

1

2

3

1. Sterne naine

Sterna albifrons (Sternes)

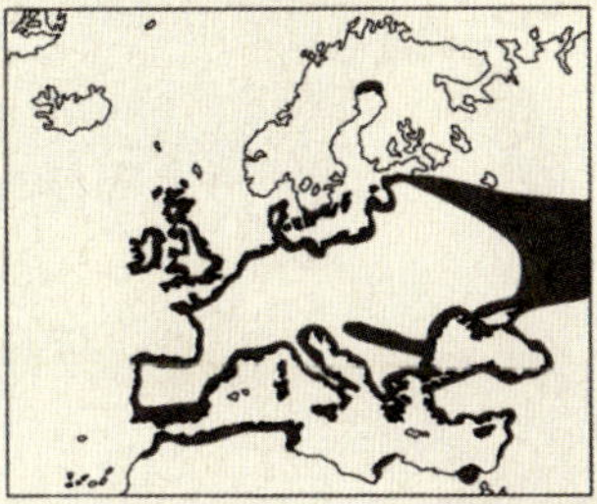

En Europe : IV-IX. Caractéristiques : 24 cm/50 g. Petite sterne avec un bec jaune à pointe noire, un front blanc, des pattes jaune orangé ; en hiver, raie oculaire et nuque noires. ♀ comme ♂. Oisillons comme adultes en hiver, mais avec le dos tacheté de brunâtre. Peu sociable ; vole souvent sur place ; chasse avec des plongeons rapides. Voix : appels « vèd vèd », « kitt kitt » ou « kirri kirri ». Habitat : plages de sable ou de galets, eaux intérieures. Nourriture : poissons, crustacés, vers et insectes. Couvaison : V-VII, 2-3 œufs, C 20-22 jours, jeunes aptes à voler à 17-21 jours. Niche seul ou en petites colonies.

2. Guifette noire

Chlidonias niger (Sternes)

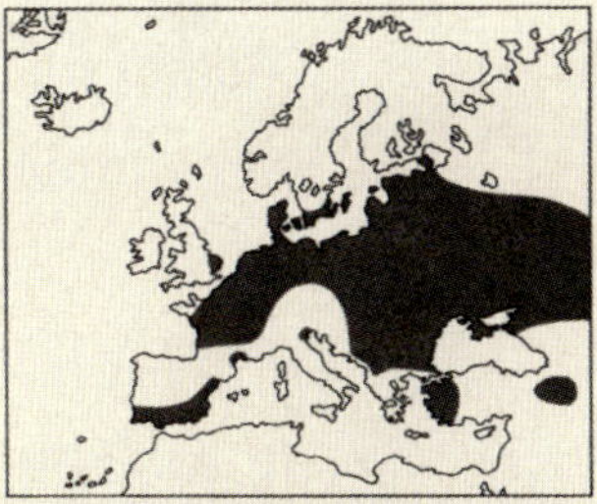

En Europe : IV-IX. Caractéristiques : 24 cm/65 g. Petite sterne noirâtre, bec et pattes noires, ailes grises des deux côtés, queue grise, sous-caudales blanches ; en hiver, menton et dessous du corps blancs, tache noire sur les côtés du cou. ♀ comme ♂. Oisillons semblables aux adultes en hiver. Vole bas au-dessus de la surface de l'eau. Voix : appels « krièrr », « krek » ou « kik ». Habitat : eaux intérieures avec beaucoup de plantes aquatiques. Nourriture : insectes, petites grenouilles et petits poissons. Couvaison : V-VII, 2-3 œufs, C 14-17 jours, jeunes aptes à voler à 21 jours. Niche en petites colonies sur la végétation flottante.

3. Guifette moustac

Chlidonias hybrida (Sternes)

En Europe : IV-V, VIII-IX. Caractéristiques : 25 cm/90 g. Sterne grise à calotte noire, joues blanches, bec et pattes rouges, sous-alaires et sous-caudales blanches ; en hiver, front et dessous du corps blancs, derrière de la tête noir, raie oculaire foncée. ♀ comme ♂. Oisillons semblables aux adultes en hiver. Parfois plongeons rapides. Voix : appels croassants « krèk » ou « krt ». Habitat : eaux intérieures avec beaucoup de plantes aquatiques. Nourriture : insectes, petites grenouilles et petits poissons. Couvaison : V-VI, 2-4 œufs, C 18-22 jours, jeunes aptes à voler au bout de 21 jours. Niche en colonies peu denses sur de la végétation flottante.

1

2

3

1. Macareux moine

Fratercula arctica (Pingouins)

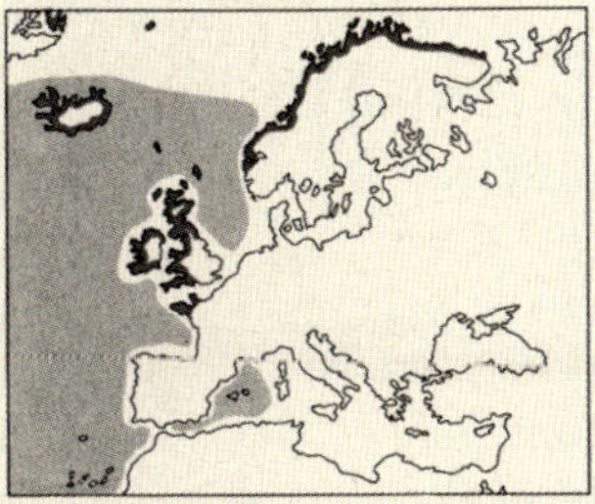

Caractéristiques : 30 cm/400 g. Pingouin trapu à la tête épaisse, au bec massif comprimé latéralement et rayé de rouge et de jaune ; côtés de la tête blancs, gris en hiver. ♀ comme ♂. Oisillons avec les côtés de la tête gris et un bec moins développé. Sociable ; plonge souvent, vole vite et en ligne droite. Voix : appel profond « arr » ou « aah ». Habitat : côtes rocheuses couvertes d'herbe et pas trop abruptes, eaux côtières ; pleine mer hors de la saison des nids. Nourriture : poissons (équilles), crustacés. Couvaison : V-VII, 1 œuf, C 35-43 jours, N 40-50 jours. Niche dans des trous du sol en colonies denses.

2. Guillemot à miroir blanc

Cepphus grylle (Pingouins)

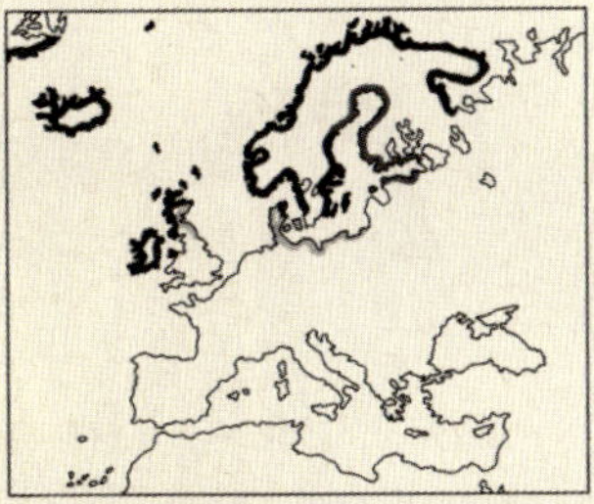

En Europe : X-III. Caractéristiques : 34 cm/500 g. Pingouin noir avec un grand miroir blanc sur les ailes, un fin bec pointu et des pattes rouge vif ; en hiver, dos gris tacheté, dessous blanc. ♀ comme ♂. Oisillons semblables aux adultes en hiver. Moins sociable que les autres pingouins ; plonge souvent. Voix : appel ténu sur un ton élevé « ssie », « sude-sude » ou « dusi-dusi ». Habitat : côtes rocheuses pas trop abruptes avec des anfractuosités, fjords. Nourriture : poissons, crustacés, petits animaux marins vivant sur le sol. Couvaison : V-VII, 1-2 œufs, C 24-28 jours, N 34-36 jours. Niche en petites colonies.

3. Mergule nain

Plautus alle (Pingouins)

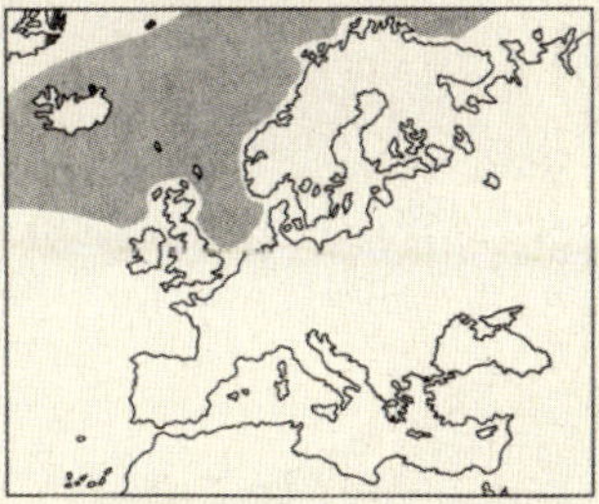

Caractéristiques : 20 cm/140 g. Pingouin presque de la taille d'un étourneau avec une épaisse tête noire, un bec court et fort, des pattes noires ; en hiver, dessous du corps et joues blanches. ♀ comme ♂. Juvéniles semblables aux adultes en hiver. Sociable ; plonge souvent, vole avec plus d'agilité que les autres pingouins. Voix : appels variés, « trii » élevé vibrant, « guiff guiff » sifflant ou « ga ga garak » nasillard. Habitat : hautes falaises côtières, montagnes proches des côtes, pleine mer. Nourriture : petits crustacés (krill). Couvaison : VI-VII, 1 œuf, C 24 jours, N 28 jours. Niche en colonies denses dans des fentes rocheuses ou des trous du sol.

1

2|3

1. Guillemot de Troïl

Uria aalge (Pingouins)

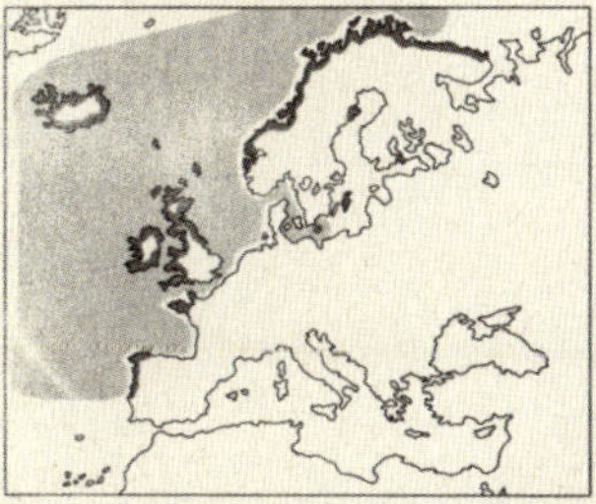

En Europe : V-VII, notamment sur l'île d'Helgoland, sinon au large des côtes de la mer du Nord et de la Baltique. Caractéristiques : 42 cm/1 000 g. Plus mince que le petit pingouin, bec fin, pointu et uni ; pattes noirâtres ; variante, cercle oculaire blanc et fine ligne blanche jusqu'aux oreilles (forme « bridée ») ; en hiver, également menton, joues et devant du cou blancs, raie noire derrière les yeux. ♀ comme ♂. Oisillons comme adultes en hiver. Très sociables. Ils effectuent souvent des plongeons qui durent jusqu'à 2 minutes et, comme tous les pingouins, se servent de leurs ailes à demi ouvertes pour avancer dans l'eau. Voix : appel profond comme un bruit de crécelle « arrr », « hadada », « sirrirr » trillé ou « yaou » miaulé. Habitat : falaises rocheuses abruptes des côtes ; hors de la saison des nids, en pleine mer. Nourriture : poissons, crustacés, mollusques. Couvaison : V-VII, 1 œuf, C 30-36 jours, N 14-20 jours. Niche en colonies denses.

Espèce voisine : **Guillemot de Brunnich,** *Uria lomvia.* Semblable au guillemot de Troïl, mais bec plus court et plus fort, souligné d'une raie blanche longitudinale à la racine. En Europe, nidifie uniquement dans le nord de la Norvège, le nord-ouest de la Russie, en Islande et au Spitzberg.

2. Petit pingouin

Alca torda (Pingouins)

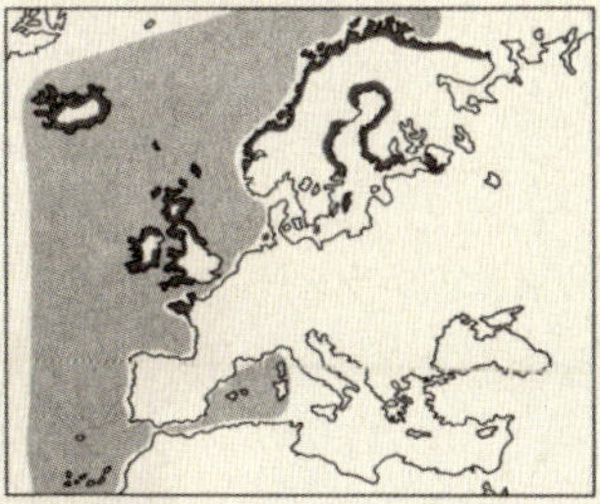

En Europe : V-VII sur l'île d'Helgoland ; le reste du temps, devant les côtes de la mer du Nord. Caractéristiques : 41 cm/800 g. Plus petit et plus trapu que le guillemot de Troïl, bec plus haut, comprimé latéralement et traversé d'une ligne blanche, une autre ligne blanche va du dessus du bec jusqu'aux yeux ; en hiver, également gorge, devant et côtés du cou blancs. ♀ comme ♂. Oisillons semblables aux adultes en hiver, mais sans dessin sur le bec. Sociable ; plonge souvent et pendant longtemps, nage avec la queue relevée ; vol rapide avec un battement sifflant des ailes et la queue dépassant ses pattes étendues en arrière. Voix : appel profond comme un bruit de crécelle « orrr », « ouorr-orr-or ». Habitat : eaux côtières et pleine mer ; à la saison des nids, falaises rocheuses abruptes. Nourriture : poissons, crustacés, petits animaux du fond de la mer. Couvaison : V-VII, 1 œuf, C 33-36 jours, N 18-25 jours. Niche en

petits groupes parmi d'autres pingouins.

1

2

1. Ganga cata

Pterocles alchata (Gangas)

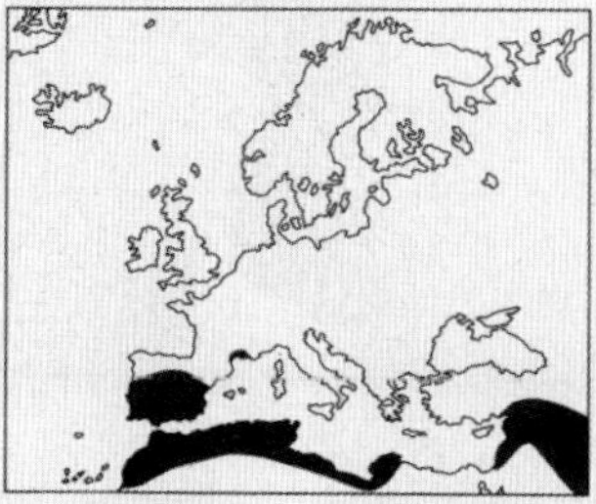

Caractéristiques : 37 cm/250 g. Longues rectrices pointues, bandeau oculaire noir, ventre blanc. ♂ menton et gorge noirs, 2 étroites bandes pectorales noires ; ♀ menton et gorge blancs, 3 étroites bandes pectorales noires, dos avec des barres transversales ondulées. En vol, longues ailes étroites et pointues au dessous blanchâtre et rectrices également blanchâtres. Vol rasant ; les essaims s'envolent à la tombée de la nuit vers des points d'eau. Oiseau farouche qui trottine au sol comme un pigeon. Voix : appel nasal en vol « gang-gang-gang » et « grarr ga ga grarr » criard. Habitat : plaines pierreuses sèches, steppes sablonneuses, vasières asséchées. Nourriture : graines, parties vertes des plantes. Couvaison : IV-V, 2-3 œufs, C 21-23 jours, jeunes aptes à voler à 3-4 semaines. Nid au sol.

2. Ganga unibande

Pterocles orientalis (Gangas)

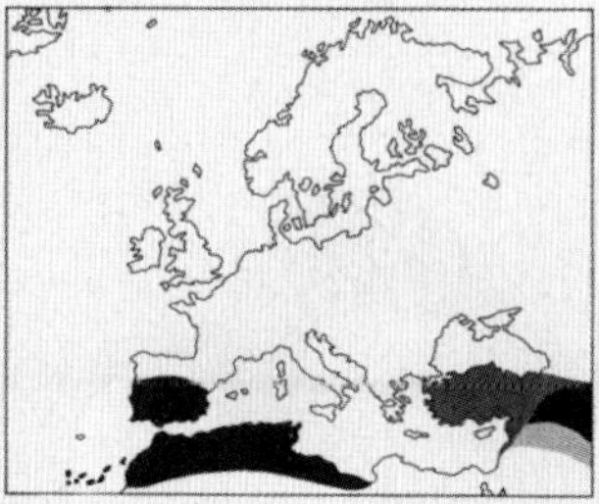

Caractéristiques : 34 cm/400 g. Plus grand et plus trapu que le ganga cata, sans rectrices pointues, ventre noir. ♂ tête et région du jabot gris clair ; ♀ (ill.) dessus de la tête et région du jabot finement ponctués de noir sur un fond couleur sable. En vol, les sous-alaires blanchâtres contrastent avec les rémiges noirâtres et le ventre noir ; vol rasant avec un bruit sifflant des ailes ; se rassemblent, surtout en dehors de la saison des nids, en essaims très nombreux qui entreprennent de longs trajets pour se rendre à des points d'eau. Oiseau terrestre farouche. Voix : appel en vol « djurr-rurr-rurr » ou « prourrchiou-prourrchiou », outre un « hiyè » sifflant. Habitat : régions semi-désertiques, steppes, friches sablonneuses pauvres en végétation. Nourriture : graines, parties vertes des plantes. Couvaison : IV-VI, 2-3 œufs, C 21-22 jours, nidifuge. Nid au sol. Le ♂ donne à boire à ses petits comme le ♂ du ganga cata, en leur apportant de l'eau sur son plumage : il vole jusqu'à un point d'eau souvent très éloigné et y patauge en laissant son plumage s'imprégner comme une éponge ; avec son précieux fardeau, il retourne vers ses petits qui sucent goulûment les plumes détrempées de son ventre.

1

2

1. Engoulevent d'Europe

Caprimulgus europaeus
(Engoulevents)

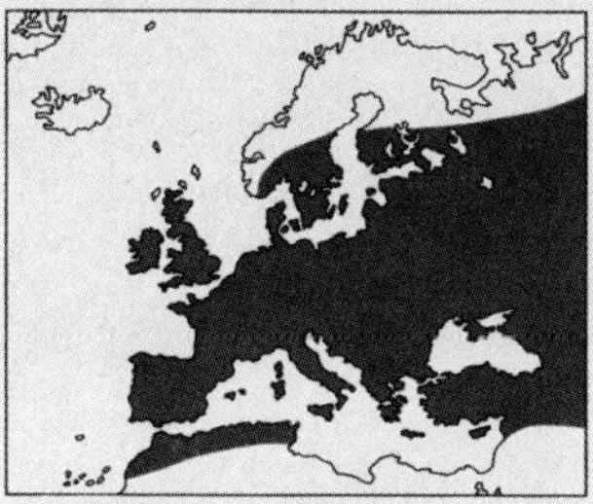

En Europe : IV-X. Caractéristiques : 27 cm/65-100 g. Longue queue, longues ailes, gros yeux noirs, petit bec, plumage couleur d'écorce ; en vol, dessins blancs des ailes et de la queue. ♀ avec des dessins blancs plus petits. Oiseau crépusculaire et nocturne qui vole silencieusement à la poursuite des insectes qu'il capture. Voix : appels « ak », « kritt-kritt », en vol « kouik ». Chant : « errr-eurrr » ronronnant ; claquements d'ailes. Habitat : pinèdes et forêts de feuillus, landes de bruyères. Nourriture : insectes volants. Couvaison : V-VIII, 2 œufs, C 16-21 jours, N 16-18 jours ; 2 couvées par an. Nid au sol.

2. Martinet noir

Apus apus (Martinets)

En Europe : V-VIII. Caractéristiques : 16,5 cm/43 g. Longues ailes en faucille, courte queue fourchue, plumage brun noirâtre, gorge blanchâtre. ♀ comme ♂. Oisillons avec la bordure des ailes claire. Sociable, jamais au sol. Vol : rasant avec de rapides battements d'ailes à plat alternant avec des glissades ; n'applique jamais les ailes contre le corps (silhouette en vol p. 206). Voix : appel sonore et strident « srii-srii », souvent en chœur. Habitat : villages et villes, régions rocheuses. Nourriture : petits insectes volants. Couvaison : V-VII, 2-3 œufs, C 18-20 jours, N 40-50 jours. Les jeunes ne sont plus nourris par leurs parents lorsqu'ils ont quitté le nid. Niche en colonies.

3. Martinet alpin

Apus melba (Martinets)

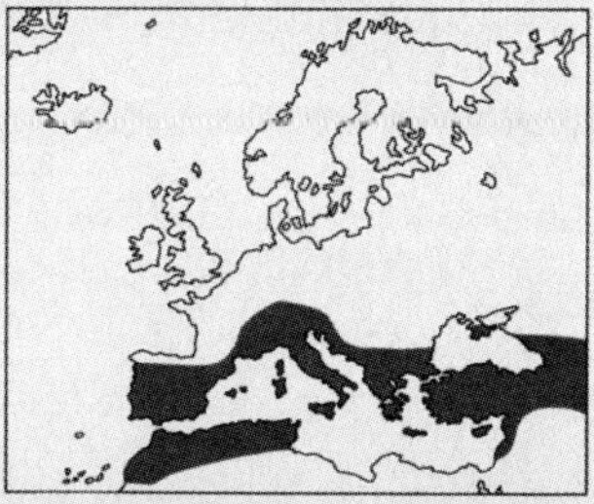

En Europe : III-IX. Caractéristiques : 22 cm/100 g. D'un brun plus clair que le martinet noir ; gorge et ventre d'un blanc pur, bande marron au poitrail. ♀ comme ♂. Oisillons avec la bordure des ailes claire. Sociable, jamais au sol. Vol : semblable à celui du martinet noir, ailes plus fortement arquées vers le bas, vitesse maximale de 250 km/h lors des acrobaties aériennes. Voix : long trille sonore « trihihihi » descendant vers la fin. Habitat : montagnes rocheuses ; très hauts bâtiments, souvent isolés. Nourriture : petits insectes volants. Couvaison : V-VIII, 2-3 œufs, C 17-23 jours, N 53-66 jours. Niche en colonies sur des rochers abrupts.

1

2

3

1. Lagopède des saules

Lagopus lagopus
(Tétras)

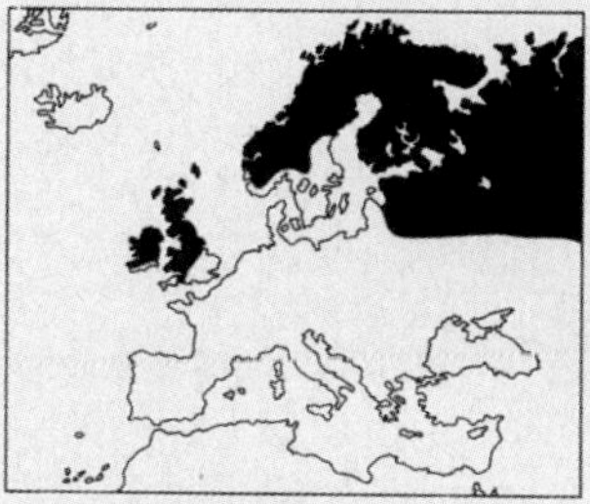

Caractéristiques : 38-41 cm/450 à 700 g. Livrée estivale avec des ondulations transversales marron, ailes blanches, queue noire, ventre et plumage allant jusqu'à l'extrémité des doigts blancs, tache dénudée (caroncule) rouge au-dessus des yeux ; ♀ d'un brun jaunâtre discret, avec des dessins ondulés prononcés ; plumage d'automnc avec le dos comme en été et le ventre blanc jusqu'à la tête brune ; plumage hivernal blanc sans bride noire, seules les rectrices sont noires. ♀ comme ♂. **La grouse ou lagopède d'Écosse** *(Lagopus scoticus)*, sous-espèce britannique, est marron été comme hiver. Se plaque contre le sol au moindre danger. Voix : appel sec s'accélérant « kouak-kavak-kavak-kouarrr », court « gog » ; dérangé au nid « kouè-kouè ». Habitat : taïga découverte, toundra d'arbrisseaux, marais et landes avec des saules, des bouleaux et des arbrisseaux nains ; à moindre altitude que le lagopède alpin. Nourriture : feuilles, bourgeons et baies, surtout myrtilles, airelles rouges et canneberges ; en hiver, bourgeons et feuilles des bouleaux nains ; pour atteindre les plantes, ces oiseaux creusent de longues galeries dans la neige. Couvaison : V-VI, 6-14 œufs, C 21-24 jours, jeunes aptes à voler à 2 semaines. Nid au sol.

2/3. Lagopède alpin ou ptarmigan

Lagopus mutus (Tétras)

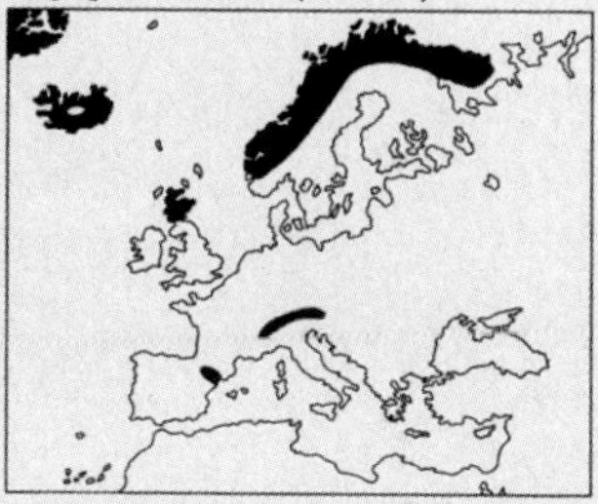

En Europe : I-XII. Caractéristiques : 35 cm/350-510 g. Bec moins fort que le lagopède des saules. Dans tous les plumages, ailes, poitrine, ventre et pattes blancs, bride noire, surface dénudée rouge au-dessus des yeux (ill. 4e p. de couverture) ; plumage d'été, dos, poitrine et flancs avec de fines barres transversales brun noirâtre (ill. 2) ; ♀ brun foncé à brun jaunâtre, avec la poitrine et le ventre barrés de foncé. Plumage d'hiver blanc, sauf bride et rectrices noires (ill. 3) ; ♀ comme ♂, mais sans bride. Spectacu-

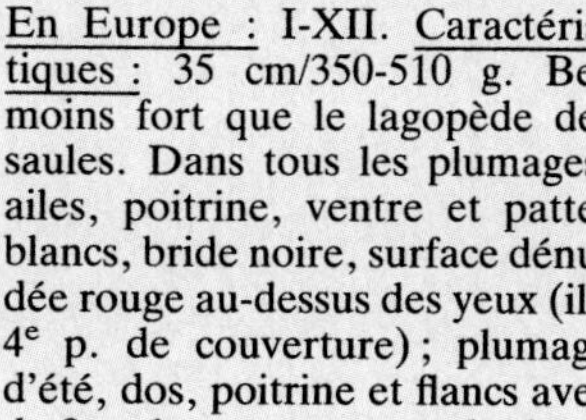

laire parade nuptiale ; en petites troupes en dehors de la saison des nids. Voix : craquement sec « arr-aka-ga » ; en parade « èou-wèèèè-èrrr » ; cri de ralliement ♂ « korr », ♀ « kiiè ». Habitat : en montagne, au-dessus de la limite des arbres, alpages et éboulis ; toundra. Nourriture : feuilles et bourgeons des plantes alpines, baies ; insectes. Couvaison : VI-VII, 4-11 œufs, C 23-24 jours, jeunes aptes à voler à 2 semaines. Nid au sol.

1

2

3

1/2. Grand tétras ou grand coq de bruyère

Tetrao urogallus (Tétras)

En Europe : I-XII. Caractéristiques : ♂ 86 cm/4 200 g, ♀ 62 cm/2 000 g. Net dimorphisme sexuel. ♂ (ill. 1) gris-bleu foncé à noir avec des reflets verts sur la poitrine, ailes brun foncé avec une tache blanche à l'épaule, bec blanchâtre. ♀ (ill. 2), semblable à ♀ du tétras-lyre, mais plus grande, avec des barres plus grandes et plus contrastées, un écusson brun-roux sur la poitrine et la queue arrondie. Très bruyant à l'envol ; en hiver, souvent sur les arbres. Les mâles paradent seuls (même sur les arbres) avec la queue en éventail. Oiseau très sensible au dérangement, surtout pendant l'élevage des jeunes. Voix : chant nuptial du ♂ composé de sons gutturaux et de grincements aigus « go goleup goleup g'leup g'leuppeuppeupp tschédédéschischédédé » ; chant de ♀ analogue à celui du faisan « gueuck gueuck », mais qu'on entend rarement. Habitat : vastes forêts d'essences mixtes et de conifères avec beaucoup d'arbres morts et de myrtilles. Nourriture : herbes, baies, insectes (nymphes de fourmis importantes pour l'élevage des jeunes) ; en hiver, surtout aiguilles de conifères. Couvaison : IV-VI, 5-12 œufs, C 24-26 jours, jeunes autonomes au bout de 4 mois. Nid au sol.

3/4. Tétras-lyre ou petit coq de bruyère

Lyrurus tetrix (Tétras)

En Europe : I-XII. Caractéristiques : ♂ 53 cm/1 250 g. ♀ 41 cm/950 g. Net dimorphisme sexuel. ♂ (ill. 4) plumage noir bleuté brillant, caroncule rouge très marquée ; queue fourchue en lyre. ♀ (ill. 3) teintes de camouflage brun jaunâtre avec des barres foncées analogues à celles de la femelle du grand tétras, mais nettement plus petites ; pas d'écusson roux à la poitrine, queue légèrement fourchue, caroncule peu distincte. Souvent perché sur des arbres ; parade nuptiale collective des mâles sur des terrains découverts (leks), avec la queue largement déployée en éventail qui laisse exposées les sous-caudales blanches dressées d'un blanc étincelant. Voix : chant nuptial du ♂ audible de loin, composé de gargouillements « ourrourhourrhou ourrourhourhou tschououusch ourrourhourrhou » ; en état d'excitation « kri kriao » ; ♀ caquetage nasal. Habitat : landes et marais découverts, parsemés d'arbres rares ou de buissons ; étendues de pins nains. Nourriture : bourgeons de feuillus et de conifères, feuilles et baies de myrtilles, airelles et canneberges, insectes (surtout pour l'élevage des jeunes). Couvaison : V-VI, 7-10 œufs, C 26-27 jours, jeunes autonomes au bout de 4 semaines. Nid au sol.

1

2|3

4

1. Gélinotte des bois

Bonasa bonasia
(Tétras)

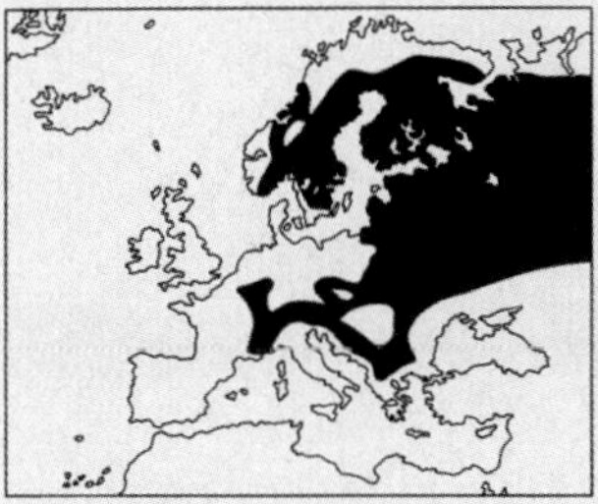

En Europe : I-XII. Caractéristiques : 36 cm/370 g. Petite houppe, queue assez longue à barre terminale noire, dos brun-roux (race nordique gris) avec des dessins, dessous blanchâtre avec des taches noires, gorge noire lisérée de blanc, caroncule rouge. ♀ sans tache noire sur la gorge. Parade nuptiale en automne. Voix : chant du ♂ analogue à celui du roitelet, « tsieh-tsissieh-tititiouit titi » élevé ; cri d'alarme « witwitwit » ; ♀ appel « tititi ». Habitat : forêts mixtes riches en sous-bois. Nourriture : bourgeons de feuillus et d'arbrisseaux, baies, insectes. Couvaison : IV-VI, 7-11 œufs, C 22-25 jours, jeunes aptes à voler à 2 semaines. Nid au sol.

2. Perdrix bartavelle

Alectoris graeca (Gallinacés)

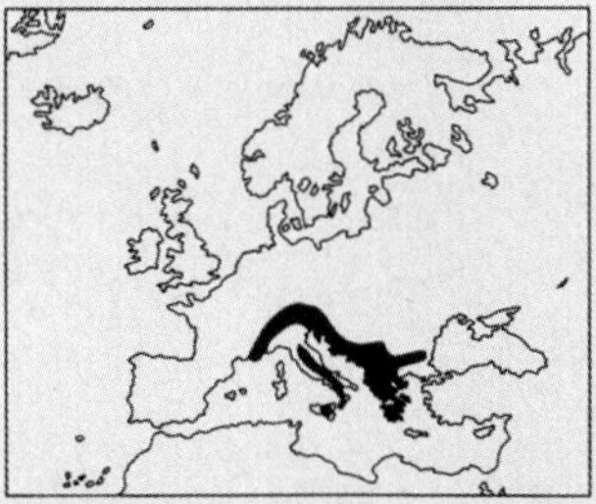

En Europe : I-XII. Caractéristiques : 33 cm/500-850 g. Flancs avec des barres blanchâtres, brun-rouge et noires, joues et gorge blanches, entourées d'une bande noire, bride noire, côtés du cou et jugulum non tachetés, bec et pattes rouges (sur l'ill. race *chukar*). ♀ comme ♂. En bandes nombreuses en automne. Voix : longues strophes « zick zick zick-tschotek tschotek » ; levée « pitschi pitschi ». Habitat : montagnes rocheuses au-dessus de la limite des arbres. Nourriture : graines, parties végétales vertes, aiguilles de conifères, baies, insectes. Couvaison : V-VII, 9-14 œufs, C 24-26 jours, jeunes aptes à voler à 25 jours. Nid au sol.

3. Perdrix grise

Perdix perdix (Gallinacés)

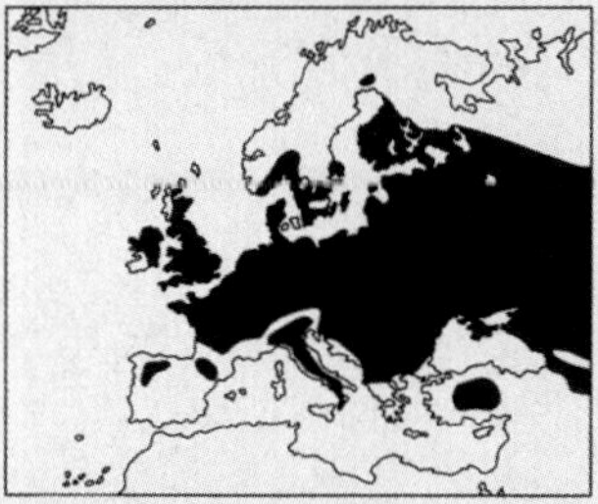

En Europe : I-XII. Caractéristiques : 30 cm/380 g. Face et gorge rouge brique, dessus et devant du corps gris clair, tache brun foncé en forme de fer à cheval sur la poitrine, ailes courtes et arrondies brun-roux moucheté, queue courte, rougeâtre en vol. ♀ avec des dessins jaunâtres sur les épaules et les sus-alaires, petite tache sur la poitrine. Bruit bourdonnant en vol ; en bande très denses en hiver. Voix : « kirrèck » enroué ; levée, « pitt pitt » ou « rep rep ». Habitat : petits champs avec bosquets, haies et lisières des champs. Nourriture : herbes, trèfle, graines, insectes. Couvaison : IV-VI, 10-20 œufs, C 25 jours, jeunes aptes à voler à 13-14 jours. Nid au sol.

1

2

3

1. Caille des blés

Coturnix coturnix
(Gallinacés)

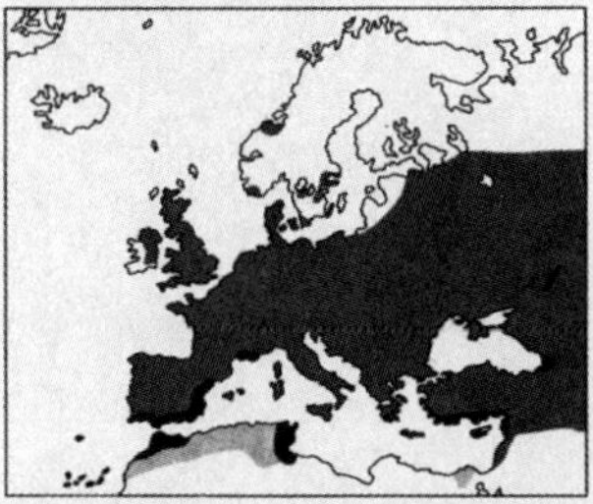

En Europe : V-IX. Caractéristiques : 18 cm/95 g. Le plus petit des gallinacés d'Europe, forme arrondie, queue extrêmement courte, ailes longues et pointues. Dos brunâtre avec des taches allongées claires et foncées, sourcil crème ainsi que le dessous du corps, menton et gorge noirs ; ♀ (ill.) menton et gorge blanchâtres, poitrine tachetée. Vit très cachée, s'enfuit généralement en courant ; le seul gallinacé migrateur. Voix : « pick-per-wick » maintes fois répété et audible de loin (carcaillat), avec un halètement sourd « chaou-wah » avant la première syllabe ; ♀ « couip-ip », souvent synchrone avec les deux dernières syllabes du ♂. Habitat : steppes, terrains cultivés découverts, champs, surtout de céréales et de trèfle ; prairies. Nourriture : insectes, araignées, vers, escargots ; pointes des pousses, bourgeons et graines d'herbes et de céréales. Couvaison : V-VII, 7-14 œufs, C 18-19 jours, jeunes aptes à voler à 11 jours. Nid au sol.

2/3. Faisan de Colchide

Phasianus colchicus
(Gallinacés)

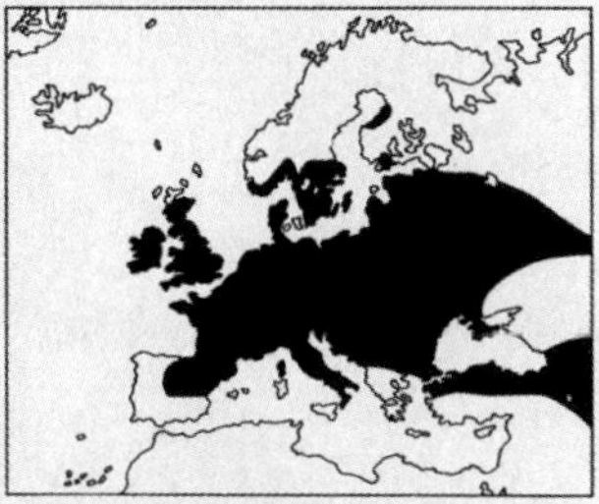

En Europe : I-XII. Caractéristiques : ♂ 66-89 cm/1 400 g, ♀ 53-63 cm/1 200 g. De la taille d'une poule domestique avec une très longue queue pointue. ♂ (ill. 2) dessus de la tête et cou vert foncé brillant, lobes membraneux rouges autour des yeux, petites « aigrettes » aux oreilles, collier généralement blanc ; reste du plumage rouge cuivré avec un dessin d'écailles noires, caudales barrés transversalement de noir ; ♀ (ill. 3) couleur de camouflage brun-jaune avec des taches noires, queue plus courte. Vol : rapide et en ligne droite. En troupes l'hiver. Le faisan a été introduit des pays asiatiques en Europe pour la chasse. Nombreux sont ceux qui, tous les ans, sont lâchés des faisanderies pour être tirés. Voix : appel territorial du ♂ « keukeuk » sonore et perçant, suivi de bruyants bourdonnements d'ailes ; à l'envol « gueugueugueug » ; ♀ quand elle est levée, « zik zik » ainsi que sons caquetés. Habitat : terres cultivées très morcelées, souvent en bordure des forêts humides. Nourriture : parties végétales vertes, céréales, produits des champs, graines, baies, insectes et vers. Couvaison : IV-VI, 8-12 œufs, C 23-24 jours, la poule prend seule en charge l'élevage des jeunes ; jeunes aptes à voler à 10-12 jours. Nid au sol.

1

2

3

1. Tourterelle des bois

Streptopelia turtur (Pigeons)

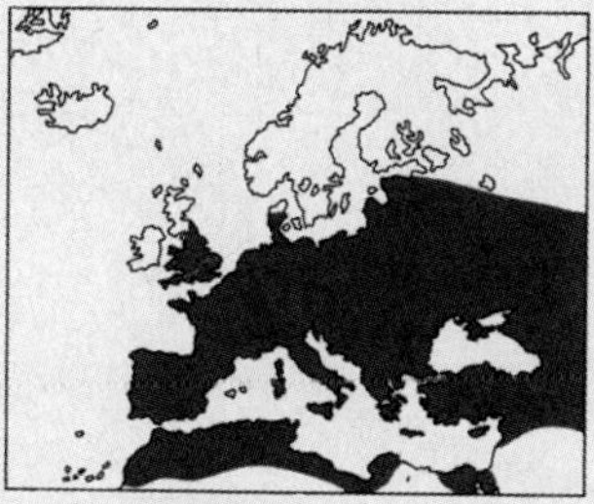

En Europe : IV-IX. Caractéristiques : 27 cm/150 g. Le plus petit pigeon d'Europe, svelte, avec un dessin rayé noir et blanc sur les côtés du cou ; plumes des couvertures alaires noirâtres, bordées de brun-roux ; queue étagée avec une barre terminale blanche. ♀ comme ♂, mais plus pâle. Vol : rapide et impétueux. Farouche. Habitat : forêts peu touffues au bord de l'eau, bosquets des champs, parcs. Nourriture : graines et parties végétales vertes. Couvaison : V-VIII, 2 œufs, C 13-16 jours, N 18-23 jours ; 2 couvées par an. Nid dans les arbres.

2. Tourterelle turque

Streptopelia decaocto (Pigeons)

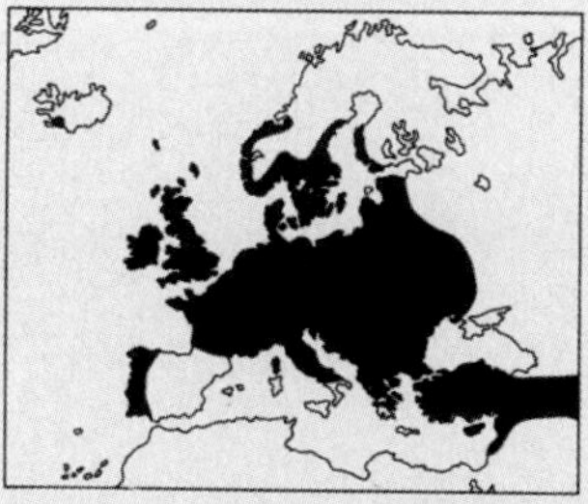

En Europe : I-XII. Caractéristiques : 28 cm/200 g. Petit pigeon très clair avec bande noire sur le cou et yeux rougeâtres ; moitié inférieure des plumes caudales noire. ♀ comme ♂. Vol impétueux avec bruit chantant des ailes ; vol territorial et vol de parade spectaculaires. Peu farouche. Voix : série de « gou-gouh-gou » monotones. Habitat : villages et villes, jardins et parcs. Nourriture : graines ; visite les mangeoires en hiver. Couvaison : III-IX, 2 œufs, C 13-14 jours, N 16-19 jours ; 2-3 couvées par an. Nid souvent dans les arbres.

3. Pigeon colombin

Columba oenas (Pigeons)

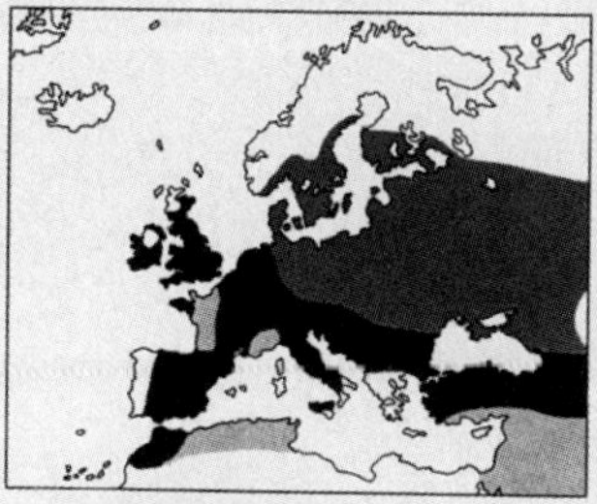

En Europe : III-X. Caractéristiques : 33 cm/300 g. Plus svelte que le pigeon biset, sans blanc dans le plumage et avec les yeux noirs, les côtés du cou vert brillant. ♀ avec le dessus du corps légèrement brunâtre. Bruit sifflant en vol ; décrit des cercles lors du vol territorial et du vol de parade ; généralement perché sur des arbres. Voix : chant territorial « bou hou-ou-oup », « hou-rou-ou » ou « hou-vé » ; dérangé, « rou ». Habitat : forêts peu touffues avec peuplements d'arbres anciens, parcs ; dunes et côtes rocheuses. Nourriture : essentiellement graines, baies et parties végétales vertes. Couvaison : III-IX, 2 œufs, C 16-18 jours, N 23-28 jours ; 2-3 couvées par an. Nid dans des cavités, généralement des trous de pic noir ; occupe aussi les nichoirs.

1

2

3

1. Pigeon ramier

Columba palumbus (Pigeons)

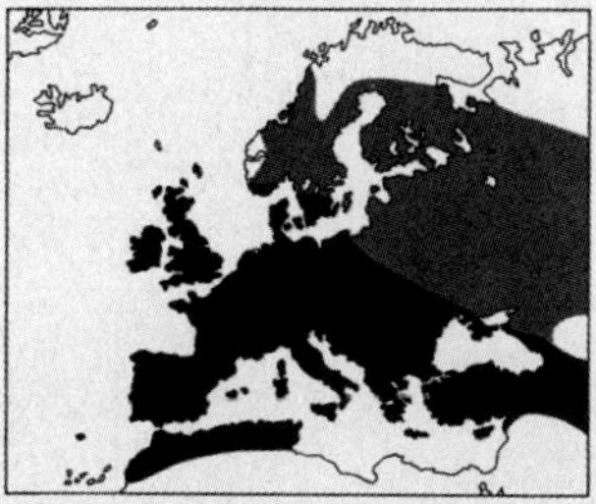

En Europe : I-XII. Caractéristiques : 41 cm/500 g. Plus grand, la queue plus longue que le pigeon biset, tache blanche sur les côtés du cou, jugulum et poitrine vineux, yeux jaune clair ; en vol, champ blanc sur les ailes. ♀ tache plus petite au cou. Farouche ; bruit sifflant en vol ; vol de parade. Voix : roucoulement étouffé « rougouhgou gougou », accentué sur la deuxième syllabe. Habitat : forêts mixtes et forêts de conifères, parcs. Nourriture : graines, baies et parties végétales vertes. Couvaison : IV-IX, 2 œufs, C 16-17 jours, N 28-29 jours ; 2-3 couvées par an. Nid dans les arbres.

2. Pigeon biset

Columba livia (Pigeons)

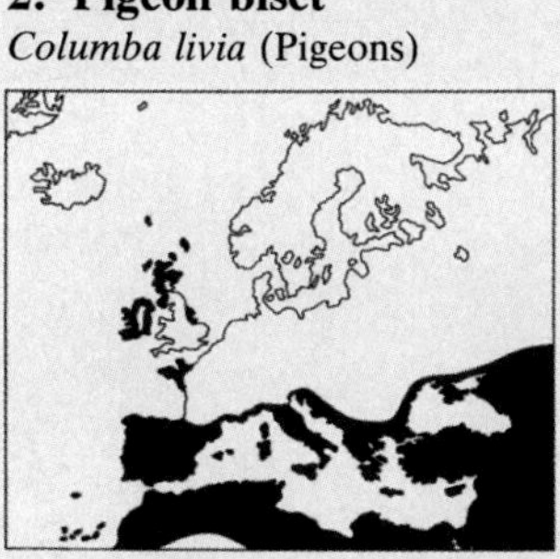

En Europe : I-XII. Caractéristiques : 33 cm/330 g. Forme d'origine du pigeon domestique ; cou gris foncé, avec des reflets verts et violets sur les côtés, ailes gris clair avec 2 barres transversales foncées, croupion et bas du dos blancs, yeux brun-rouge, cire (membrane à la base du bec) blanche. ♀ comme ♂. Sociable, vole souvent en essaims. Voix : roucoulement sourd « rouckeu-di-kouh » (parade) ; « rouh-rouh-rouh » (appel au nid). Habitat : côtes rocheuses ; cherche sa nourriture dans les champs. Nourriture : graines et parties végétales vertes. Couvaison : II-IX, 2 œufs, C 17-18 jours, N 23-25 jours ; 2-3 couvées par an. Niche en colonies.

3/4. Coucou gris

Cuculus canorus (Coucous)

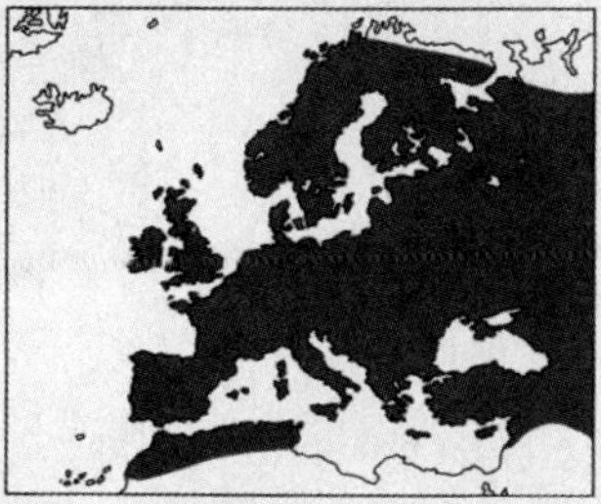

En Europe : IV-XI. Caractéristiques : 33 cm/100 g. Ailes plus pointues et queue plus longue que l'épervier (p. 56) ; les zébrures du ventre s'étendent jusqu'au jugulum chez le ♂ (ill. 3), jusqu'à la gorge chez la ♀ (ill. 4) ; variante de teinte brun-rouge uniquement chez ♀ (ill. 4). Oisillons au dos écailleux. Oiseau solitaire. Vol : battements d'ailes à plat ; silhouette analogue à celle d'un faucon. Voix : « cou-cou » bien connu. Habitat : préfère les forêts au bord de l'eau et les lisières de bois. Nourriture : chenilles. Couvaison : détrousseur de nids ; V-VII, 9-11 œufs (1 seul par nid d'hôte), fait couver ses œufs par ses hôtes (passereaux chanteurs) pendant 11-12 jours, N 19-24 jours. Le jeune coucou jette hors du nid les œufs de son hôte.

1

2

3|4

1. Martin-pêcheur

Alcedo atthis (Martins-pêcheurs)

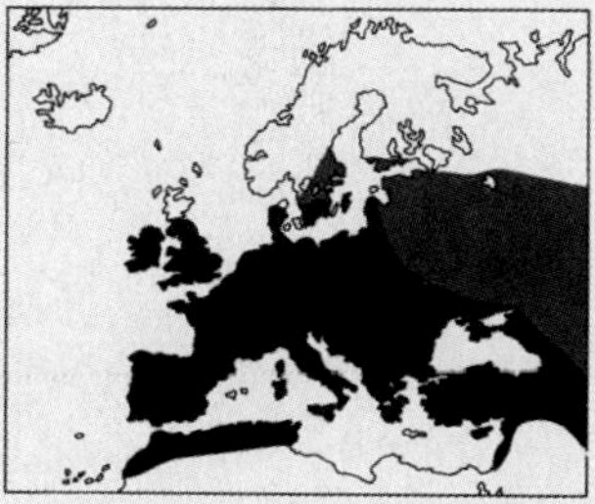

En Europe : I-XII. Caractéristiques : 16,5 cm/38 g. Corps trapu, grand bec foncé ; dos bleu turquoise brillant, ventre roux ; ♀ avec le dessous de la racine du bec rougeâtre. Vole comme une flèche en ligne droite ; souvent perché au-dessus de l'eau, guettant les poissons. Voix : appel pénétrant « tiiiiit » ou « tii-tu » ; excité, série de « tititititi ». Habitat : cours d'eau clairs, avec des berges abruptes. Nourriture : petits poissons, larves d'insectes aquatiques, têtards. Couvaison : IV-VII, 6-8 œufs, C 19-21 jours, N 25 jours ; 2-3 couvées par an. Nid creusé dans des cavités de rives abruptes.

2. Rollier d'Europe

Coracias garrulus (Rolliers)

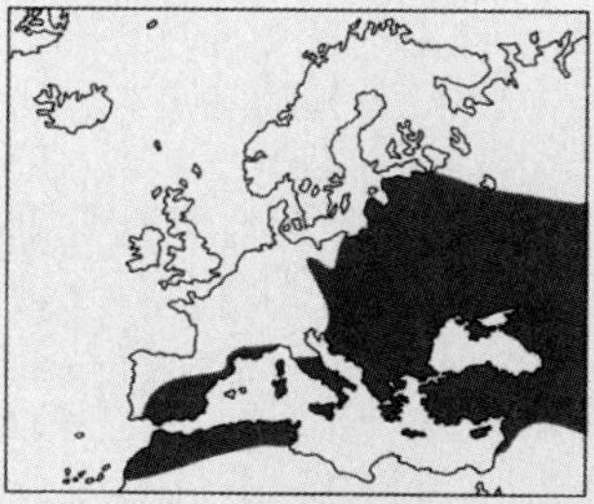

En Europe : IV-IX. Caractéristiques : 31 cm/140 g. Tête, ventre, dessus et dessous des ailes bleu turquoise, dos et épaules cannelle rougeâtre ; rémiges et queue noirâtres, queue terminée par une barre bleue. ♀ comme ♂. Parades aériennes acrobatiques avec plongeons suivis de virages et de culbutes ; souvent perché sur un observatoire (pylônes électriques). Voix : appel rauque « rack-rack », « rackeurak » ; en vol de parade « rèrrèrrèrr » ; cri d'alarme « èrrr » ou « kraah ». Habitat : terrains découverts, forêts de feuillus ou pinèdes. Nourriture : insectes, reptiles, grenouilles et souris, baies. Couvaison : V-VI, 4-6 œufs, C 18-19 jours, N 26-28 jours. Niche dans des trous de talus ou d'arbres.

3. Guêpier d'Europe

Merops apiaster (Guêpiers)

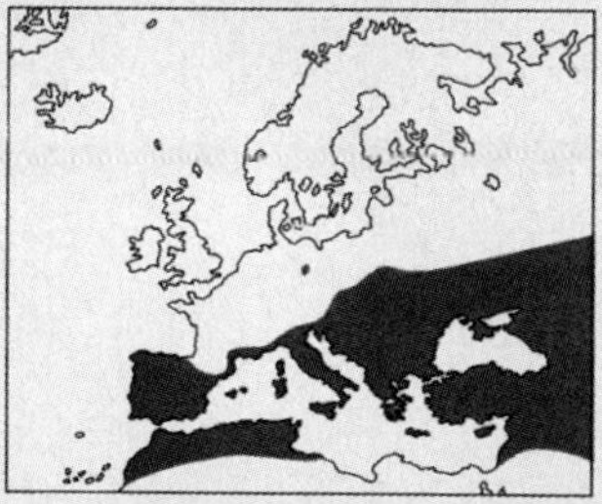

En Europe : V-IX. Caractéristiques : 28 cm/60 g. Dessus du corps marron, dessous bleu verdâtre, menton et gorge jaune vif, long bec arqué vers le bas, longues rectrices médianes. ♀ comme ♂. Sociable ; vole avec l'agilité d'une hirondelle, en intercalant des vols planés au cours desquels on remarque ses ailes triangulaires au bord arrière noir. Voix : appel tintant « burr-burr » ou « rupp » (le plus souvent en vol) ; cri d'alarme « dickdickdick ». Habitat : terrains dégagés avec quelques arbres et buissons isolés. Nourriture : gros insectes volants, préfère les hyménoptères. Couvaison : V-VII, 5-7 œufs, C 20-22 jours, N 31-33 jours. Niche en colonies dans des terriers creusés dans des talus.

1|2

3

1. Huppe fasciée

Upupa epops (Huppes)

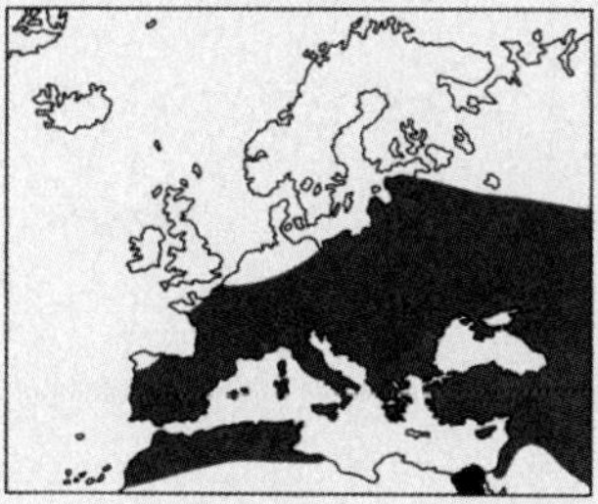

En Europe : IV-IX. Caractéristiques : 28 cm/65 g. Huppe érectile se déployant en éventail, avec la pointe des plumes noire, long bec mince arqué vers le bas, ailes et queue à larges barres transversales noires et blanches, reste du plumage brun orangé clair. ♀ comme ♂. Vol de papillon, avec des battements d'ailes mous et irréguliers. Dresse sa huppe en se posant à terre ou en cas d'excitation ; court avec des mouvements saccadés de la tête et sonde le sol en quête de nourriture. Voix : chant sourd, audible de loin, composé de 3 syllabes « houphouphoup » ; excité, miaulement « chrèè ». Habitat : pinèdes et aulnaies peu touffues, parcs, terrains découverts ; souvent dans le villages en Europe

du Sud. Nourriture : gros insectes, vers, escargots, petits lézards et grenouilles. Couvaison : IV-VII, 5-8 œufs, C 15-17 jours, N 24-27 jours ; les oisillons projettent sur les intrus une fiente liquide et sécrètent, par les glandes de leur croupion, un produit nauséabond. Niche dans des cavités.

2. Torcol fourmilier

Jynx torquilla (Torcols)

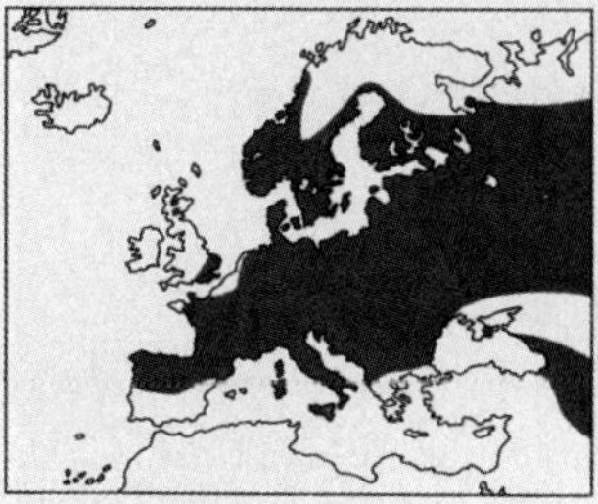

En Europe : IV-IX. Caractéristiques : 16,5 cm/35 g. Petit oiseau svelte à l'aspect de pic avec, sur le plumage, un dessin rappelant l'écorce d'un arbre ; dessous du corps brun clair avec de fines barres transversales brun foncé ; pattes comme celles des pics avec 2 doigts dirigés vers l'avant et 2 vers l'arrière. ♀ comme ♂. Ne grimpe pas, cherche sa nourriture au sol. Vol : onduleux. Voix : ♂ comme ♀ émettent un chant monotone allant en s'enflant, des « gjègjègjè » en séries ; cri d'alarme au voisinage du nid, « tètètè » bruyant. Habitat : forêts claires de feuillus, vergers, parcs, prairies bordant l'eau. Nourriture : surtout des fourmis et leurs nymphes qu'il extrait des galeries avec sa longue langue gluante comme celle des pics ; également d'autres insectes. Couvaison : V-VII, 7-11 œufs, C 12-14 jours, N 20-22 jours ; 1-2 couvées par an. Niche dans des cavités. Arrivant tardivement dans ses quartiers d'hiver africains, il trouve occupées la plupart des cavités naturelles et en expulse donc souvent le nid étranger avec les œufs et les oisillons. Il n'apporte aucun matériau pour garnir son nid.

1

2

1. Pic noir

Dryocopus martius (Pics)

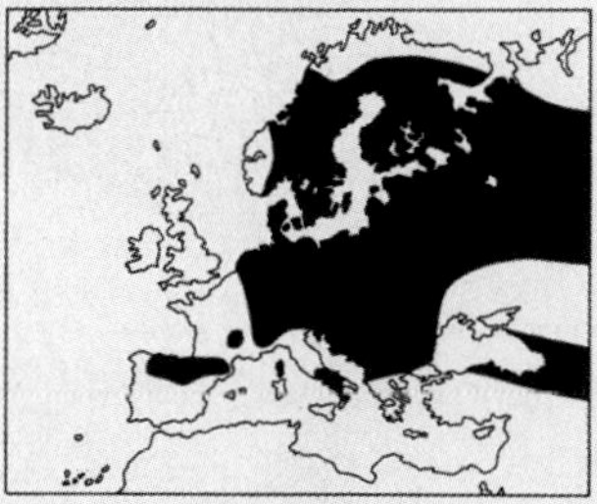

En Europe : I-XII. Caractéristiques : 46 cm/300 g. Svelte, avec un long cou ; plumage noir, avec du rouge vif au-dessus de la tête ; bec et iris jaune clair ; ♀ tache rouge à l'arrière de la tête. Oisillon d'un noir moins profond. Dimorphisme sexuel comme chez les adultes. Voix : appel « klieuh » ; au printemps, rapides « kwikwikwi » ; en vol, « krukrukru » ; tambourinage assez lent de près de 2,5 secondes. Habitat : forêts claires de montagne avec des arbres anciens. Nourriture : larves de coléoptères, fourmis et leurs nymphes, qu'il extrait de souches. Couvaison : IV-VI, C 12-14 jours, N 27-28 jours. Niche dans des cavités profondes à l'orifice d'un ovale allongé.

2. Pic cendré

Picus canus (Pics)

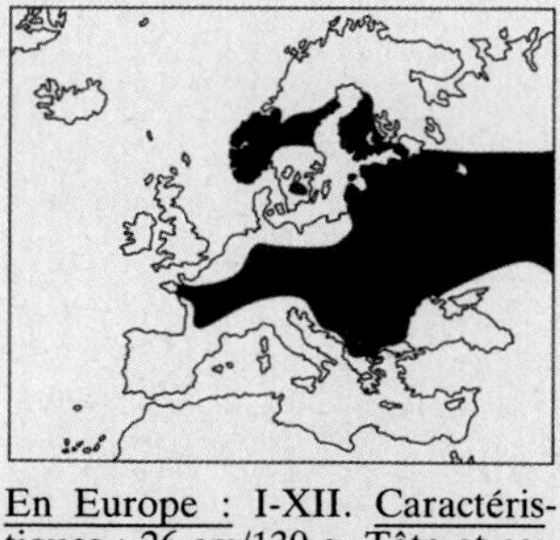

En Europe : I-XII. Caractéristiques : 26 cm/130 g. Tête et cou gris, iris brun-rouge, fine moustache noire, front rouge ; ♀ comme ♂ mais sans rouge. Oisillons semblables aux adultes. Sur le sol à la recherche de nourriture. Voix : série descendante de 8-12 sons doux et sifflants « gugugu », se ralentissant vers la fin ; faibles appels « gluck » ; tambourinage d'à peine 2 secondes, à raison de 20 coups par seconde. Habitat : forêts peu touffues de feuillus ou d'essences mixtes, parcs. Nourriture : fourmis et leurs nymphes, autres insectes ; en hiver, également graines et fruits. Couvaison : V-VI, 7-9 œufs, C 15-17 jours, N 24-25 jours. Niche dans des cavités.

3. Pic vert

Picus viridis (Pics)

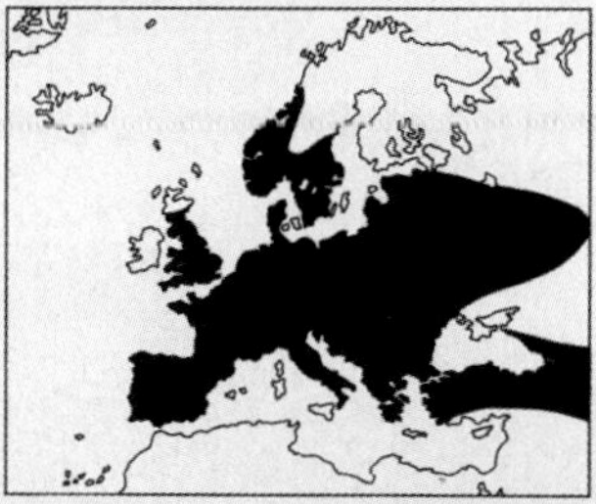

En Europe : I-XII. Caractéristiques : 32 cm/180 g. Capuchon rouge s'étendant jusqu'à la nuque, iris jaune clair, champ noir autour des yeux ; ♂ moustache rouge, ♀ moustache noire. Oisillons mouchetés. Cherche sa nourriture au sol (pic terrestre). Voix : analogue à un rire « gluckgluckgluck », très régulier ; tambourinage rare et bref. Habitat : forêts claires de feuillus, parcs, vergers. Nourriture : presque exclusivement fourmis et leurs nymphes, qu'il capture à l'aide de sa langue gluante. Couvaison : IV-V, 5-8 œufs, C 15-17 jours, N 23-27 jours. Niche dans des cavités dont l'entrée est ovale.

1|2

3

1. Pic épeiche
Picoides major (Pics)

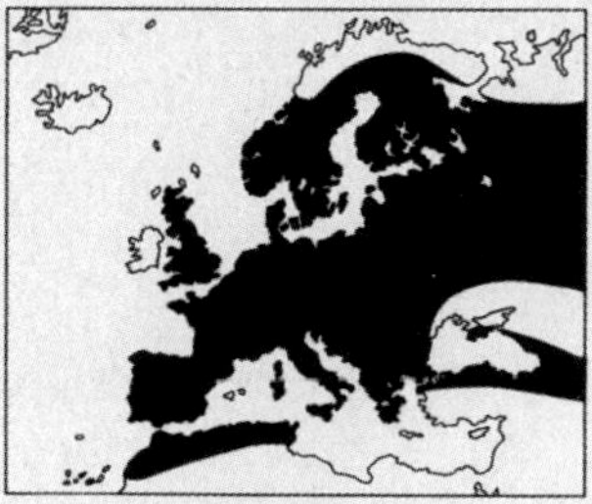

En Europe : I-XII. Caractéristiques : 23 cm/80 g. Teintes contrastées, moustache noire s'étendant jusqu'à l'arrière de la tête, ventre d'un blanc pur, sous-caudales rouge vif, taches blanches aux épaules, tache rouge derrière la tête ; ♀ sans rouge sur la tête ; oisillons avec une calotte rouge. Voix : appel dur « kick » ; à la saison des amours « rèrèrè » rauque ; tambourinage durant ≈ 0,5 seconde, coups s'accélérant. Habitat : forêts, parcs, jardins. Nourriture : insectes et larves vivant dans le bois ; en hiver, également noix et graines de conifères ; pour ouvrir les noix il les coince dans des fourches de branches ; recueille la sève des arbres comme le pic tridactyle, p. 162. Couvaison : V-VI, 5-7 œufs, C 12 jours, N 18-21 jours. Nid dans des cavités.

2. Pic mar
Picoides medius
(Pics)

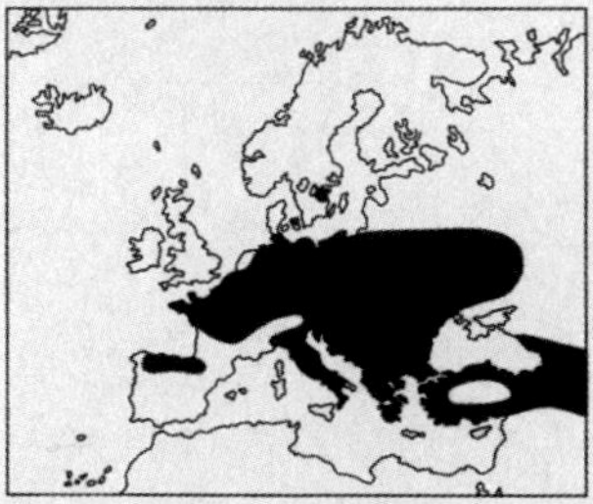

En Europe : I-XII. Caractéristiques : 22 cm/60 g. Calotte rouge clair éclatant ; flancs à rayures longitudinales noires, sous-caudales roses, taches blanches aux épaules ; ♀ calotte rouge jaunâtre. Oisillons analogues aux adultes. Voix : appels « ghèghèghèghè », « kuk » ; à la période de l'accouplement, piaillements enroués « quèèè » ; tambourine très rarement, coups lents. Habitat : forêts de feuillus et parcs avec de vieux chênes et charmes. Nourriture : insectes et larves, noix, graines. Couvaison : IV-VI, 5-6 œufs, C 12 jours, N 22-23 jours. Niche dans des cavités.

3. Pic épeichette
Picoides minor (Pics)

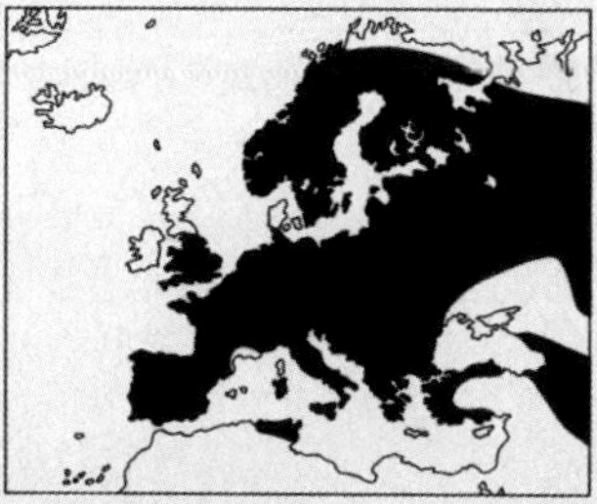

En Europe : I-XII. Caractéristiques : 14,5 cm/22 g. Le plus petit pic d'Europe ; dos noir entièrement rayé de blanc, dessous blanchâtre à rayures longitudinales noires, calotte rouge ; ♀ calotte blanchâtre ; oisillons avec une calotte blanc sale. Voix : « kikikiki » haut perché ; tambourinage : roulement de 1-2 secondes, coups réguliers et relativement lents. Habitat : forêts de feuillus et forêts mixtes, parcs. Nourriture : insectes vivant sur les branches et les feuilles (pucerons), larves dans le bois. Couvaison : IV-VI, 4-6 œufs, C 11 jours, N 19-21 jours. Niche dans des cavités.

1

2|3

1. Pic à dos blanc

Picoides leucotos (Pics)

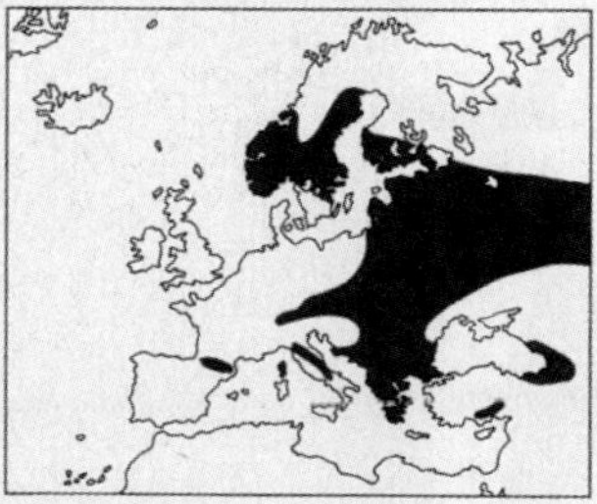

En Europe : I-XII. Caractéristiques : 25 cm/90 g. Plus grand et plus élancé que le pic épeiche (p. 160) ; haut du dos noir, milieu blanc jusqu'au croupion (visible uniquement en vol), sans tache blanche à l'épaule ; dessous du corps blanc, passant progressivement au rouge des sous-caudales, flancs à rayures blanches longitudinales ; calotte rouge carmin mat ; ♀ calotte noire ; oisillons à calotte rouge. Voix : appel plus doux que le pic épeiche, « kjuck » et « gju-gjukurr » ; séries d'appels « ki-ki-ki » ; tambourinage durant ≈ 1,5 seconde, allant en s'accélérant. Habitat : forêts montagneuses mixtes de peuplement ancien, avec beaucoup de feuillus et d'arbres morts ; au nord de l'aire de distribution, boulaies et tremblaies, aulnaies des bords de l'eau. Nourriture : surtout grosses larves d'insectes vivant dans le bois pourri ; également noix et baies. Cherche souvent sa pitance sur les souches en putréfaction. Couvaison : IV-VI, 3-5 œufs, C 14-16 jours, N 27-28 jours. Niche dans des cavités.

2. Pic tridactyle

Picoides tridactylus (Pics)

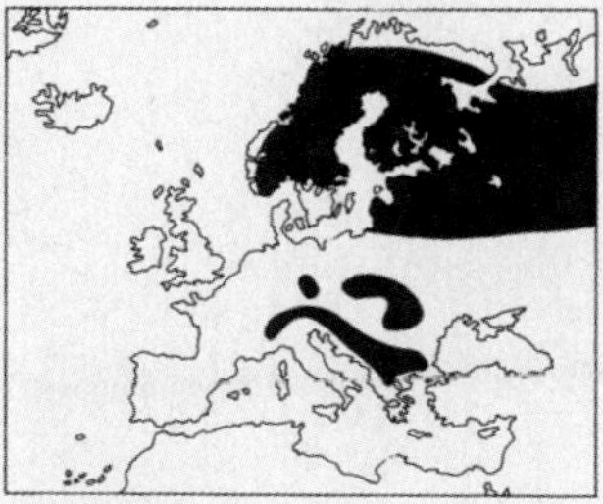

En Europe : I-XII. Caractéristiques : 22 cm/65 g. A peine de la taille du pic épeiche, avec un dessin noir et blanc très contrasté, sans rouge, calotte jaune et iris blanc bleuté ; dessus du corps noir avec des raies blanches de la nuque à la croupe, dessous blanchâtre avec les flancs barrés transversalement de noir. Pattes de 3 doigts seulement, dont 2 dirigés vers l'avant et 1 vers l'arrière. ♀ avec calotte finement mouchetée de noir et blanc. Oisillons analogues à ♀, mais avec dessous du corps gris et iris brun. Voix : appel plus doux et plus profond que le pic épeiche « ugg », séries d'appels « grègrègrè ». Tambourinage durant ≈ 1,3 seconde, avec une succession de coups plus lents que pic épeiche (p. 160), les derniers s'accélérant. Habitat : forêts de pins et d'épicéas, surtout en montagne entre 800 et 1 700 m ; dans le nord, également forêts de bouleaux. Nourriture : insectes et larves vivant dans le bois et sous l'écorce, sève des arbres qu'il parvient à lécher après avoir pratiqué du bec une série de petits trous. Couvaison : V-VII, 3-4 œufs, C 11 jours, N 20-24 jours. Niche dans des cavités.

1

2

Planche des pigeons et des pics

Silhouettes des oiseaux en vol et au repos

Planche des oiseaux chanteurs 1

Silhouettes des corbeaux en vol et au repos

1. Cochevis huppé

Galerida cristata (Alouettes)

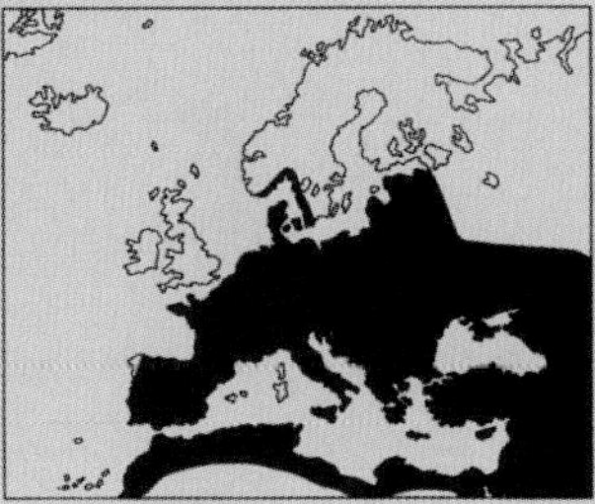

En Europe : I-XII. Caractéristiques : 17 cm/45 g. Plus trapu, queue plus courte et taches moins contrastées que l'alouette des champs ; huppe pointue, bec assez long. ♀ comme ♂. Chant émis du sol rarement en volant en cercles ; peu farouche. Voix : appel mélodieux « drieudidrié » et « du du dur dli ». Chant : entrecoupé, avec des éléments sifflés et des imitations d'autres oiseaux. Habitat : friches, steppes, régions semi-désertiques ; abords des villes, voies ferroviaires. Nourriture : graines, parties végétales vertes, insectes. Couvaison : IV-VI, 3-5 œufs, C 13 jours, N 9-10 jours ; 2 couvées par an. Nid au sol.

2. Alouette des champs

Alauda arvensis (Alouettes)

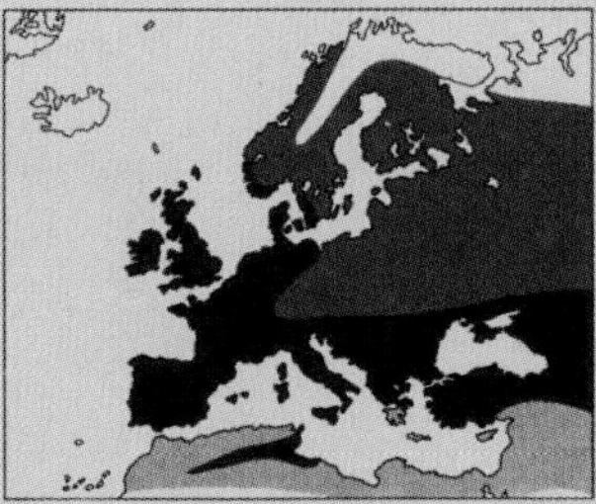

En Europe : I-XII. Caractéristiques : 18 cm/40 g. Dos tacheté de brun clair et foncé, dessous blanchâtre, poitrine à mouchetures longitudinales ; queue assez longue aux bords externes blancs ; petite huppe érectile. ♀ comme ♂. En parade, s'élève en chantant haut dans le ciel et fait du surplace. Voix : « tirr » ou « tschrl », appel en vol de passage « zizi ». Chant : en vol de parade, trilles et roulements pendant parfois 15 minutes, avec imitation d'autres oiseaux. Habitat : vastes terrains découverts ; dans le sud, montagne. Nourriture : graines, parties végétales vertes, insectes, araignées. Couvaison : IV-VII, 3-4 œufs, C 12-14 jours, N 9-10 jours ; 2 couvées par an. Nid au sol.

3. Alouette lulu

Lullula arborea (Alouettes)

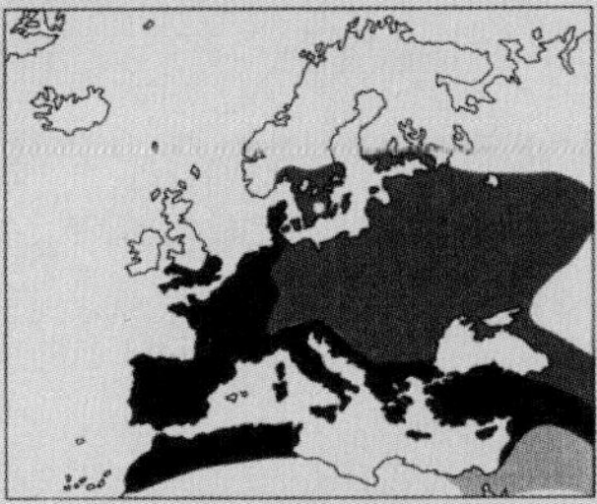

En Europe : II-X. Caractéristiques : 15 cm/26 g. Courte queue, bec assez mince, sourcils blanchâtres se rejoignant à l'arrière de la tête, dessins noir et blanc au bord des ailes. ♀ comme ♂. Chante même la nuit, perchée sur un arbre ou en décrivant, haut dans le ciel, des cercles ondulés. Voix : appel « titrouit », « dadidloui ». Chant : douce berceuse mélancolique, composée de nombreuses strophes différentes se succédant rapidement. Habitat : clairières sèches en forêt, pinèdes, landes. Nourriture : insectes, araignées, graines, parties végétales vertes. Couvaison : III-VI, 3-5 œufs, C 12-15 jours, N 12-15 jours ; 2-3 couvées par an. Nid au sol.

1

2

3

1. Alouette hausse-col

Eremophila alpestris (Alouettes)

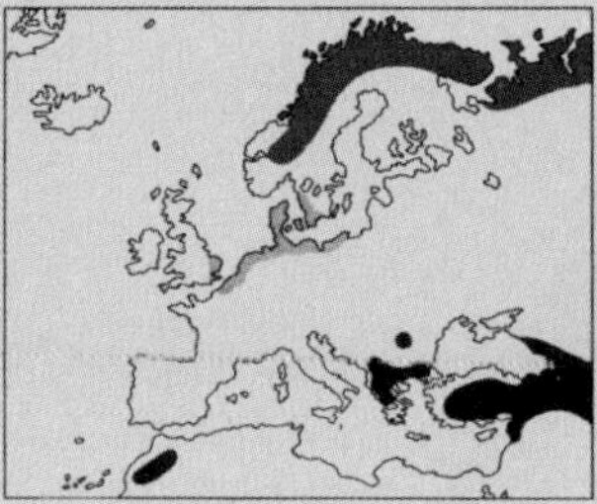

En Europe : X-III sur les côtes de la mer du Nord et de la Baltique. Caractéristiques : 16,5 cm/36 g. Dessin jaune pâle et noir sur la face, « oreilles » de plumes, queue assez longue aux bords blancs. ♀ ou ♂ en livrée hivernale, « oreilles » à peine visibles, teintes moins contrastées. Chante perchée sur des pierres ou en volant haut en cercles. En petites troupes l'hiver. Voix : « tsip » ; en vol « tsi-di-du ». Chant : courtes strophes rapides. Habitat : toundra pierreuse, montagne au-dessus de la limite des arbres, hauts plateaux rocheux. Nourriture : insectes, araignées, graines. Couvaison : V-VII, 3-4 œufs, C 11-12 jours, N 9-12 jours ; 1-2 couvées par an. Nid au sol.

2. Hirondelle de rivage

Riparia riparia (Hirondelles)

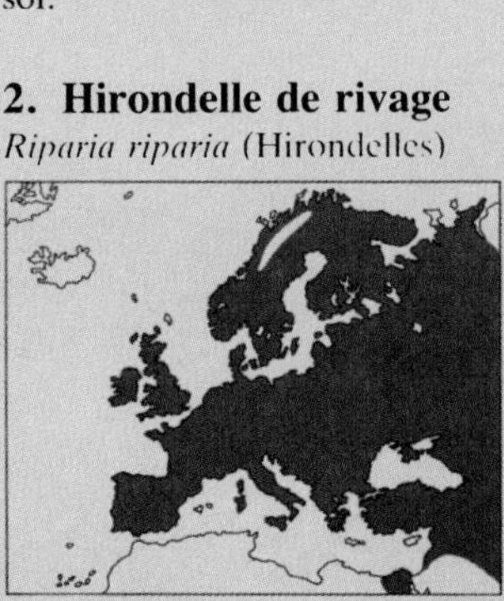

En Europe : IV-X. Caractéristiques : 12 cm/14 g. Petite hirondelle au dos brun, au dessous blanc avec une bande pectorale brune ; la queue sans dessin et légèrement fourchue. ♀ comme ♂. Oiseaux sociables qui, après la saison des nids, passent les nuits en essaims dans les roselières. Voix : « tschrrip » et séries rapides de « brbrbr » ; en cas de danger, « zier » aigu. Chant : léger gazouillis. Habitat : terrains découverts avec des falaises abruptes et des sablières, au voisinage de l'eau. Nourriture : petits insectes volants. Couvaison : V-VIII, 4-5 œufs, C 12-16 jours, N 16-22 jours ; 2 couvées par an. Niche en colonies dans des galeries sablonneuses.

3. Hirondelle de rocher

Ptyonoprogne rupestris (Hirondelles)

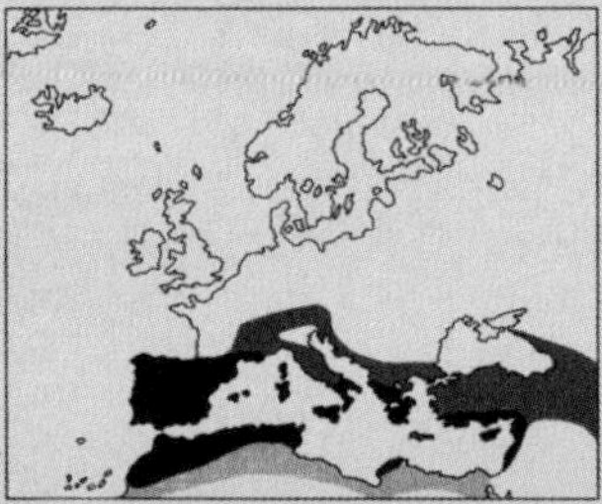

En Europe : III-X. Caractéristiques : 15 cm/20 g. Plus grande que l'hirondelle de rivage, dos brun, dessous couleur sable, sans bande pectorale brune, menton finement strié, queue avec rangée transversale de points blancs, non fourchue. ♀ comme ♂. Pas aussi sociable que l'hirondelle de rivage. Voix : appels « tit-tit », « pritit » ou « zirrr ». Chant : gazouillis rapide. Habitat : régions montagneuses avec parois rocheuses et gorges, côtes rocheuses. Nourriture : petits insectes volants. Couvaison : V-VI, 4-5 œufs, C 14 jours, N 25 jours ; 2 couvées par an. Niche en petites colonies sous des surplombs rocheux.

1

2

3

1. Hirondelle de fenêtre

Delichon urbica (Hirondelles)

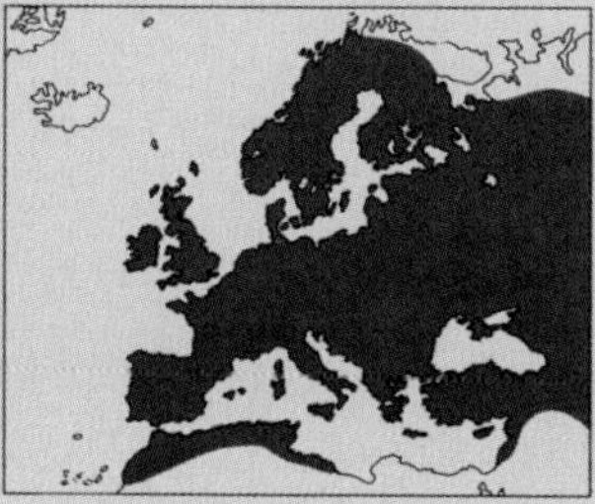

<u>En Europe :</u> IV-X. <u>Caractéristiques :</u> 13 cm/20 g. Paraît aussi grande que l'hirondelle de cheminée, queue fourchue mais non prolongée par de longs filets, dos noir bleuté miroitant, croupion blanc ; menton, gorge et ventre d'un blanc pur, pattes couvertes de fines plumes blanches. ♀ comme ♂. Oisillons avec le dos noir brunâtre. Sociable. <u>Vol :</u> ondoyant, moins élégant que celui de l'hirondelle de cheminée. <u>Voix :</u> appels « trr trr », « dschrb » ou « brud » ; cri d'alarme haut et pénétrant « zier zier ». Chant : courts gazouillis discrets sans motif terminal ronronnant. <u>Habitat :</u> villages, terres cultivées, rocheuses. <u>Nourriture :</u> petits insectes volants. <u>Couvaison :</u> V-IX, 4-5 œufs, C 12-13 jours, N 16-23 jours ; 2-3 couvées par an. Niche en colonies sous les toits à l'extérieur des bâtiments. Nid de boue en demi-coupe, lié par du mortier, avec un petit orifice d'entrée ; à l'origine nid dans des rochers.

Hirondelle de fenêtre

Hirondelle de cheminée

2. Hirondelle de cheminée

Hirundo rustica (Hirondelles)

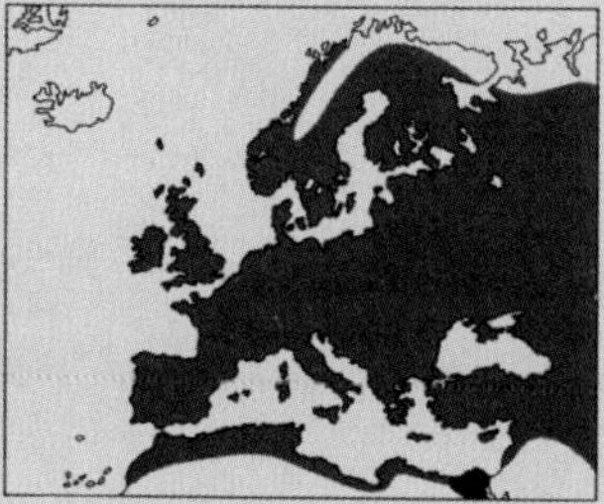

<u>En Europe :</u> IV-X. <u>Caractéristiques :</u> 19 cm/20 g. La seule hirondelle d'Europe centrale avec la queue prolongée par de longs filets ; ailes élancées et pointues ; front, menton et gorge brun-rouge, dessus du corps et jabot noir bleuté métallique, poitrine, ventre et sous-caudales de couleur blanche, queue noire avec une rangée transversale de points blancs. ♀ comme ♂, mais avec des filets moins longs à la queue. Oisillons plus pâles et sans filets de la queue. Sociable. <u>Vol :</u> agile et élégant, battements d'ailes fougueux ; attrape les insectes en vol, les capture aussi à la surface de l'eau, et parvient même à boire tout en volant. <u>Voix :</u> appels « witt-witt » ou « dschèd-dschèd » ; cri d'alarme aigu « ziwitt ziwitt ». Chant : strophes lancées avec précipitation, gazouillis et babillages, avec motif terminal ronronnant. <u>Habitat :</u> villages, fermes isolées, terrains cultivés, nappes d'eau. <u>Nourriture :</u> petits insectes volants. <u>Couvaison :</u> V-IX, 4-6 œufs, C 13-18 jours, N 20-22 jours ; 2-3 couvées par an. Niche en colonies peu denses dans les étables et les granges ; va souvent en compagnie d'hirondelles de fenêtre chercher des particules de glaise dans les mares pour son nid qui est ouvert dans le haut, avec des tiges d'herbes pendantes incorporées dans la boue.

1

2

1. Pipit spioncelle

Anthus spinoletta (Motacillidés)

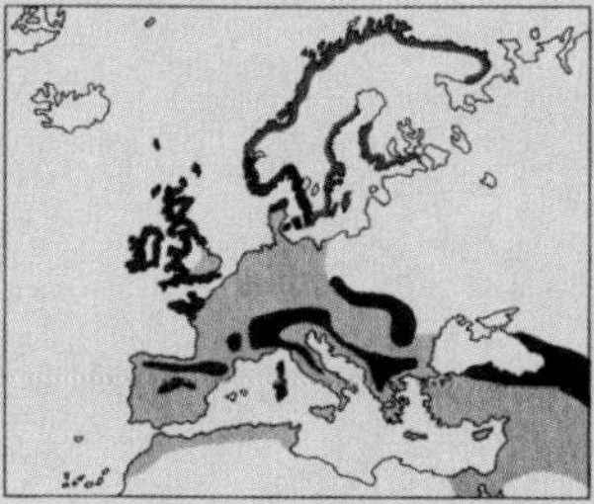

En Europe : I-XII. Caractéristiques : 16,5 cm/24 g. Dos gris clair, sourcils blanchâtres, ventre blanchâtre, poitrine teintée de rose ; en hiver, taches foncées sur la poitrine. Sur les côtes de la mer du Nord et de la Baltique, sous-espèce brunâtre (**Pipit maritime**), avec des taches, ♀ comme ♂. Farouche. Vol : en chantant. Voix : « hisst », « psiet » ; cri d'alarme « zitt » répété. Chant : longues séries de « zwi zwi zwi » haut perchés s'accélérant. Habitat : alpages ; en hiver, au bord de l'eau. Nourriture : insectes. Couvaison : IV-VII, 4-5 œufs, C 14-16 jours, N 15 jours ; 1-2 couvées par an. Nid au sol.

2. Pipit des arbres

Anthus trivialis (Motacillidés)

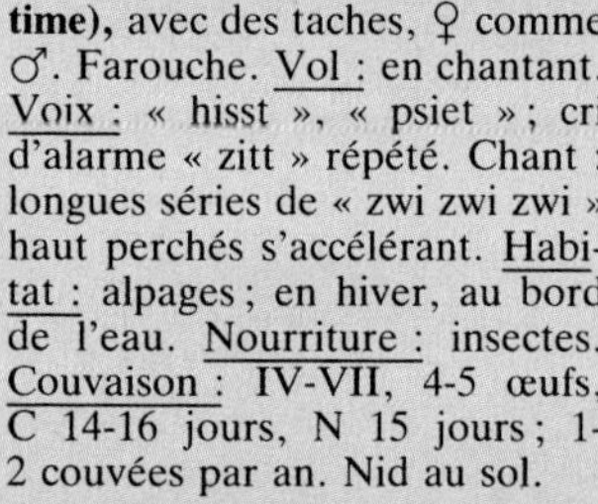

En Europe : IV-IX. Caractéristiques : 15 cm/23 g. Dos brun clair, légèrement tacheté, ventre crème clair, poitrine brun jaunâtre avec des taches foncées. ♀ comme ♂. Chante du sommet des arbres et en vol, retourne ensuite sur le même perchoir. Voix : appel rauque et élevé « psieh », cri d'alarme « zipp zipp ». Chant : gazouillis et bavardages sonores avec des trilles et des roulades sifflantes « ziaziaziazia », « uiui-ui-ui ». Habitat : terrains découverts avec des arbres, lisières de forêts. Nourriture : surtout des insectes. Couvaison : V-VII, 5-6 œufs, C 12-13 jours, N 10-11 jours ; 2 couvées par an. Nid au sol.

3. Pipit farlouse

Anthus pratensis (Motacillidés)

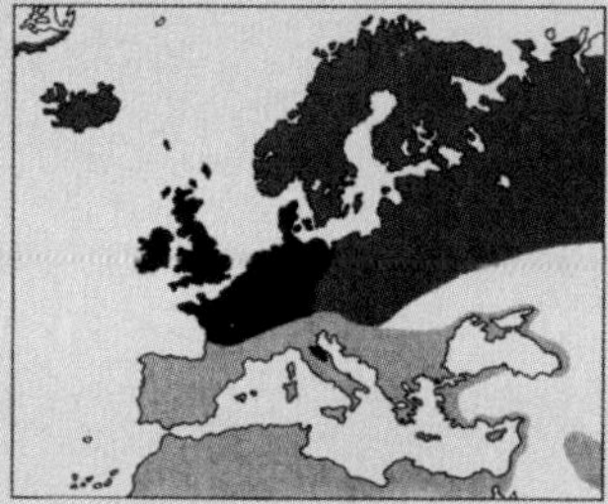

En Europe : I-XII, quelques oiseaux y hivernent. Caractéristiques : 14,5 cm/20 g. Même dessin de plumage que le pipit des arbres, mais plus gris dans l'ensemble ; ongle du pouce très développé. ♀ comme ♂. S'envole du sol et parcourt de longues distances en chantant, ne revient généralement pas à son point de départ. En troupes l'hiver. Voix : appel haut « ist-ist ». Chant : longue strophe uniforme composée de nombreuses roulades, élevée et ténue, faisant un bruit de clochette, commençant par des « dip dip » allant en s'accélérant. Habitat : prairies humides, marais, terrains vagues, dunes. Nourriture : surtout insectes. Couvaison : IV-VII, 4-6 œufs, C 13 jours, N 12-14 jours ; 2 couvées par an. Nid au sol.

1

2

3

1. Pipit rousseline

Anthus campestris (Motacillidés)

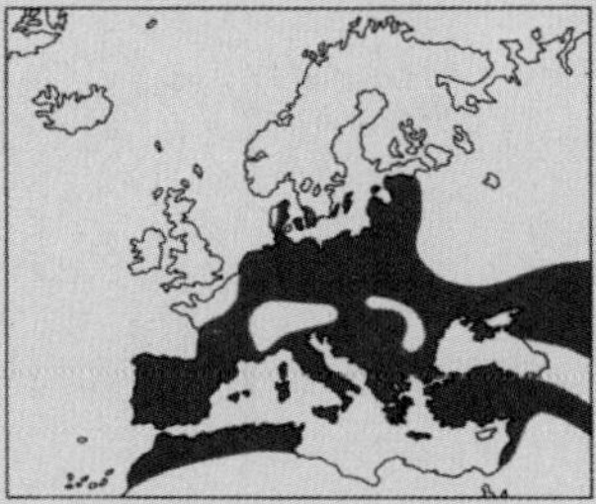

En Europe : IV-IX. Caractéristiques : 17 cm/23 g. Plus svelte, avec la queue plus longue et plus clair que le pipit des arbres (p. 172) ; dos couleur sable, ventre blanchâtre, sans tache ; net sourcil crème. ♀ comme ♂. Oiseau terrestre, semble marcher sur des échasses en balançant de temps à autre la queue. Chante depuis un perchoir ou tout en s'élevant dans les airs d'un vol onduleux. Voix : appels comme « ziehp », « zschlipp » ou « zièh ». Chant : « zirloui » « trèih » ou autre, indéfiniment répété. Habitat : friches sèches, steppes, landes découvertes, rivages sablonneux. Nourriture : insectes. Couvaison : IV-VII, 4-5 œufs, C 14-16 jours, N 15 jours ; 1-2 couvées par an. Nid au sol.

2/3. Bergeronnette printanière

Motacilla flava (Motacillidés)

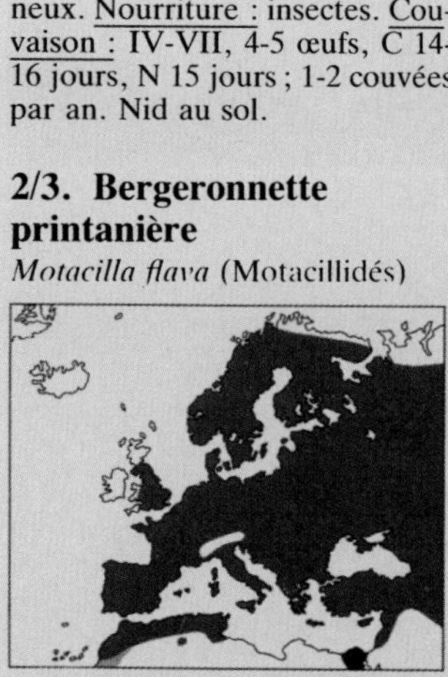

En Europe : III-IX. Caractéristiques : 16,5 cm/18 g. Queue plus courte que la bergeronnette grise (p. 176), gorge jaune, tête grise, dos vert olive, ventre jaune soufre (ill. 2 ; ill. 3 : sous-espèce britannique). ♀ et livrée hivernale plus pâles. Oiseau terrestre, balance la queue, chante parfois lors de son vol onduleux. Voix : « psuip » ou « psiehp ». Chant : série de « zier zier ». Habitat : pâturages, cultures, marais, landes, marécages. Nourriture : petits insectes. Couvaison : V-VII, 5-6 œufs, C 13 jours, N 11-13 jours ; 1-2 couvées par an. Nid au sol.

4. Bergeronnette des ruisseaux

Motacilla cinerea (Motacillidés)

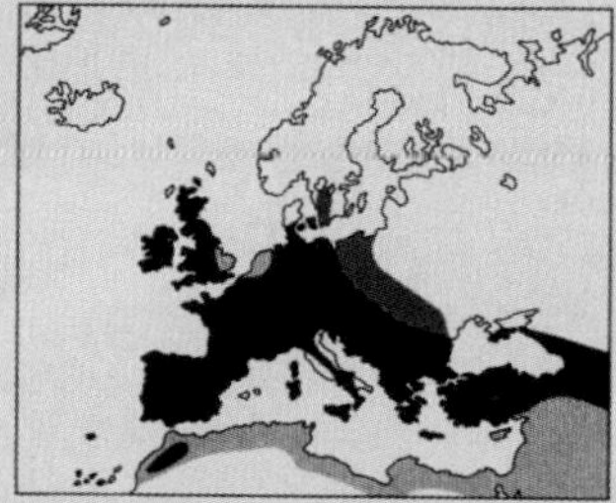

En Europe : I-XII. Caractéristiques : 18 cm/20 g. Queue nettement plus longue que la bergeronnette printanière. Tête et dos gris, menton et gorge noirs, dessous du corps jaune clair. ♀ et livrée hivernale avec menton et gorge blanchâtres (ill.). Balance la queue, vol onduleux, souvent proche de l'eau. Chante perchée ou en vol. Voix : appel plus aigu que la bergeronnette printanière « zickick », cri d'alarme élevé « zuih ». Chant : divers types de couplets, gazouillis avec sons sifflés et roulades. Habitat : ruisseaux et cours d'eau en montagne et en plaine. Nourriture : insectes. Couvaison : III-VII, 4-6 œufs, C 12-14 jours, N 12-13 jours ; 2 couvées par an. Nid dans de petites cavités.

1

2|3

4

1. Bergeronnette grise

Motacilla alba (Motacillidés)

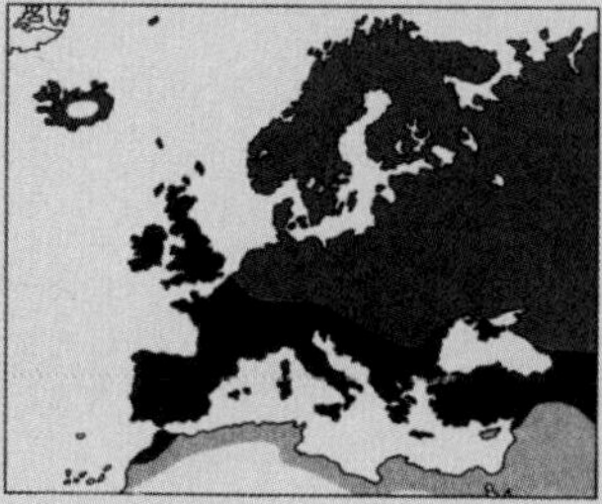

En Europe : I-XII. Caractéristiques : 18 cm/23 g. Longue queue, dos gris, ventre blanc, tête et cou à dessin noir et blanc ; ♀ un peu plus pâle. En hiver, menton et gorge blancs, jabot barré de noirâtre. Oisillons pâles, sans noir. Court avec des mouvements saccadés de la tête, balance constamment la queue, vol onduleux. Voix : appels « zitt », « zivlitt » ou « zipp-zipp-zilipp ». Chant : gazouillis et babillages interrompus par des appels. Habitat : terrains découverts, villages, jardins, proximité de l'eau. Nourriture : insectes. Couvaison : IV-VIII, 5-6 œufs, C 12-14 jours, N 14-15 jours ; 2 couvées par an. Nid dans de petites cavités.

2. Jaseur boréal

Bombycilla garrulus (Jaseurs)

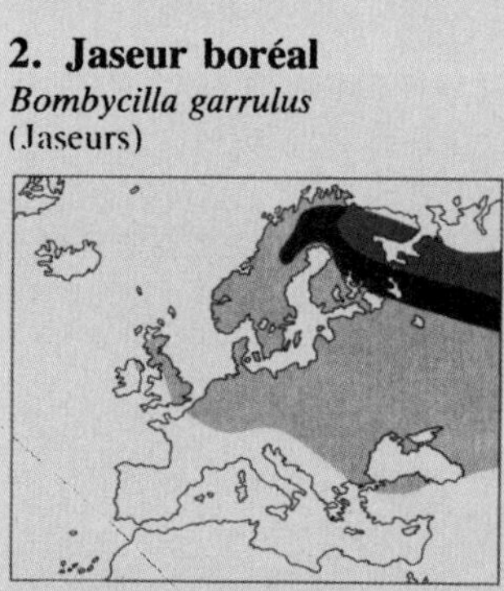

En Europe : XI-III. Caractéristiques : 18 cm/60 g. Plumage soyeux brun-rouge, petite huppe de plumes, menton et gorge noirs, ailes bariolées avec petites palettes cornées rouge laqué, queue terminée par une barre jaune. ♀ plus pâle. Oisillon au ventre strié. Peu farouche ; certains hivers, migre vers l'Europe du Sud. Voix : appel haut « sirr ». Chant : succession de cliquettements mélangés de « sirr ». Habitat : forêts de conifères (mélèzes) et de bouleaux ; en hiver, jardins et parcs avec arbrisseaux à baies. Nourriture : insectes, baies, fruits. Couvaison : V-VI, 4-5 œufs, C 12-15 jours, N 14-16 jours. Niche dans les arbres en colonies.

3. Pie-grièche à poitrine rose

Lanius minor (Pies-grièches)

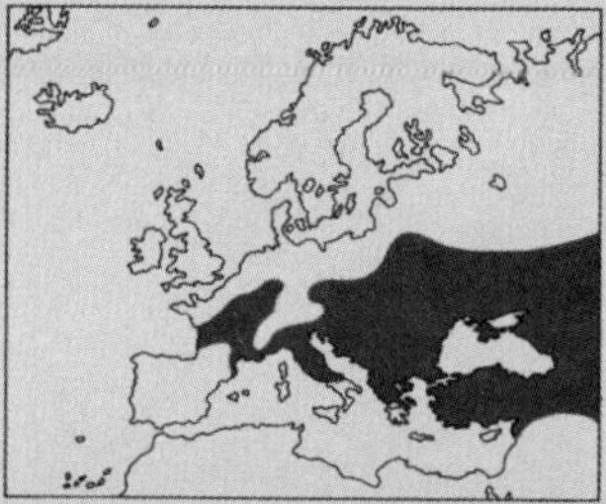

En Europe : V-IX. Caractéristiques : 20 cm/50 g. Ressemble à la pie-grièche grise (p. 178), mais plus petite. Dessus du corps gris clair ; large bandeau oculaire s'étendant sur le front ; dessous du corps blanc avec un soupçon de rougeâtre. ♀ comme ♂. Voix : en vol de parade, série d'appels comme « kerrib-kerrib » ou « tschilip-tschilip ». Chant : doux babillage avec imitation de voix d'autres oiseaux. Habitat : vergers, terrains découverts, vignobles. Nourriture : surtout gros insectes (coléoptères, sauterelles, grillons). Couvaison : V-VII, 4-5 œufs, C 15 jours, N 16 jours. Nid dans les arbres.

1

2

3

1. Pie-grièche grise

Lanius excubitor (Pies-grièches)

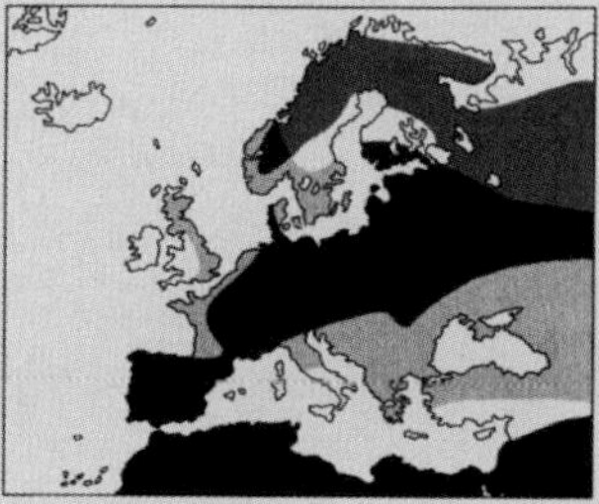

En Europe : I-XII. Caractéristiques : 24 cm/65 g. La plus grande pie-grièche ; tête et dos gris clair, bandeau oculaire noir, ventre blanc, miroir alaire blanc. ♀ comme ♂. Voix : dérangée, « wèd » strident sur 2 ou 3 syllabes. Chant : chanson bourdonnante, longuement soutenue, composée de sons rauques et de notes sifflantes, avec des imitations d'autres oiseaux. Habitat : terrains découverts avec des groupes d'arbres, marais, landes ; vergers, haies. Nourriture : gros insectes, souris, petits oiseaux. Couvaison : IV-VI, 5-6 œufs, C 15 jours, N 20 jours. Nid dans les arbres.

2. Pie-grièche écorcheur

Lanius collurio (Pies-grièches)

En Europe : V-IX. Caractéristiques : 17 cm/30 g. ♂ tête gris cendré avec un épais bandeau oculaire noir, dos brun-rouge, ventre blanc rougeâtre ; ♀ sans bandeau oculaire, dos brunâtre, dessous à dessin transversal ondulé. Embroche sa proie sur les piquants et les épines d'arbres. Voix : excitée, « dschè » ou « trrt-trrt » ; dérangée au nid, dur « tek » ou « dschrèè ». Chant : gazouillis et murmures pressés, mêlés d'imitations de voix d'autres oiseaux ; rarement audibles. Habitat : terrains découverts avec des haies épineuses ; lisières de forêts, marais et landes. Nourriture : gros insectes, petits lézards et grenouilles, oisillons, petits mammifères. Couvaison : V-VII, 4-6 œufs, C 14-16 jours, N 15 jours. Niche dans des fourrés épineux.

3. Pie-grièche à tête rousse

Lanius senator (Pies-grièches)

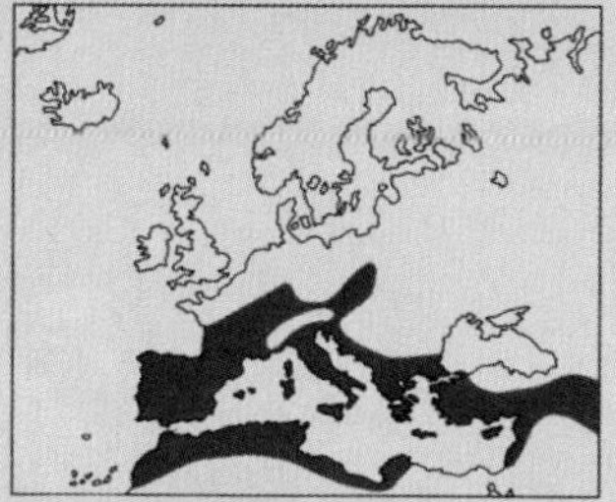

En Europe : IV-IX. Caractéristiques : 17 cm/40 g. De la taille de la pie-grièche écorcheur, mais paraissant plus trapue et avec une tête plus épaisse ; ♂ calotte et nuque rousses, front noir, dos et ailes noirs, dessous du corps blanc. ♀ comme ♂, mais de teintes plus pâles. Voix : dérangée, cris pétaradants « dsched-dsched » ou « dschè-dschè », ou bien « grug » agressif tonitruant. Chant : bavardage harmonieux continu, entremêlé de sons rauques et d'imitations. Habitat : terrains découverts avec des bouquets d'arbres, vergers. Nourriture : gros insectes. Couvaison : V-VII, 4-6 œufs, C 15 jours, N 14-16 jours. Nid dans les arbres.

1

2|3

1. Accenteur mouchet

Prunella modularis (Accenteurs)

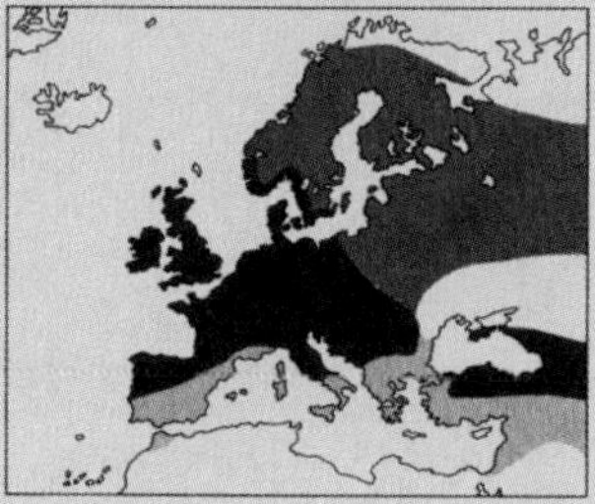

En Europe : III-X ; peu d'oiseaux hivernent. Caractéristiques : 14,5 cm/20 g. De la taille du moineau domestique, mais beaucoup plus svelte et avec un bec fin ; plumage brun-gris, tête et poitrine gris plombé. ♀ comme ♂. Sautille sur le sol en position penchée ; vol furtif. Voix : appel élevé « zieh » ; en vol « dididi ». Chant : fin gazouillis roulé, rappelant celui du serin (p. 234) ou du troglodyte mignon (p. 220), mais sans strophe trillée ; chante tôt dans l'année (mars) depuis des perchoirs bien en vue (cimes d'épicéas). Habitat : forêts mixtes et forêts de conifères, jeunes plantations d'épicéas, parcs, jardins et cime-

tières. Nourriture : insectes à peau molle et araignées ; en automne et en hiver, surtout de fines graines ; dans les mangeoires, préfère les graines de pavot. Couvaison : IV-VII, 4-5 œufs, C 13 jours, N 13-14 jours ; 2 couvées par an. Nid de mousse caché dans les épicéas touffus.

2. Accenteur alpin

Prunella collaris (Accenteurs)

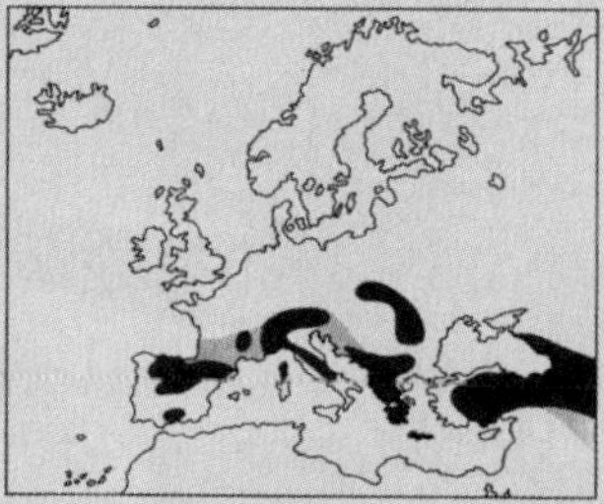

En Europe : I-XII. Caractéristiques : 18 cm/40 g. Sensiblement plus grand et plus trapu que l'accenteur mouchet, semblable à une alouette par la forme ; tête grise, menton et gorge blanchâtres mouchetés d'écailles noirâtres, dos brun-gris, flancs avec des taches longitudinales brun-rouge. ♀ comme ♂. Oisillons sans mouchetures à la poitrine. Sautille avec rapidité et agilité, manifeste son excitation par des courbettes et de fréquents balancements de la queue. Voix : appel clair « drurr », souvent en séries successives ; également « zak-zak », « trui » et, en vol, pépiement « schirr ». Chant : analogue à celui de l'alouette des champs, d'un tempo plus lent que celui de l'accenteur mouchet, composé de trilles durs et profonds, et de sortes de jasements. Habitat : zone alpine des montagnes, généralement à des altitudes comprises entre 1 500 et 2 300 m ; étendues plates à végétation éparse avec des blocs de rochers et des éboulis ; en hiver, dans les vallées. Nourriture : insectes ; en automne et en hiver, également fines graines et baies. Couvaison : V-VI, 4-5 œufs, C 13-15 jours, N 16 jours. Nid au sol.

1

2

1. Locustelle tachetée

Locustella naevia (Fauvettes)

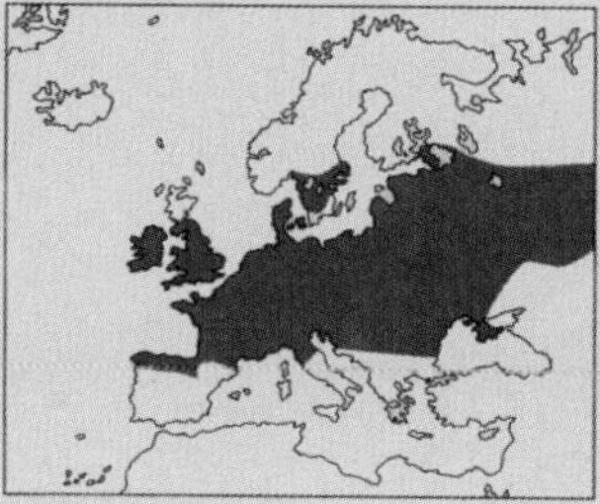

En Europe : IV-IX. Caractéristiques : 13 cm/14 g. De la taille d'une rousserolle effarvatte ou verderolle (p. 184) ; dos brun olivâtre avec des stries foncées, ventre gris sale. ♀ comme ♂. Oiseau terrestre qui se tient dans l'herbe haute où il circule en glissant ou marchant comme une souris. Voix : appel, un « tzeutzeu » ou « tschick » aigu. Chant : longue stridulation soutenue « sirrr », analogue à celle de la sauterelle verte. Habitat : prairies fangeuses avec buissons, bois marécageux avec saules et aulnes, marais et landes. Nourriture : insectes et araignées. Couvaison : V-VII, 4-6 œufs, C 13 jours, N 11 jours ; 1-2 couvées par an. Nid au sol.

2. Locustelle luscinoïde

Locustella luscinoides (Fauvettes)

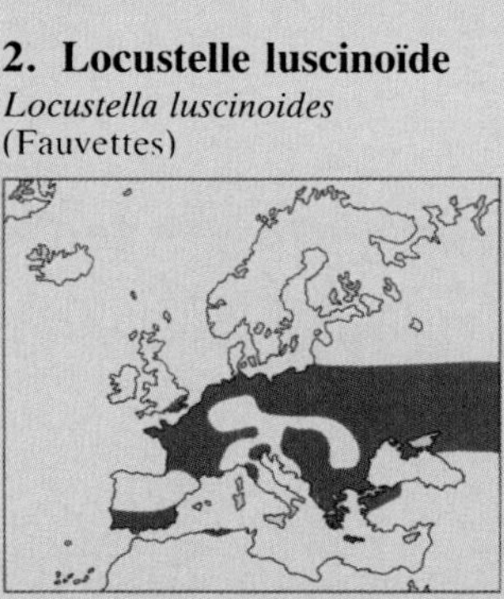

En Europe : IV-IX. Caractéristiques : 14 cm/16 g. Brun rougeâtre (comme le rossignol, p. 204), sans taches. ♀ comme ♂. Voix : appel aigu « zick » ; dérangée au nid, « pit pit ». Chant : semblable à celui de la locustelle tachetée, mais soutenu moins longtemps et ne résonnant pas de façon aussi pure ; avec des teintes nettement vocales comme « eurrr ». Habitat : zones d'alluvions des nappes d'eau pleines de roseaux et de joncs. Beaucoup plus liée à l'eau et aux roseaux que la locustelle tachetée. Nourriture : insectes, araignées. Couvaison : V-VIII, 3-5 œufs, C 12 jours, N 12-14 jours ; 2 couvées par an. Nid à faible hauteur parmi les roseaux.

3. Locustelle fluviatile

Locustella fluviatilis (Fauvettes)

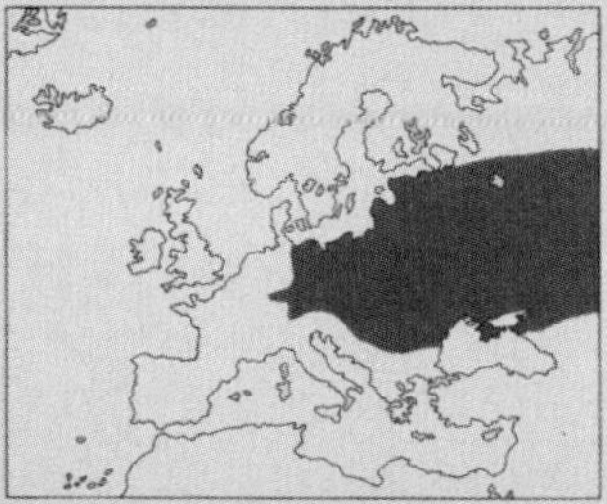

En Europe : IV-IX. Caractéristiques : 13 cm/19 g. Semblable à la locustelle luscinoïde, mais légèrement plus petite ; dessus du corps non strié comme la locustelle luscinoïde, mais gorge et poitrine avec des raies longitudinales fondues foncées. ♀ comme ♂. Voix : appel rauque, « dschrè ». Chant : non stridulé, mais un bruit aiguisé continu et rythmé comme « dzé dzé dzé ». Chante surtout au crépuscule et la nuit. Habitat : clairières des aulnaies riches en sous-bois, prairies du bord de l'eau, forêts marécageuses avec des mauvaises herbes. Nourriture : insectes, araignées. Couvaison : V-VII, 4-6 œufs, C 12-13 jours, N 12 jours. Nid au sol.

1

2

3

1. Rousserolle effarvatte

Acrocephalus scirpaceus
(Fauvettes)

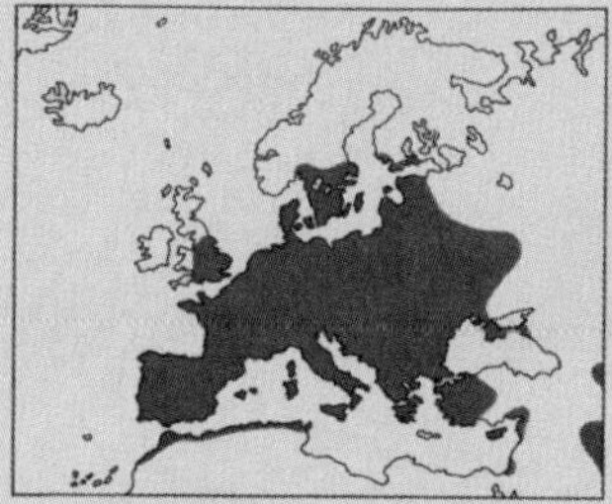

En Europe : V-IX. Caractéristiques : 13 cm/13 g. Difficile à distinguer de la verderolle ; mais plumage brun rougeâtre. ♀ comme ♂. Voix : dérangée, appel dur « wèd ». Chant : comme celui de la rousserolle turdoïde, mais plus soutenu, plus bas et plus précipité, composé de motifs en séries discontinues et répétés chacun 2 ou 3 fois. Habitat : roseaux des nappes d'eau, saulaies des berges des cours d'eau. Nourriture : insectes, araignées. Couvaison : V-VIII, 3-5 œufs, C 13 jours, N 12 jours. Nid suspendu dans les roseaux.

2. Rousserolle verderolle

Acrocephalus palustris
(Fauvettes)

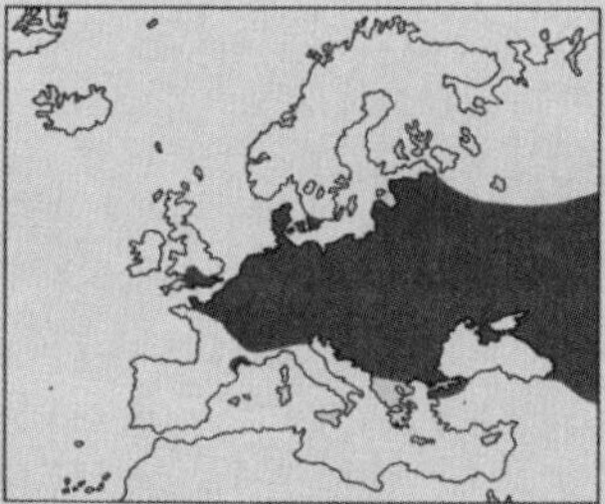

En Europe : V-IX. Caractéristiques : 13 cm/12 g. Comme la rousserolle effarvatte, mais plumage brun olivâtre, pattes couleur chair. ♀ comme ♂. Voix : cri d'alarme « tak » ou « wèd » dur. Chant : bien timbré et riche en variations, non séparé en strophes, composé de grincements, roulements et pépiements avec des imitations d'autres oiseaux, notamment de la mésange bleue, de l'hirondelle de cheminée et du gorge-bleue. Habitat : saulaies et champs d'orties bordant les cours d'eau et les fossés, champs de céréales. Nourriture : insectes, araignées. Couvaison : V-VII, 4-5 œufs, C 13 jours, N 12 jours. Nid suspendu dans des fourrés épais.

3. Rousserolle turdoïde

Acrocephalus arundinaceus
(Fauvettes)

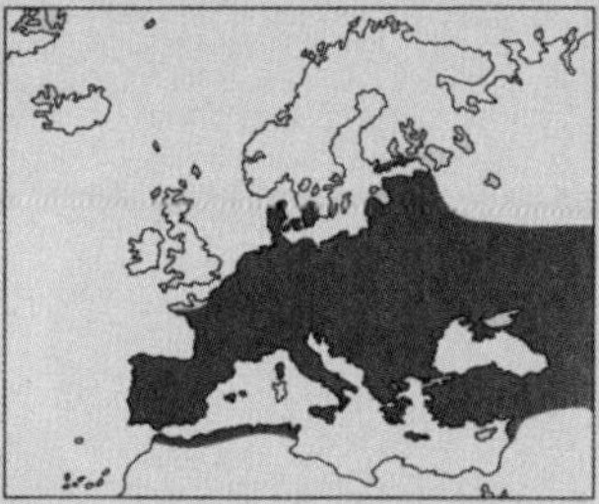

En Europe : IV-IX. Caractéristiques : 19 cm/30 g. La plus grande rousserolle d'Europe ; d'un brun-rouge foncé, gorge et dessous du corps plus clairs. ♀ comme ♂. Voix : excitée, appel profond « karr ». Chant : audible de loin, proche de la crécelle et composé de courtes strophes nettement détachées comme « karreu karreu karreu kiet kiet dorreu dorreu ». Habitat : roselières étendues au bord des lacs et des étangs. Nourriture : insectes, araignées, minuscules grenouilles. Couvaison : V-VII, 4-6 œufs, C 13-15 jours, N 12 jours ; 1-2 couvées par an. Nid suspendu entre les tiges de roseaux.

1|2

3

1. Phragmite des joncs

Acrocephalus schoenobaenus (Fauvettes)

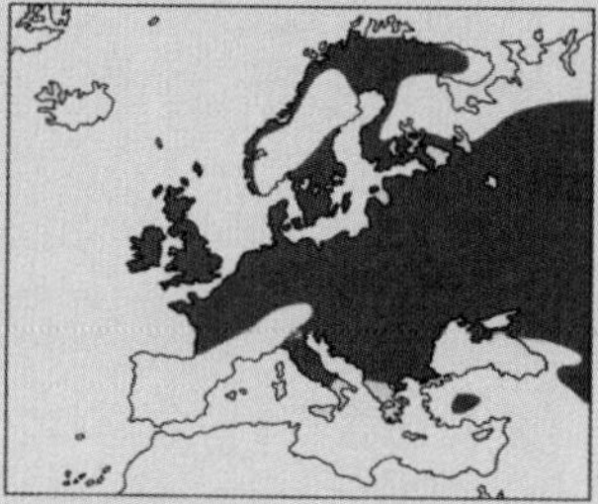

En Europe : IV-X. Caractéristiques : 13 cm/12 g. Dos à nettes rayures foncées, sourcil plus clair, croupion brun rougeâtre clair. ♀ comme ♂. Voix : cri d'alarme, « tsrrr » ou « karr » dur. Chant : comme la rousserolle effarvatte (p. 184) mais moins monotone, riche en variations avec répétitions, imitations et un refrain caractéristique « vohid-vohid-vohid » ; court vol chanté de parade. Habitat : lits de roseaux et végétation touffue des rives. Nourriture : insectes, araignées. Couvaison : V-VII, 5-6 œufs, C 13 jours, N 12 jours ; 2 couvées par an. Nid au sol dans les roseaux.

2. Cisticole des joncs

Cisticola juncidis (Fauvettes)

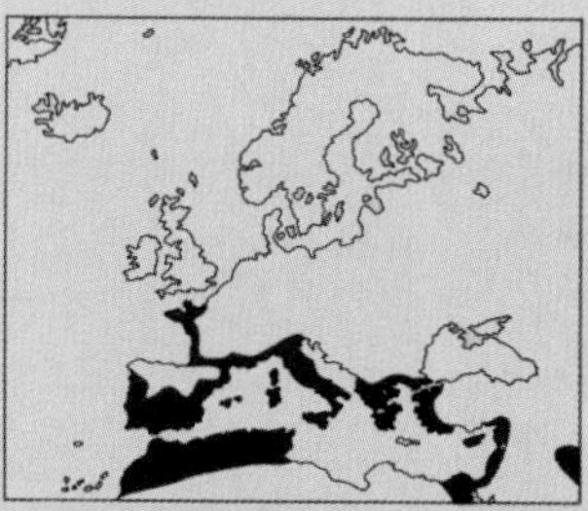

Caractéristiques : 10 cm/8 g. Tout petit oiseau de la couleur du phragmite, mais sans sourcil clair ; dessus du corps brun jaunâtre avec des striures prononcées, queue courte et étagée. ♀ comme ♂. Voix : dérangé, court « pt-pt » atone ; en outre un doux « tju ». Chant : « tsip-tsip-tsip » aigu, continuellement répété, le plus souvent émis en vol. Habitat : plaines côtières humides, herbages, marais. Nourriture : insectes, araignées. Couvaison : IV-VII, 3-5 œufs, C 12 jours ; 2 couvées par an. Nid suspendu dans la végétation.

3. Hypolaïs ictérine

Hippolais icterina (Fauvettes)

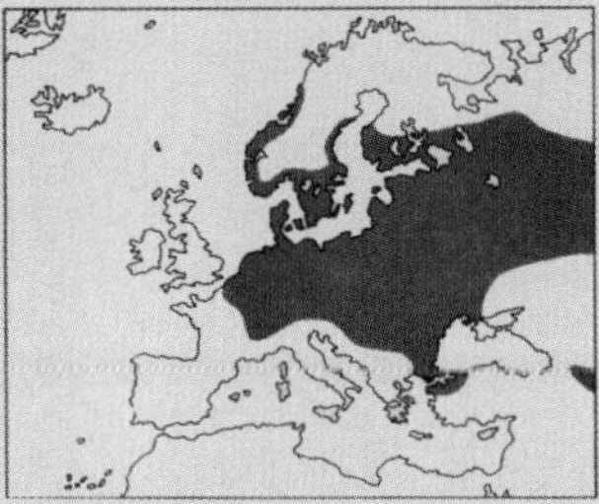

En Europe : V-VIII. Caractéristiques : 13,5 cm/13 g. Comme un grand pouillot vert jaunâtre, mais plus fort, avec un bec long et large, orangé. ♀ comme ♂. Voix : excité, appel « dédérohid », cri d'alarme sonore, « tzé tzé tzé ». Chant : sans séparation en strophes, composé de notes rauques pressées avec des motifs mélodieux répétés et des imitations. Habitat : forêts claires de feuillus, aulnaies, jardins, parcs. Nourriture : insectes, araignées ; en automne, également baies. Couvaison : V-VII, 4-6 œufs, C 12-14 jours, N 13 jours. Nid dans les buissons et les jeunes arbres.
Espèce voisine : **Hypolaïs polyglotte,** *Hippolais polyglotta.* Très semblable à l'Hypolaïs ictérine, mais ventre allant du jaune franc au crème. Niche dans la péninsule Ibérique, en France, Italie et dans le sud de la Suisse.

1

2

3

1. Fauvette grisette

Sylvia communis (Fauvettes)

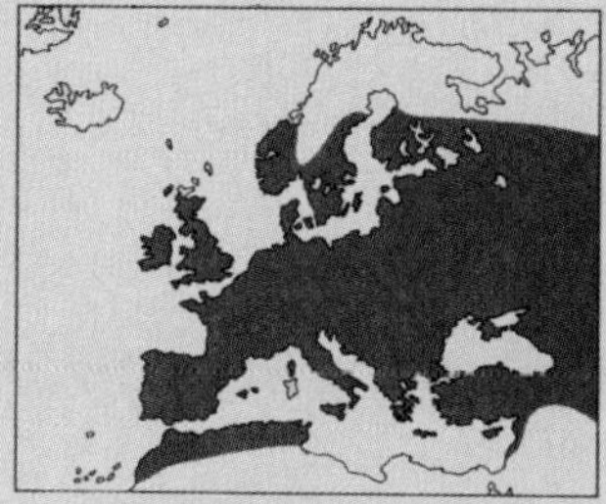

En Europe : IV-IX. Caractéristiques : 14 cm/15 g. ♂ calotte et joues gris clair, gorge d'un blanc pur, dos brun-gris, ailes brun-roux, ventre blanc crème rougeâtre ; ♀ tête brunâtre, ventre non rougeâtre. Voix : appels « tek », « vohid-vohid » et « dscharp ». Chant : court bavardage rauque dans des notes grinçantes semblables au bruit de cailloux frottés les uns contre les autres ; court vol de parade chanté. Habitat : haies épineuses en bord de champs. Nourriture : insectes, araignées, baies. Couvaison : V-VII, 4-6 œufs, C 12 jours, N 12 jours ; 2 couvées par an. Nid dans les buissons épineux. Espèce voisine : **Fauvette passerinette,** *Sylvia cantilans.* Gorge et poitrine brun-rougeâtre, moustache blanche voyante, cercle oculaire rouge, plumes extérieures de la queue blanches ; relève souvent la queue. Niche dans les régions méditerranéennes.

2. Fauvette babillarde

Sylvia curruca (Fauvettes)

En Europe : IV-X. Caractéristiques : 13,5 cm/12 g. Semblable à la petite fauvette grisette dans les couleurs, mais joues grises, ventre non pas crème rosé mais légèrement brunâtre, ailes sans tons brun-roux. ♀ comme ♂. Voix : appel « tèk » brutal, cri d'alarme en vol « wèd » court.

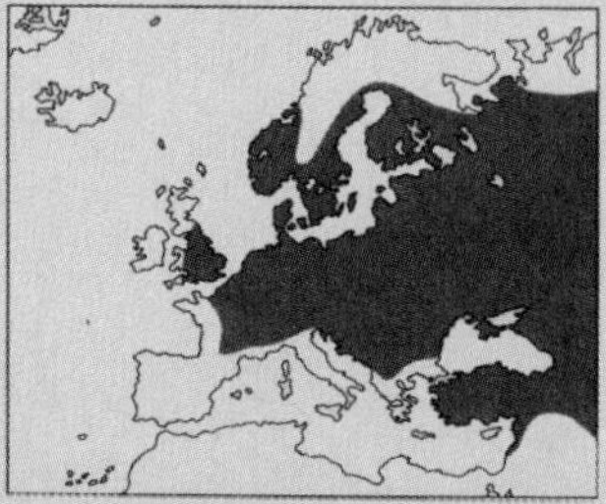

Chant : en prélude, un gazouillis rauque et bas, suivi d'une strophe monotone bruyante semblable à un cliquetis. Habitat : jardins, parcs, bosquets des champs, lisières des forêts. Nourriture : insectes ; en automne, aussi baies. Couvaison : V-VII, 4-6 œufs, C 12 jours, N 12 jours. Nid à faible hauteur dans les buissons.

3. Fauvette des jardins

Sylvia borin (Fauvettes)

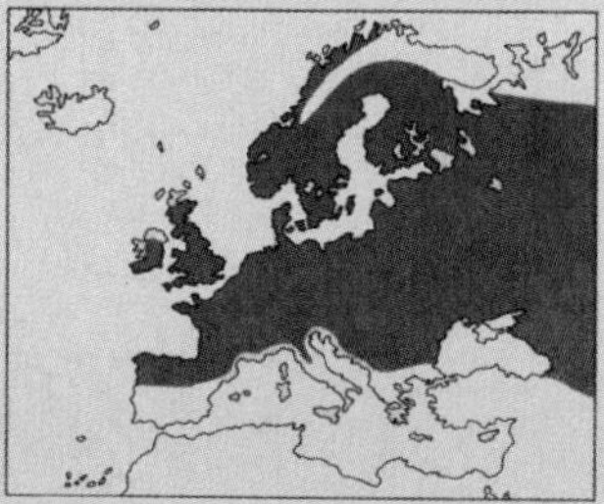

En Europe : V-IX. Caractéristiques : 14 cm/20 g. Un peu plus grande et plus trapue que la fauvette à tête noire (p. 190) ; brun olivâtre, ventre plus clair. ♀ comme ♂. Voix : cri d'alarme « wèt wèt » ou « tzeck tzeck ». Chant : strophes soutenues comme une déclamation bouillonnante, entremêlées de sons profonds rappelant l'orgue ; accents rappelant le merle noir. Habitat : forêts de feuillus ou d'essences mixtes, jardins, parcs. Nourriture : insectes, araignées, baies. Couvaison : V-VII, 4-5 œufs, C 13-14 jours, N 12 jours. Nid dans les ronces ou les orties.

1

2

3

1. Fauvette à tête noire

Sylvia atricapilla (Fauvettes)

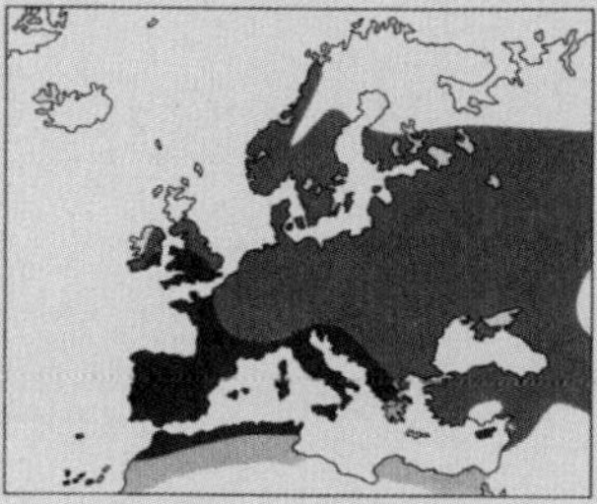

En Europe : IV-X. Caractéristiques : 14 cm/20 g. ♂ dos brun-gris, ventre gris cendré, calotte noire ; ♀ ventre brunâtre, calotte brun-rouge. Voix : dérangée au nid, un appel dur « tak » ou « tzèk », sinon « wèd ». Chant : gazouillis précipités se terminant en une flûte sonore et vibrante. Habitat : jeunes épicéas, jardins, parcs, aulnaies, lisières de forêts. Nourriture : insectes, araignées ; en automne, baies (surtout de sureau). Couvaison : V-VII, 4-6 œufs, C 12 jours, N 12 jours ; 2 couvées par an. Nid dans des buissons bas.

Espèce voisine : **Fauvette mélanocéphale,** *Sylvia melanocephala*. Plus petite que la fauvette à tête noire, calotte et côtés de la tête tout noirs, cercle oculaire rouge. Dans les régions méditerranéennes I-XII.

2. Fauvette épervière

Sylvia nisoria (Fauvettes)

En Europe : V-IX. Caractéris-

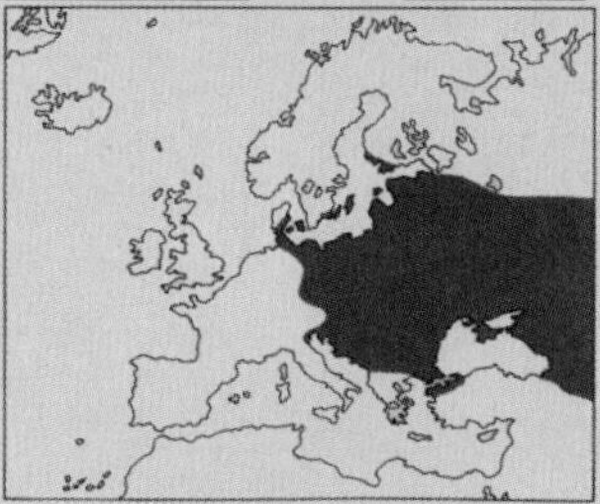

tiques : 15 cm/30 g. Dos gris-brun, ventre blanchâtre avec des ondulations grises transversales (comme l'épervier), yeux jaune vif. ♀ comme ♂, mais teintes plus brunâtres et plus pâles. Voix : dérangée, appels « tr tr » ou « dèdèdè ». Chant : comme la fauvette des jardins, mais strophes plus courtes, avec des « errrr » rauques et de profonds sons flûtés. Habitat : lisières de forêts avec buissons, landes de genévriers. Nourriture : insectes, araignées, baies. Couvaison : V-VII, 5-6 œufs, C 14 jours, N 14-16 jours. Nid dans les buissons épineux.

3. Fauvette pitchou

Sylvia undata (Fauvettes)

Caractéristiques : 12,5 cm/8,5 g. Très petite fauvette sombre, à la longue queue souvent relevée ; gorge avec de fines hachures blanches ; cercle oculaire rouge. ♀ comme ♂, mais de teintes plus pâles. Voix : appel nasal étiré « djèrr », ou « trtrtrtr » nasillard. Chant : courte strophe précipitée, composée de sons pétaradants et de sifflements, analogue à celui de la fauvette grisette. Habitat : maquis et garrigues (dans les zones d'arbustes et de buissons toujours verts de la Méditerranée), landes de bruyère. Nourriture : insectes, araignées, baies. Couvaison : IV-VII, 3-6 œufs, C 12-13 jours, N 12 jours. Nid à faible hauteur dans le maquis.

1

2

3

1. Pouillot fitis

Phylloscopus trochilus
(Fauvettes)

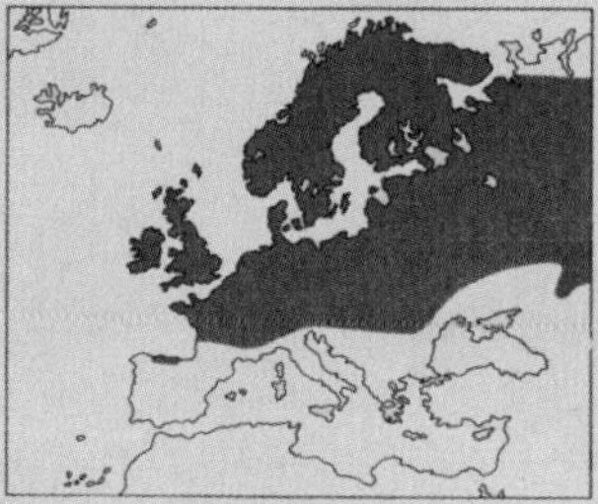

En Europe : IV-X. Caractéristiques : 11 cm/9 g. Comme le pouillot véloce, mais plumage de teinte plus jaunâtre avec de nets sourcils clairs et une raie sombre sur les yeux ; pattes couleur chair claire. ♀ comme ♂. Voix : appel « hu-id ». Chant : strophe mélancolique en decrescendo, composée de sons purs. Habitat : forêts claires, aulnaies, plantations de bouleaux dans les landes, jeunes plantations, jardins. Nourriture : insectes et araignées. Couvaison : V-VI, 4-7 œufs, C 13 jours, N 13 jours. Nid sphérique au sol.

2. Pouillot véloce

Phylloscopus collybita
(Fauvettes)

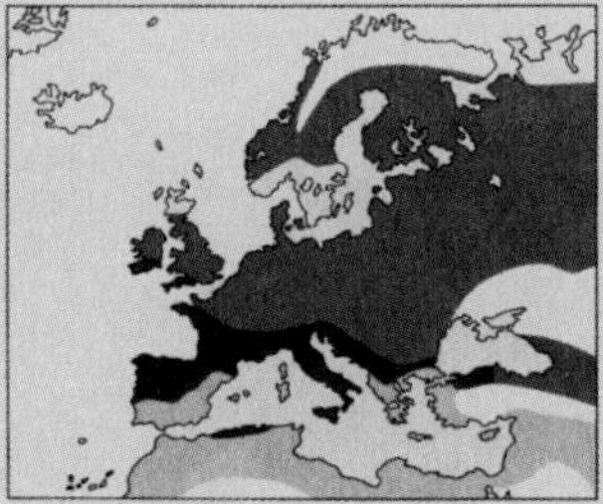

En Europe : III-XI. Caractéristiques : 11 cm/9 g. Apparenté au fitis mais plus brun olivâtre, pattes sombres. ♀ comme ♂. Voix : appel doux monosyllabique « huid ». Chant : longue strophe bredouillante composée de deux éléments qui alternent, comme « zilp-zalp-zelp-zilp-zalp ». Habitat : forêts claires de feuillus ou d'essences mixtes, bosquets des champs, jardins, parcs Nourriture : insectes, araignées. Couvaison : IV-VI, 5-6 œufs, C 14 jours, N 13 jours ; 1-2 couvées par an. Nid sphérique près du sol.

3. Pouillot siffleur

Phylloscopus sibilatrix
(Fauvettes)

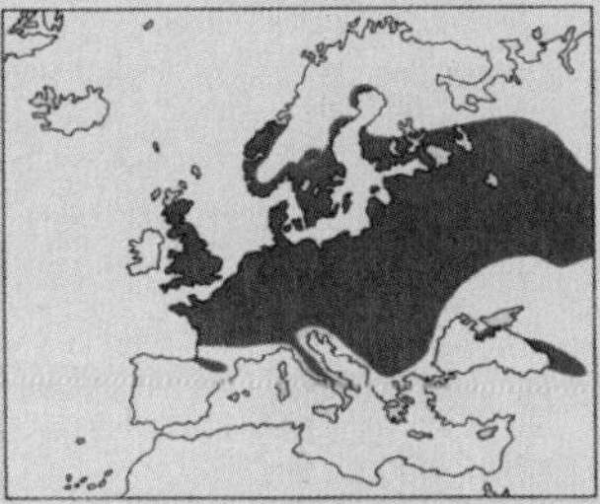

En Europe : IV-IX. Caractéristiques : 13 cm/10 g. Le plus grand pouillot d'Europe centrale ; dessus du corps vert jaunâtre, sourcils marqués, gorge et poitrine jaune soufre, ventre blanc. ♀ comme ♂. Voix : dérangé, appel doux « duh ». Chant : strophe vibrante qui commence par des « sip sip sip » allant en s'accélérant, et se termine en un bourdonnement monotone ; généralement émis en vol ; autre forme de chant, une strophe de sons sifflés, flûtés et plaintifs comme « dju-dju-dju ». Habitat : surtout hêtraies élevées. Nourriture : insectes, araignées. Couvaison : V-VI, 6-7 œufs, C 13 jours, N 12-13 jours. Nid sphérique sur le sol.

1

2

3

1. Pouillot de Bonelli

Phylloscopus bonelli
(Fauvettes)

En Europe : IV-IX. Caractéristiques : 11,5 cm/8 g. Comme le pouillot véloce (p. 192), mais plus gris, gorge et ventre blanchâtres. ♀ comme ♂. Voix : appel « ho-ihd ». Chant : courte émission vibrante composée de 7 à 13 éléments de même hauteur de ton, rappelant le pouillot siffleur (p. 192), mais un peu plus lent et sans prélude. Habitat : pinèdes et forêts mixtes sur les versants montagneux ensoleillés jusqu'à la limite des arbres. Nourriture : insectes, araignées. Couvaison : V-VI, 5-6 œufs, C 13 jours, N 12 jours. Nid au sol.

2. Roitelet huppé

Regulus regulus (Fauvettes)

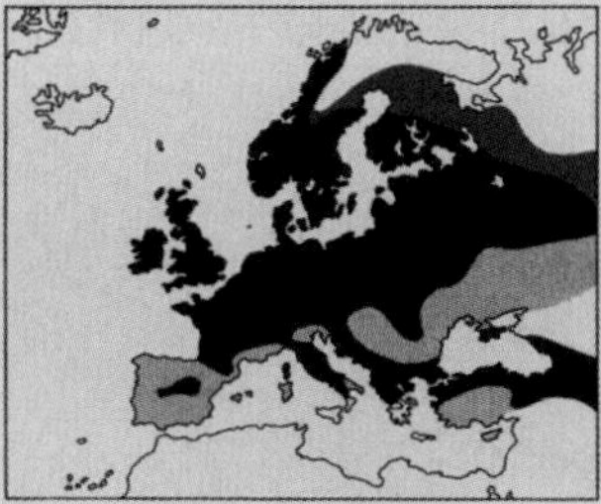

En Europe : I-XII. Caractéristiques : 9 cm/5 g. Le plus petit oiseau d'Europe avec le roitelet triple bandeau ; couronne rouge orangé (♂) ou jaune (♀), limitée latéralement de raies noires. Voix : appels élevés et ténus « sih-sih-sih ». Chant : courte strophe de tons aigus qui monte et descend nettement, et se termine par un son final énergique. Habitat : conifères, surtout épicéas, forêts mixtes, parcs. Nourriture : insectes, araignées. Couvaison : IV-VI, 8-10 œufs, C 14-15 jours, N 15-16 jours ; 2 couvées par an. Nid suspendu dans les épicéas et les sapins.

3. Roitelet triple bandeau

Regulus ignicapillus
(Fauvettes)

En Europe : III-X. Caractéristiques : 9 cm/5 g. Ressemble au roitelet huppé plus courant, mais de teintes plus vives ; liséré noir sur les yeux et sourcils blancs, calotte rouge orangé chez ♂, jaune chez ♀, bordée de noir des deux côtés et sur le front ; côtés du cou jaune d'or. Voix : appel plus aigu « sisisi » que le roitelet huppé. Chant : courte strophe allant en s'enflant et composée des mêmes sons élevés, avec trille final accentué. Habitat : forêts de conifères, de feuillus ou d'essences mixtes. Nourriture : insectes, araignées. Couvaison : V-VII, 7-12 œufs, C 14-15 jours, N 15-16 jours ; 2 couvées par an. Nid suspendu dans les conifères.

1

2

3

1. Gobe-mouches gris

Muscicapa striata
(Gobe-mouches)

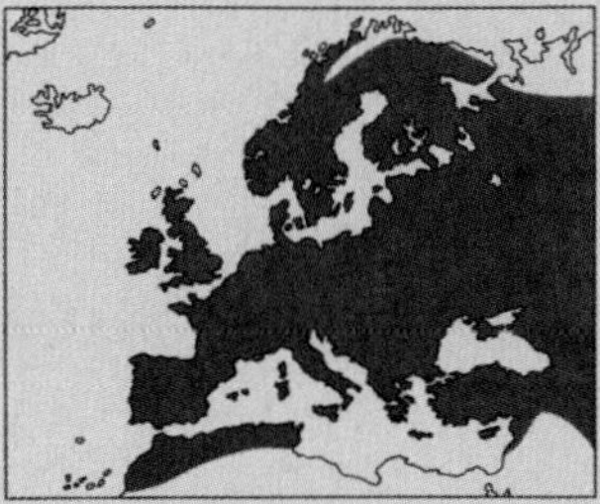

En Europe : IV-IX. Caractéristiques : 14 cm/18 g. Petit gobe-mouches brun-gris ; front et poitrine striés. ♀ comme ♂. Oiseau très svelte, dressé sur le perchoir d'où il s'élance pour chasser les insectes ; bat des ailes une fois posé. Voix : appel étouffé « zieh » ou « pst ». Chant : tons élevés, hachés et discrets « zizi sirzru tzr ». Habitat : forêts de feuillus, jardins, cimetières. Nourriture : insectes volants. Couvaison : V-VII, 4-6 œufs, C 13 jours, N 15 jours ; 1-2 couvées par an. Nid dans de petits trous.

2. Gobe-mouches à collier

Ficedula albicollis
(Gobe-mouches)

En Europe : IV-IX. Caractéristiques : 13 cm/13 g. ♂ comme le gobe-mouches noir, mais collier blanc, croupion blanc et plus large barre blanche sur les ailes ; ♀ brun-gris, front et miroir alaire blancs. Voix : dérangé, lance un fin « sieb » ou « fiit », et un court « tk ». Chant : ténu et élevé dans un tempo lent, commence par un « fiit » et finit par des sons flûtés profonds. Habitat : comme le gobe-mouches noir. Nourriture : insectes qu'il chasse à la cime des arbres. Couvaison : V-VII, 4-7 œufs, C 13 jours, N 16 jours. Niche dans des cavités.

3. Gobe-mouches noir

Ficedula hypoleuca
(Gobe-mouches)

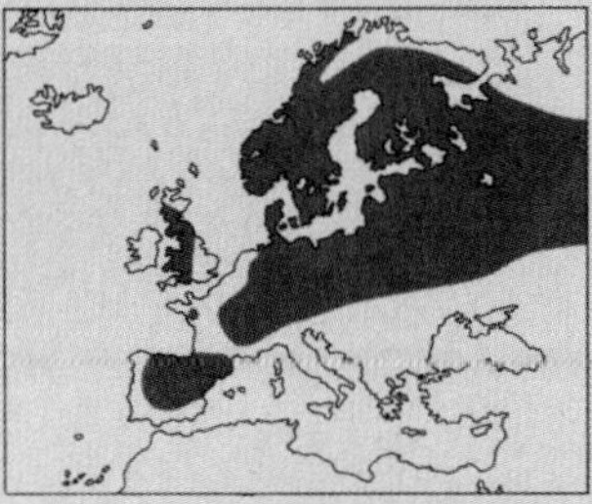

En Europe : IV-IX. Caractéristiques : 13 cm/13 g. Plus trapu que le gobe-mouches gris ; ♂ dos noir, dessous, front et miroir alaire blancs ; mâles d'Europe centrale et orientale avec dos brun. ♀ gris-brun, avec le ventre plus clair. Voix : appel « bitt » ou cri d'alarme « tzeck ». Chant : courte strophe composée de sons continus, « voutivoutivouti ». Habitat : forêts de feuillus ou d'essences mixtes, jardins, parcs. Nourriture : insectes capturés en vol ou sur les arbres. Couvaison : V-VI, 5-7 œufs, C 13 jours, N 16 jours. Nid dans des cavités. Espèce voisine : **Gobe-mouches à collier interrompu,** *Ficedula semitorquata.* Collier blanc interrompu, bords blancs de la queue et champ blanc des ailes plus large que pour le gobe-mouches à collier. Niche en Grèce et dans le sud de la Bulgarie.

1|2

3

1. Gobe-mouches nain

Ficedula parva (Gobe-mouches)

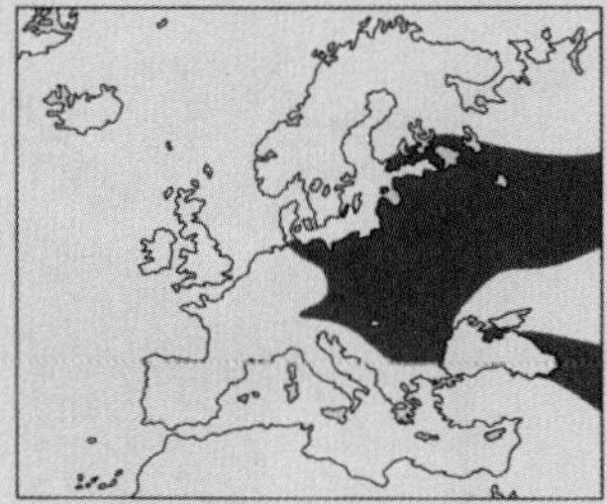

En Europe : V-IX. Caractéristiques : 11,5 cm/10 g. ♂ mêmes coloris que le rouge-gorge (p. 202), mais plus petit et plus délicat ; gobe-mouches typique à pattes courtes qui relève sa queue bordée de blanc à la racine. ♂ gorge et poitrine rousses ; ♀ et ♂ de moins d'un an sans rouge. Voix : appel comme le troglodyte « zirrr » ; excité, un haut « zit » ; dérangé, « duli ». Chant : strophe en decrescendo, composée de sons purs. Habitat : forêts de feuillus, surtout de hêtres hauts. Nourriture : insectes volants, chasse haut dans la cime des arbres. Couvaison : V-VII, 5-7 œufs, C 13 jours, N 13-14 jours. Niche dans de petites cavités.

2/3. Traquet tarier

Saxicola rubetra (Grives)

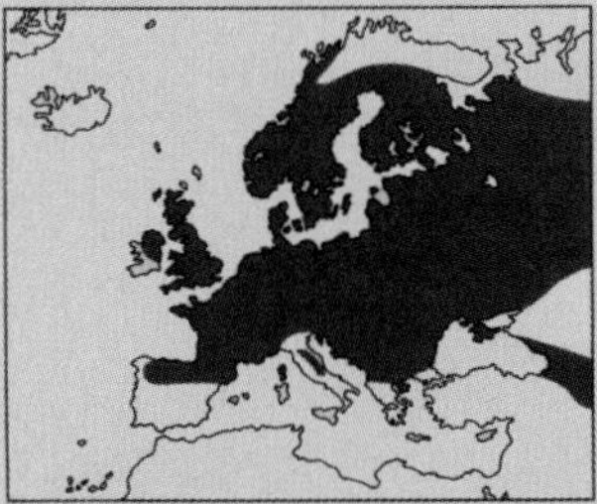

En Europe : IV-IX. Caractéristiques : 13 cm/18 g. Oiseau trapu à courte queue ; ♂ (ill. 2) dessus du corps rayé de brun, tache blanche à l'épaule, larges sourcils et moustache blancs, dessous du corps rouille clair ; ♀ (ill. 3) de teintes plus mates. Balance la queue, remue vivement les ailes. Voix : dérangé, un dur « tk tk » en alternance avec un doux « dju ». Chant : courte chansonnette « saccadée » composée de sons rauques, grinçants et sifflants. Habitat : vastes prairie, marais, terrains découverts avec ajoncs et arbustes. Nourriture : insectes volants et terrestres. Couvaison : V-VI, 5-6 œufs, C 14 jours, N 13 jours. Nid au sol.

4. Traquet pâtre

Saxicola torquata (Grives)

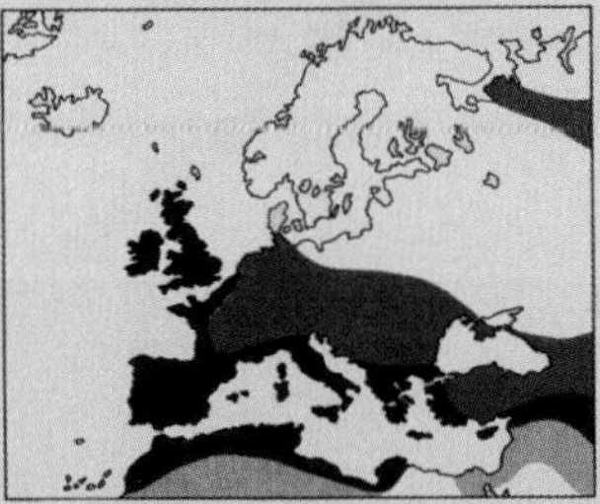

En Europe : III-X. Caractéristiques : 13 cm/15 g. Analogue par sa forme et son comportement au traquet tarier ; ♂ tête noire, côtés du cou blancs, dos brun noirâtre, tache blanche sur les ailes, ventre brun-roux ; ♀ de teintes plus pâles, brunâtre. Voix : excité, appel « krr » ; dérangé, « fid » ou une combinaison telle que « fid-krr-krr » ou « fid-tak-tak ». Chant : courte chanson rauque composée de fins sifflements et de croassements vibrants. Habitat : vastes friches pierreuses, landes de genévriers, marais, sablières, remblais de voies ferrées. Nourriture : insectes. Couvaison : IV-VII, 5-6 œufs, C 14 jours, N 16 jours ; 2 couvées par an. Nid au sol.

1

2|3

4

1. Merle bleu

Monticola solitarius (Grives)

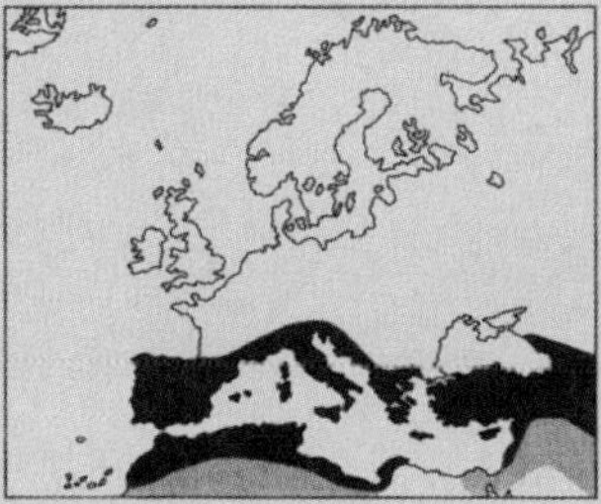

Caractéristiques : 20 cm/65 g. ♂ gris-bleu foncé, bec et pattes gris foncé ; ♀ brun-gris foncé, fines écailles sur le dos et le ventre. Voix : dérangé, dur « tak-tak » ou « trr zi tak-tak-tak » ; son pur flûté « yu ». Chant : courtes strophes flûtées sonores avec une suite de sons descendants ; lancé aussi en vol. Habitat : pentes montagneuses et côtes rocheuses, carrières et même agglomérations. Nourriture : insectes, araignées, vers, baies. Couvaison : IV-VI, 3-5 œufs, C 13 jours, N 18 jours ; 1-2 couvées par an. Nid dans les fissures rocheuses.

2. Merle de roche

Monticola saxatilis (Grives)

En Europe : IV-IX. Caractéristiques : 19 cm/60 g. Bec et queue courts. ♂ tête et cou bleu-gris, ventre roux, croupion blanc, queue rousse ; en livrée hivernale, tête et ventre aux plumes bordées de blanchâtre ; ♀ brune avec un dessin d'écailles plus prononcées. Voix : dérangé, appel comme le rouge-queue « tack tack » et « yu ». Chant : strophes flûtées mélodieuses, souvent en vol. Habitat : pentes rocheuses ensoleillées, carrières, ruines. Nourriture : insectes, vers, baies. Couvaison : V-VI, 4-5 œufs, C 13 jours, N 13-16 jours. Nid dans les fissures rocheuses.

3. Traquet motteux

Oenanthe oenanthe (Grives)

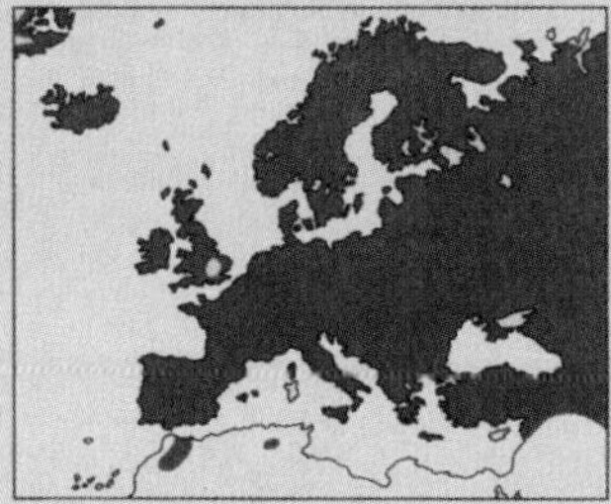

En Europe : IV-X. Caractéristiques : 15 cm/25 g. ♂ calotte et dos gris clair, sourcils clairs, côtés de la tête noirs ; dessous du corps, gorge et poitrine crème ; croupion et queue blancs ; ♀ et oisillons crème brunâtre. Voix : excité, dur « tk tk tk » et quelques « fid » isolés. Chant : courte strophe de bavardages et de murmures, entremêlés de sons sifflants. Habitat : terrains pierreux découverts, friches, dunes, décombres, vignobles. Nourriture : insectes et araignées. Couvaison : IV-VI, 5-6 œufs, C 14 jours, N 15 jours. Nid au sol.

Espèce voisine : **Traquet oreillard,** *Oenanthe hispanica.* Comme le traquet motteux, mais dessus et dessous du corps ocre ou blanc crème. Variante à gorge noire. Habite les régions sèches et pierreuses du sud de l'Europe.

1

2

3

1. Rouge-queue-noire

Phoenicurus ochruros (Grives)

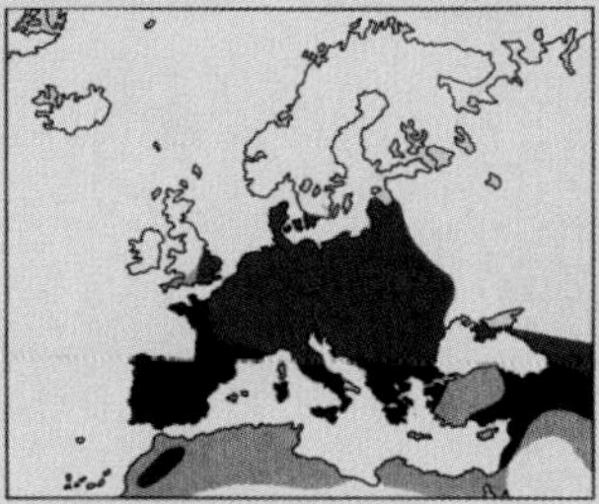

En Europe : III-X. Caractéristiques : 14 cm/17 g. Noir de suie, calotte et dos gris cendré foncé, tache blanchâtre sur les ailes, queue et croupion roux ; ♀ brun-gris foncé, queue et croupion roux. Voix : excité, « hid teck teck ». Chant : des sifflements clairs suivis d'un chuintement grinçant précipité, puis à nouveau quelques sons sifflés. Habitat : pentes rocheuses et falaises en montagne, bâtiments des villes et villages. Nourriture : insectes et araignées. Couvaison : IV-VII, 5-6 œufs, C 13 jours, N 15 jours ; 2 couvées par an. Nid dans de petites cavités.

2. Rouge-queue à front blanc

Phoenicurus phoenicurus (Grives)

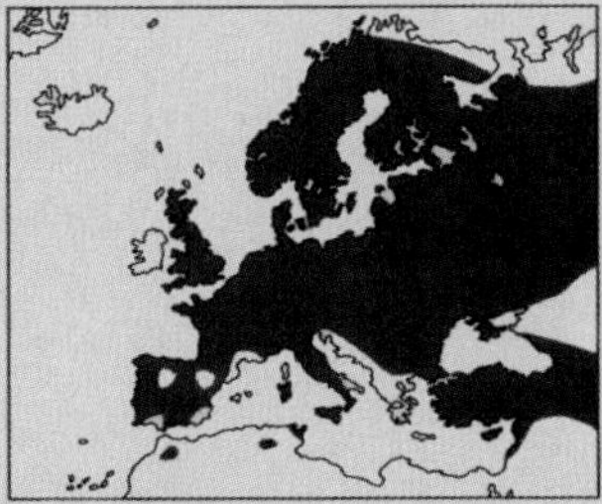

En Europe : IV-X. Caractéristiques : 14 cm/15 g. ♂ front d'un blanc étincelant, gorge et côtés de la tête noirs, ventre gris ardoise, dessous, croupion et queue roux ; ♀ brunâtre, avec le ventre plus clair. Voix : excité, « houid-teck-teck ». Chant : d'abord long sifflement, puis courte série de sons plus profonds « uu trè trè... » ; timbre rappelle celui du gobe-mouches noir (p. 198). Habitat : forêts claires de feuillus ou d'essences mixtes, jardins, parcs. Nourriture : insectes et araignées. Couvaison : V-VII, 5-6 œufs, C 13-14 jours, N 12-14 jours ; 2 couvées par an. Nid dans des cavités.

3. Rouge-gorge

Erithacus rubecula (Grives)

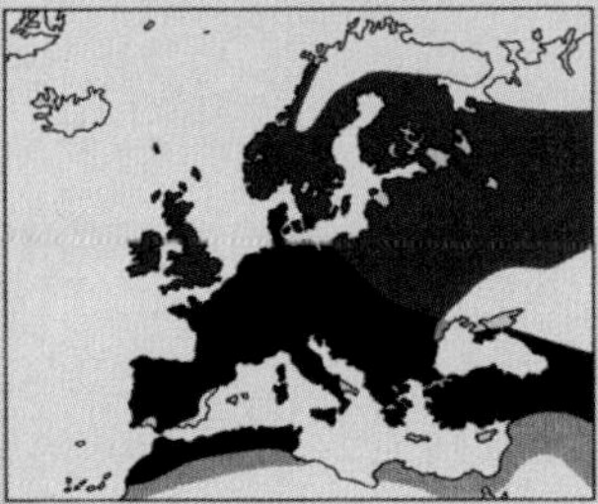

En Europe : I-XII. Caractéristiques : 14 cm/16 g. Front, gorge et poitrine roux, dessus du corps brun olivâtre. ♀ comme ♂. Oisillons tachetés de brunâtre. Forme arrondie, grands yeux sombres ; fait souvent des révérences et dresse la queue, laisse pendre ses ailes. Voix : appel très rapide « zikzikzik » ; cri d'alarme en face d'un ennemi en vol, « zieh ». Chant : mélancolique, flûté avec « solennité », débute par quelques hauts sons sifflés, suivis de séries de notes claires perlées et de trilles en decrescendo. Habitat : forêts riches en sous-bois, jardins, parcs. Nourriture : insectes, araignées. Couvaison : V-VII, 4-6 œufs, C 14 jours, N 13-14 jours ; 2 couvées par an. Nid au sol.

1

2

3

1. Gorge-bleue

Luscinia svecica (Grives)

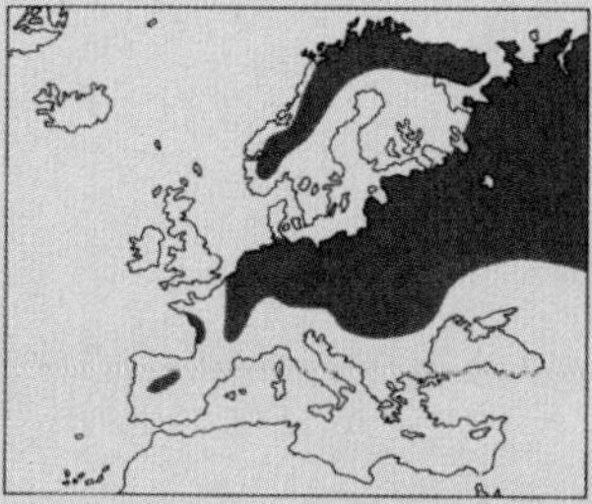

En Europe : III-IX. Caractéristiques : 14 cm/18 g. De la taille du rouge-gorge (p. 202), mais plus svelte, avec de hautes pattes, racine de la queue rousse ; ♂ gorge et jabot bleu vif avec une étoile blanche. Race scandinave (ill. sur la couverture) avec une étoile rousse. ♀ avec la gorge blanchâtre. Voix : appel dur « tack » ou « tk ». Chant : suite rapide de phrases chantées, pépiées et ronronnées, entrecoupées de bourdonnements, de sifflements et d'imitations. Habitat : étangs et mares avec roseaux et saules ; toundra d'arbrisseaux. Nourriture : insectes, araignées. Couvaison : IV-VI, 5-6 œufs, C 13 jours, N 13-14 jours. Nid au sol.

2. Rossignol philomèle

Luscinia megarhynchos (Grives)

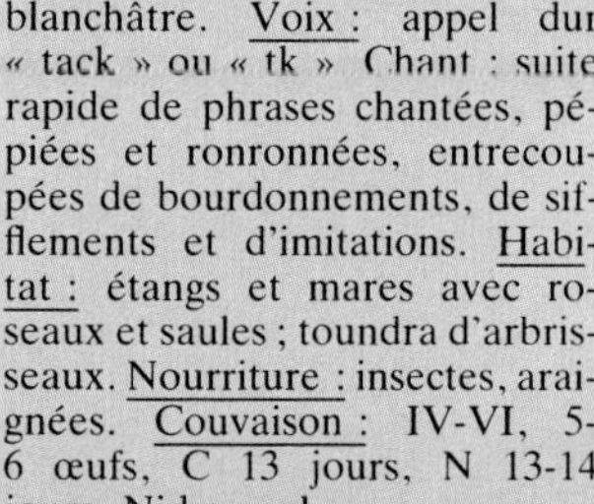

En Europe : IV-IX. Caractéristiques : 16,5 cm/22 g. Dos, ailes et queue brun rougeâtre, ventre brun clair ; hautes pattes. ♀ comme ♂. Mène une vie cachée, avance à grands bonds, relève souvent la queue. Voix : excité, un doux « huid » plaintif ou un « karr » profond. Chant : sonore, riche en variations, beaucoup de motifs différents, clairs comme du cristal et se fondant les uns dans les autres, alternés de roulades monotones et de sons soutenus en crescendo (comme des sanglots) ; chante même la nuit. Habitat : forêts de feuillus, aulnaies, jardins, parcs. Nourriture : insectes, araignées. Couvaison : V-VI, 4-6 œufs, C 13-14 jours, N 11 jours. Nid au sol.

3. Rossignol progné

Luscinia luscinia (Grives)

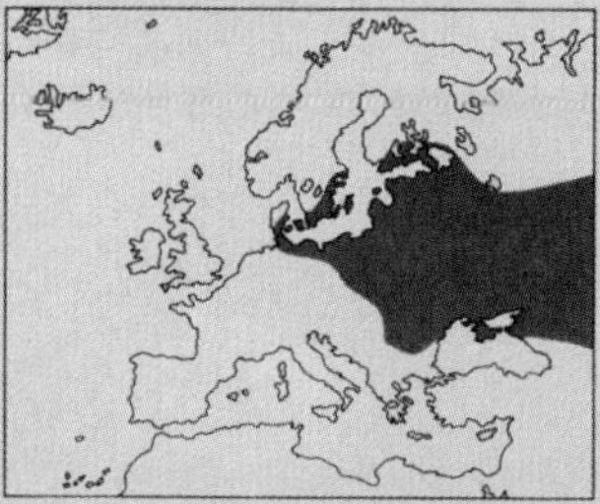

En Europe : V-IX. Caractéristiques : 16,5 cm/23 g. Ressemble au rossignol philomèle mais dos et queue brun olivâtre, poitrine légèrement tachetée de brunâtre. Relève la queue en la tournant. ♀ comme ♂. Voix : excité, comme le philomèle, mais « karr » plus profond et « hiid » clair. Chant : plus lent que chez le rossignol philomèle, avec sons plus profonds ; sons purs analogues à ceux d'une cloche, formant de courtes strophes. Habitat : forêts humides, forêts marécageuses avec aulnes et saules. Nourriture : insectes, araignées. Couvaison : V-VI, 4-6 œufs, C 13-14 jours, N 11 jours. Nid au sol.

1

2

3

Planche des oiseaux chanteurs 2

Silhouettes des oiseaux en vol et au repos

Locustelle luscinoïde
Rousserolle effarvatte
Rousserolle turdoïde
Hypolaïs ictérine
Fauvette à tête noire
Fauvette des jardins
Fauvette grisette
Fauvette babillarde
Pouillot siffleur
Pouillot véloce
Gobe-mouches noir
Gobe-mouches gris
Pie-grièche écorcheur

1. Merle noir

Turdus merula (Grives)

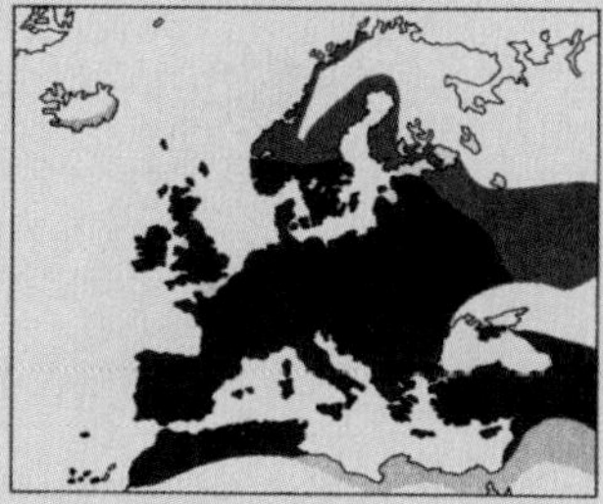

En Europe : I-XII. Caractéristiques : 25 cm/95 g. ♂ tout noir avec le bec jaune orangé ; ♂ brun foncé avec la poitrine légèrement tachetée. Oisillons brun avec des taches très prononcées sur le dessous du corps. Voix : excité, appel « tak tak » ou très rapide « tixtixtixtix » ; menacé par un ennemi au sol (chat), « douk douk » soutenu ; cri d'alarme en cas d'ennemi dans les airs (épervier) « zieh ». Chant : strophes sonores à tonalités de flûte et d'orgue. Habitat : forêts, jardins, parcs ; souvent villages et villes. Nourriture : vers de terre, insectes ; en automne, également baies et autres fruits. Couvaison : III-VII, 3-5 œufs, C 13-14 jours, N 13 jours ; 2 couvées par an. Nid dans les buissons et les arbres.

2. Merle à plastron

Turdus torquatus (Grives)

En Europe : III-IX. Caractéristiques : 25 cm/100 g. Comme le merle noir, mais d'un noir moins profond, avec un grand croissant blanc sur la poitrine et des plumes bordées de blanc sur le ventre et les ailes ; ♀ brunâtre, avec croissant pectoral discret. Voix : comme le merle noir, « tak », ou « tocktock tock » ; en vol « tschwierr ». Chant : divisé en strophes comme celui de la grive musicienne, qualité du son rappelant le chant de la grive drainé (p. 210). Habitat : forêt de conifères en montagne, à la limite des arbres. Nourriture : comme le merle noir. Couvaison : IV-VII, 4-5 œufs, C 12-14 jours, N 14-16 jours ; 2 couvées par an. Nid dans les arbres et les buissons.

3. Grive litorne

Turdus pilaris (Grives)

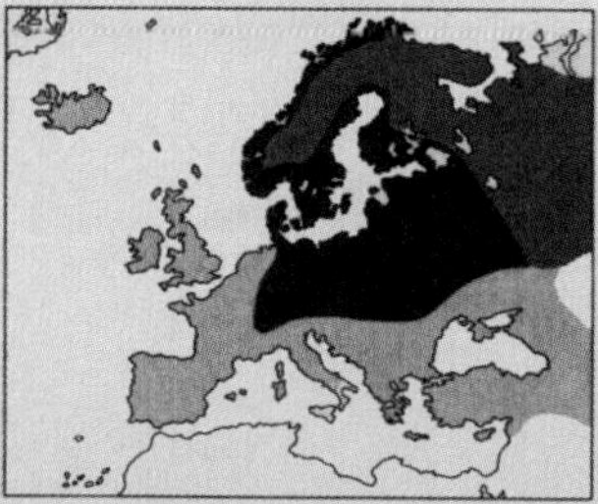

En Europe : I-XII. Caractéristiques : 25,5 cm/100 g. Tête et croupion gris, dos marron, gorge et poitrine jaune-roux. ♀ comme ♂. Beaucoup plus sociable que le merle noir, souvent en petites troupes. Voix : appel en vol « chac-chac-chac » ; pour défendre son nid, « trarrat » nasillard. Chant : gazouillis discret très rapide, souvent en vol. Habitat : forêts de bouleaux, allées de peupliers, bosquets des champs, lisières de forêts, parcs. Nourriture : vers, escargots, insectes et baies. Couvaison : IV-VI, 5-6 œufs, C 13-14 jours, N 14 jours ; 2 couvées par an. Niche dans les arbres en colonies peu denses.

1

2

3

1. Grive mauvis

Turdus iliacus (Grives)

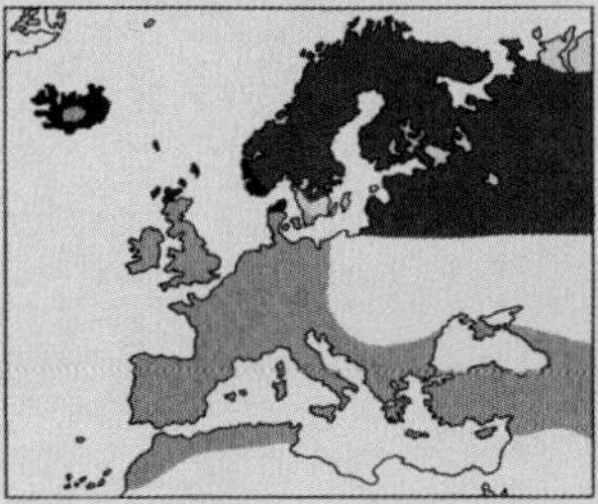

En Europe : X-III. Caractéristiques : 21 cm/60 g. Plus petite que la grive musicienne, flancs et dessous des ailes brun-rouge, sourcils et moustache crème. ♀ comme ♂. Voix : pendant la migration et en vol, « zjieh » élevé et étiré. Chant : série de sons flûtés en decrescendo, suivie d'un gazouillis grinçant et nasillard. Habitat : forêts de bouleaux, forêts mixtes et forêts de conifères. Nourriture : vers, escargots, insectes, baies. Couvaison : V-VII, 5-6 œufs, C 13-14 jours, N 12-14 jours ; 1-2 couvées par an. Nid dans les arbres, les buissons ou au sol.

2. Grive musicienne

Turdus philomelos (Grives)

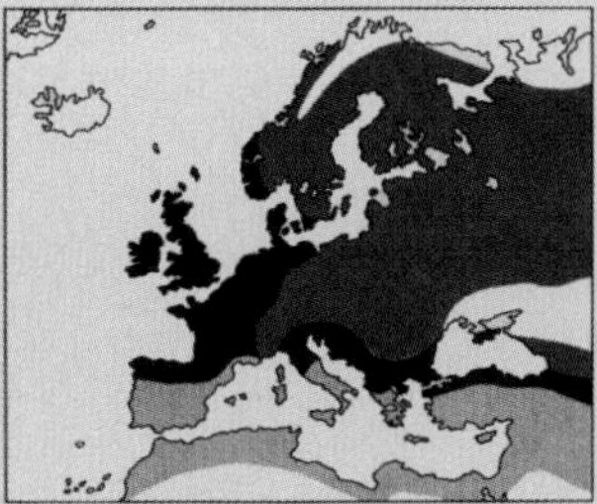

En Europe : III-X. Caractéristiques : 23 cm/70 g. Plus petite que le merle noir (p. 208). Dos brun foncé, dessous blanchâtre avec une forte densité de taches, poitrine rousse. ♀ comme ♂. Voix : menacée au nid, braille comme le merle noir, mais « dickdickdick » plus étouffé ; en vol, court « zipp ». Chant : mélodieux, strophes qui se composent de motifs répétés 2 à 4 fois comme « youdiit-youdiityoudiit ». Habitat : forêts, parcs, jardins. Nourriture : surtout escargots dont elle ouvre la coquille en les tapant contre une pierre ; vers, insectes, baies. Couvaison : IV-VII, 3-6 œufs, C 12-13 jours, N 14 jours ; 2 couvées par an. Nid dans les arbres et les buissons.

3. Grive draine

Turdus viscivorus (Grives)

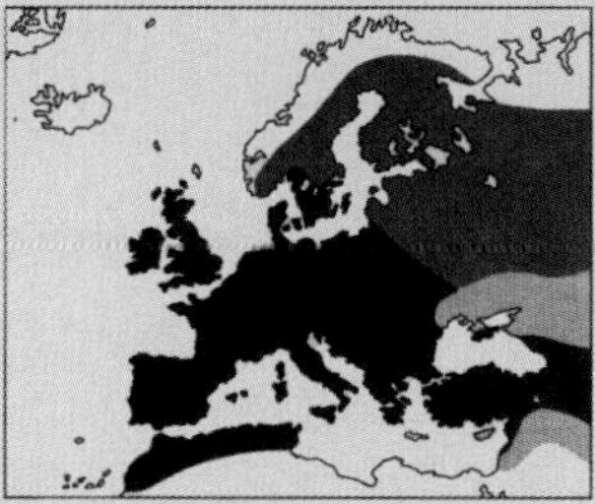

En Europe : I-XII. Caractéristiques : 27 cm/120 g. La plus grande grive de nos régions. Dessus du corps brun-gris, dessous blanchâtre avec de grosses taches brunes. ♀ comme ♂. Voix : en vol, dur « schnèrr » nasillard. Chant : semblable à celui du merle noir comme timbre, mais strophes plus courtes, monotones et mélancoliques, qui restent sur le même ton. Habitat : forêts de hauts conifères jusqu'à la limite des arbres, forêts mixtes et de feuillus, parcs, jardins. Nourriture : vers, escargots, insectes ; en automne et en hiver, baies de gui et fruits tombés. Couvaison : III-VI, 4-5 œufs, C 14 jours, N 15-16 jours. Nid dans les arbres.

1

2

3

1. Mésange à moustaches

Panurus biarmicus
(Paradoxornithidés)

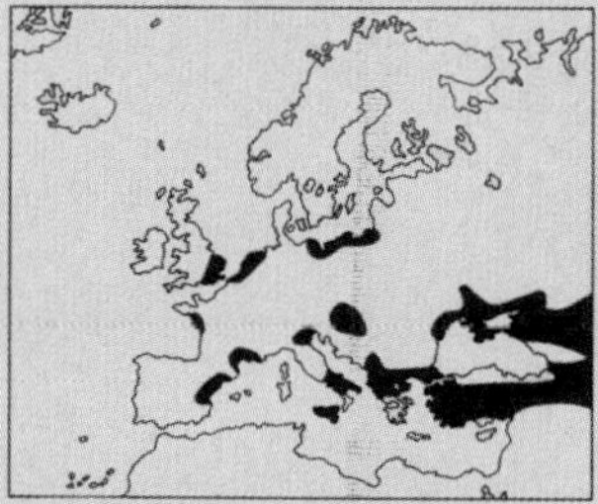

En Europe : I-XII. Caractéristiques : 16,5 cm/14 g. Plumage brun cannelle, tête gris clair, moustaches noires, longue queue étagée. ♀ calotte cannelle, sans moustaches. Grimpe dans les roseaux, vol bourdonnant à faible hauteur au-dessus de la végétation. Voix : appel nasal « ping-ping » en vol ; dérangé, « pitt ». Chant : « tschri pitt-pitt tschèd druu » à intervalles irréguliers. Habitat : roselières étendues. Nourriture : insectes, graines de roseaux. Couvaison : IV-VII, 5-7 œufs, C 12-13 jours, N 10-13 jours ; 2 couvées par an. Nid en forme d'écuelle sur des tiges de roseaux brisées.

2. Mésange à longue queue

Aegithalos caudatus
(Mésanges, Aegithalidés)

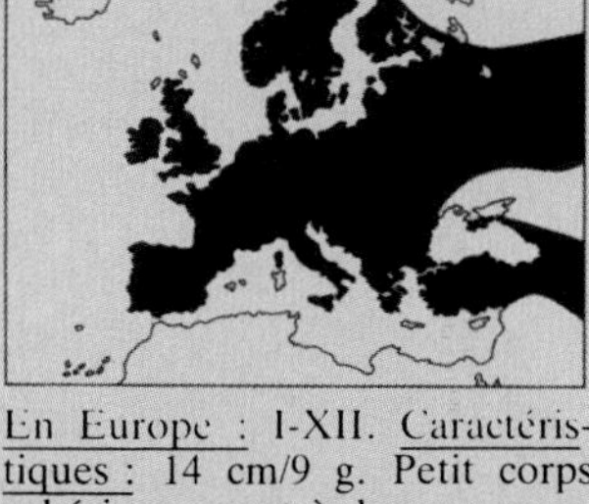

En Europe : I-XII. Caractéristiques : 14 cm/9 g. Petit corps sphérique avec très longue queue étagée ; tête blanche avec un large sourcil noir (race d'Europe du Nord avec la tête toute blanche, ill.). ♀ comme ♂. Oisillons, côtés de la tête brun foncé. En groupes denses l'hiver, époque où la sous-espèce du nord se trouve dans nos régions. Voix : fréquents « tschrrt », « tserr » ou « siet siet ». Chant : léger pépiement et trille. Habitat : forêts de feuillus, d'essences mixtes, aulnaies, landes de bruyère, jardins et parcs. Nourriture : insectes et araignées. Couvaison : IV-VI, 8-10 œufs, C 12-14 jours, N 14-16 jours ; 2 couvées par an. Nid sphérique.

3. Rémiz penduline

Remiz pendulinus
(Mésanges, Rémizidés)

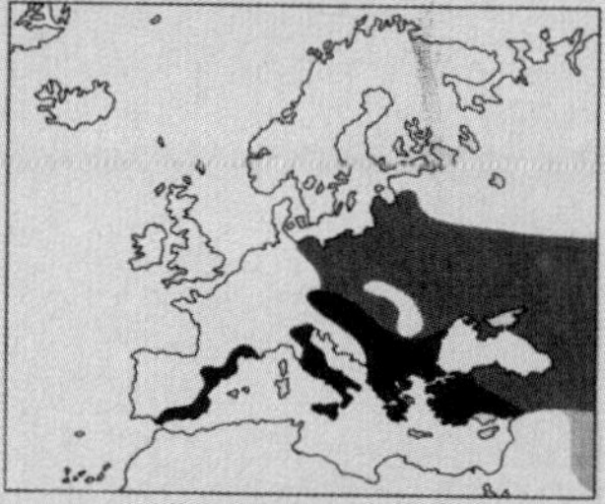

En Europe : I-XII. Caractéristiques : 11 cm/10 g. Tête blanchâtre, front et joues noirs, dos et couvertures alaires marron, ventre crème ; ♀ de teintes plus pâles ; oisillons sans noir sur la tête. Pratique l'acrobatie sur de fines branches ; sociable en dehors de la saison des nids. Voix : appel élevé puis retombant « zieh ». Chant : éléments répétés comme « sit », combinés avec les appels. Habitat : aulnaies, taillis de saules au bord de l'eau. Nourriture : insectes et araignées ; l'hiver, également graines. Couvaison : IV-VI, 6-8 œufs, C 12-15 jours, N 15-20 jours ; 2 couvées par an. Nid en forme de bourse, en fibres végétales et suspendu aux extrémités des branches.

1|2

3

1. Mésange charbonnière

Parus major (Mésanges, Paridés)

En Europe : I-XII. Caractéristiques : 14 cm/20 g. Tête noire avec des joues blanches, dos vert olive, ventre jaune avec une rayure longitudinale noire au milieu ; ♀ un peu plus pâle. Peu farouche ; fait des acrobaties dans les branches. Voix : appel « zitouit », « pink » ; dérangée, « tscher-r-r-r » nasillard ou « pink dèdèdè ». Chant : répétition de motifs sifflants de 2 à 4 syllabes comme « tsitsibè », « tsipeu ». Habitat : forêts, jardins, parcs. Nourriture : insectes, baies, graines ; souvent dans les mangeoires. Couvaison : IV-VII, 8-12 œufs, C 12-14 jours, N 15-20 jours ; 2 couvées par an. Nid dans des trous.

2. Mésange bleue

Parus caeruleus
(Mésanges, Paridés)

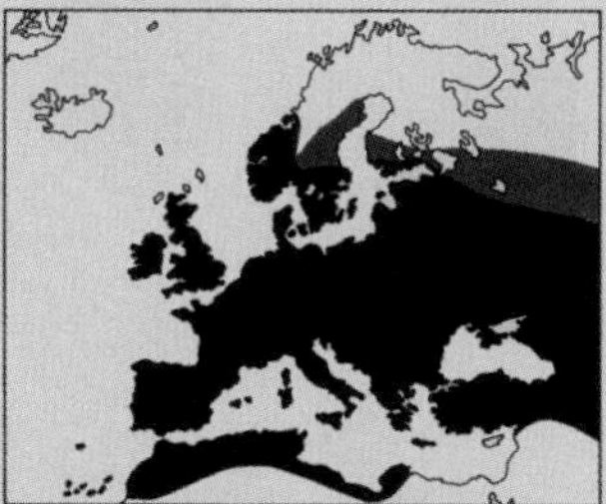

En Europe : I-XII. Caractéristiques : 11,5 cm/11 g. Calotte bleue, côtés de la tête blancs avec sourcil noir, ailes et queue bleues, ventre jaune ; ♀ plus pâle. Peu farouche ; souvent pendue à de fines branches ; court vol de parade avec vibration des ailes. Voix : « tserrétététet » ou « tsie-tsi-tsi » montants. Chant : trille clair « tsie-tsi-tsirrrr », « tsi-tsi-trru-trru » ou « tsi-tsi-tsi-tsi ». Habitat : forêts de feuillus, parcs et jardins. Nourriture : petits insectes, graines (bouleaux) ; souvent dans les mangeoires. Couvaison : IV-VI, 7-14 œufs, C 13-15 jours, N 16-18 jours ; 1-2 couvées par an. Nid dans des cavités.

3. Mésange huppée

Parus cristatus
(Mésanges, Paridés)

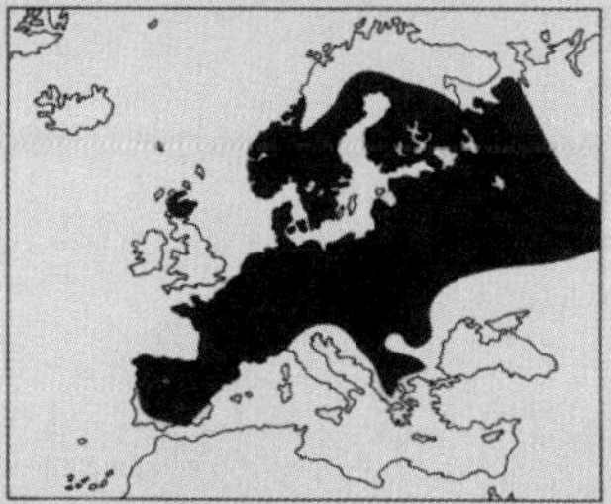

En Europe : I-XII. Caractéristiques : 11,5 cm/11 g. Petite mésange brune avec une belle huppe « écaillée » de plumes noires et blanches ; ♀ comme ♂. Acrobate pleine de vie, le plus souvent haut dans les conifères. Voix : appel ronronnant « urrr » ou « tsi tsi gurrrr ». Chant : comme des appels en série « tsie tsi tsi gurrrr tsigurrrr ». Habitat : forêts mixtes ou conifères en plaine et en montagne jusqu'à la limite des arbres ; dans le sud de l'Europe, forêts de feuillus. Nourriture : petits insectes et araignées, graines de conifères ; parfois dans les mangeoires. Couvaison : IV-VI, 5-8 œufs, C 13-15 jours, N 17-21 jours ; 1-2 couvées par an. Nid dans des trous.

1

2

3

1. Mésange nonnette

Parus palustris
(Mésanges, Paridés)

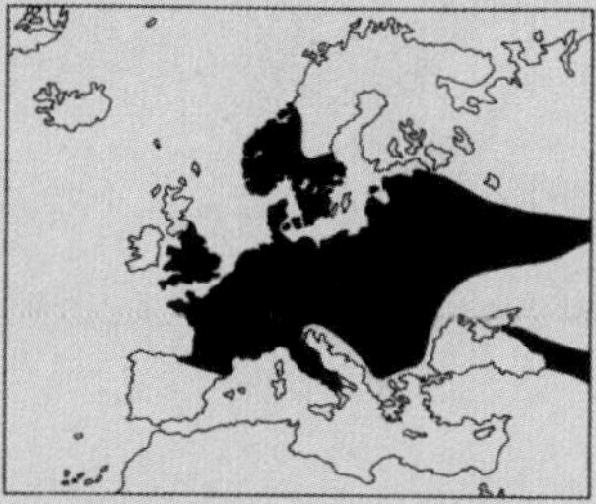

En Europe : I-XII. Caractéristiques : 11,5 cm/11 g. Semblable à la mésange boréale, mais tête plus petite, calotte noir brillant, sans plage claire aux ailes, petite tache noire au menton ; dos brun-gris, dessous blanc sale. ♀ comme ♂. Voix : appel bruyant « pistyè », suivi de cris rapides « dèdèdè ». Chant : cliquetis comme « zjézjézjé », « djepdjepdjep » ou « ti-vud-ti-vud ». Habitat : forêts de feuillues riches en sous-bois, parcs, vergers, en montagne jusqu'à 1 400 m ; pas dans les marécages. Nourriture : insectes, graines. Couvaison : IV-V, 7-8 œufs, C 12-13 jours, N 17-20 jours. Nid dans des trous.

2. Mésange boréale

Parus montanus
(Mésanges, Paridés)

En Europe : I-XII. Caractéristiques : 11,5 cm/11 g. Ressemble à la mésange nonnette, mais plus grande tête, calotte noir mat, champ clair sur les ailes, menton et gorge noirs, flancs brunâtres. ♀ comme ♂. Voix : appel nasal « dèh-dèh-dèh » ou « tsi-tsi-dèh-dèh ». Chant : « zju-zju-zju » ou « tsie-tsie-tsie ». Habitat : aulnaies marécageuses avec bouleaux, saules et peupliers, forêts de conifères. Dans les Alpes, la **Mésange des Alpes,** *P. m. montanus,* plus grande, vit jusqu'à la zone des pins nains. Nourriture : insectes, graines. Couvaison : IV-V, 7-9 œufs, C 13-14 jours, N 17-19 jours. Niche dans des cavités qu'elle creuse.

3. Mésange noire

Parus ater (Mésanges, Paridés)

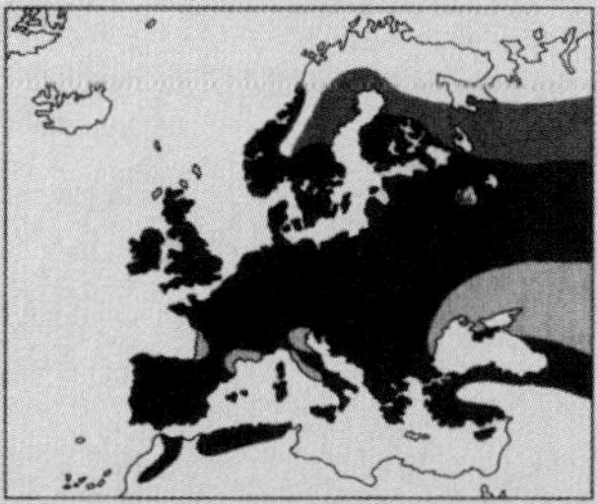

En Europe : I-XII. Caractéristiques : 11 cm/9 g. Même dessin que la mésange charbonnière (p. 214), mais beaucoup plus petite, dessous du corps brun-gris clair, tache blanche allongée sur la nuque. ♀ comme ♂. Voix : appel aigu et ténu « tsi », « tsiti » ou autre. Chant : courtes strophes de motifs à 2 ou 3 syllabes comme « wizeu-wizeu-wizeu », « tsewi-tsi-tsewi-tsi » ou « situ-duti-duti ». Habitat : forêts de conifères, parcs avec résineux, montagnes jusqu'à la limite des arbres. Nourriture : insectes, graines de conifères. Couvaison : IV-VI, 8-10 œufs, C 14-16 jours, N 16-17 jours ; 2 couvées par an. Nid dans des cavités.

1

2

3

1. Sittelle torchepot

Sitta europaea (Sittelles)

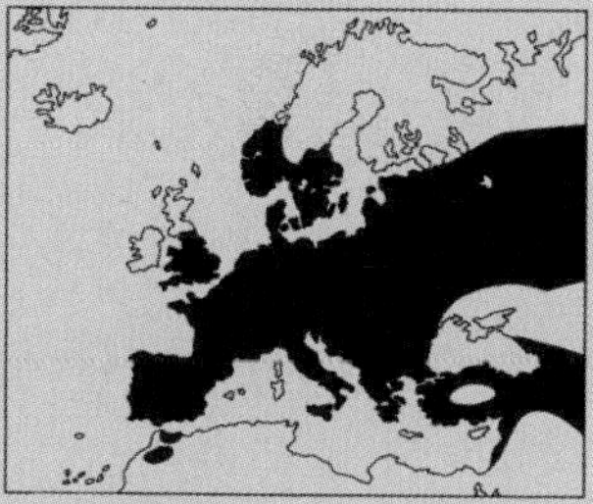

En Europe : I-XII. Caractéristiques : 14 cm/23 g. Oiseau trapu à courte queue, bec comme les pics ; dos gris bleuté, ventre roux clair, blanc avec flancs marron dans la race scandinave. ♀ comme ♂. Grimpe sur les troncs d'arbres, même la tête en bas. Voix : appel « touit touitouit », « tviet » ; excité « tsirrrr » ; cri de ralliement « tsit ». Chant : sons sifflants ou trilles « tui-tui-tui », « vivivivi » ou « turrrr ». Habitat : forêts de feuillus ou d'essences mixtes, jardins, parcs. Nourriture : insectes vivant dans l'écorce des arbres, graines. Couvaison : IV-VI, 6-8 œufs, C 13-15 jours, N 22-25 jours. Niche dans des cavités avec l'entrée rétrécie par de la boue, du diamètre de son corps.

2. Grimpereau des bois

Certhia familiaris (Grimpereaux)

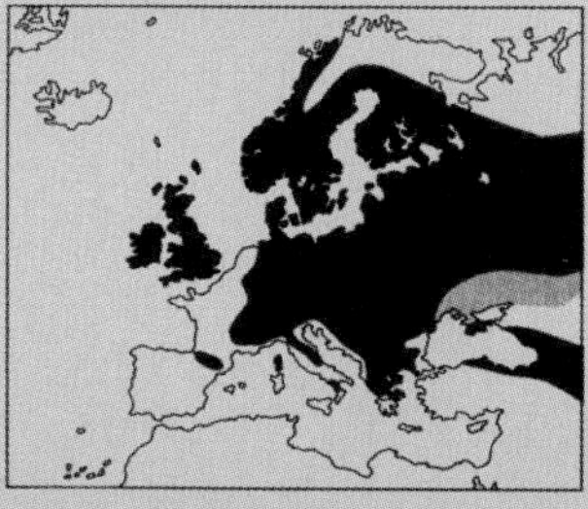

En Europe : I-XII. Caractéristiques : 12,5 cm/9 g. Couleur écorce, longue queue lui servant d'appui, long bec arqué ; comme le grimpereau des jardins, mais avec une tache blanche sur le front et un bec un peu plus court, ongle du pouce plus long, dos avec des taches (et non des raies) blanches, dessous d'un blanc pur. ♀ comme ♂. Grimpe aux arbres. Voix : appel aigu et ténu « srrie », « sirr » ou « sit », souvent en série. Chant : série de sons perlés en decrescendo « sirr-ouisiri-tierrrouit ». Habitat : forêts fermées de conifères ou d'essences mixtes. Nourriture : insectes de l'écorce des arbres. Couvaison : IV-VII, 4-7 œufs, C 13-15 jours, N 16-17 jours ; 2 couvées par an. Nid dans des fentes de l'écorce.

3. Grimpereau des jardins

Certhia brachydactyla (Grimpereaux)

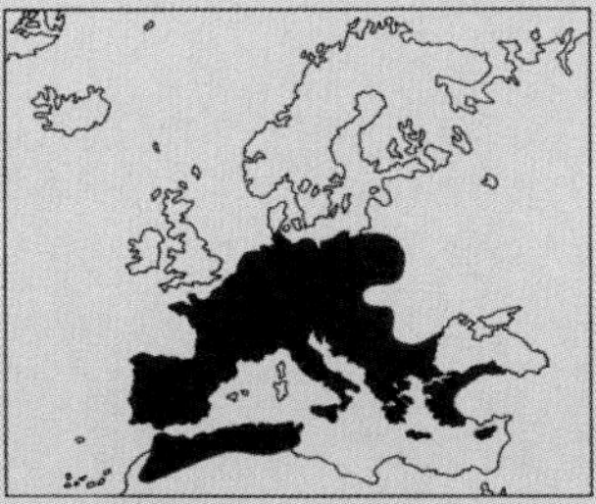

En Europe : I-XII. Caractéristiques : 12,5 cm/9 g. Comme le grimpereau des bois, mais sans tache sur le front, bec plus long, ongle du pouce plus court, dos rayé de blanchâtre, flancs brunâtres. ♀ comme ♂. Voix : appel « ti ti ti » ; cri d'avertissement « tut tut ». Chant : série montante de sons sifflants hauts et ténus « tsi tsi tsirloui-tsi ». Habitat : forêts de feuillus, jardins, parcs ; pas au-dessus de 1 400 m. Nourriture : insectes d'écorce. Couvaison : IV-VII, 5-7 œufs, C 14-15 jours, N 16-17 jours ; 2 couvées par an. Nid dans l'écorce.

1

2|3

1. Tichodrome échelette

Tichodroma muraria
(Certhiidés)

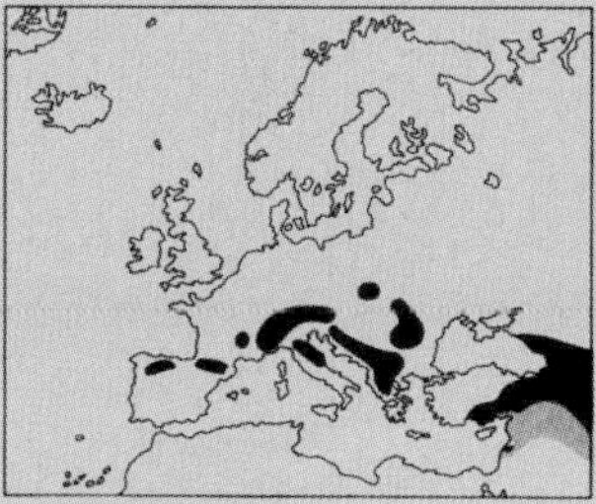

En Europe : I-XII. Caractéristiques : 18 cm/18 g. Grandes ailes arrondies noir et rouge, avec de gros points blancs, long bec arqué ; dos gris, menton et gorge noirs ; ♀ et plumage hivernal, menton et gorge blanchâtres. Grimpe sur des parois rocheuses verticales ; vol papillonnant ; descend souvent dans les vallées en hiver. Voix : appel sifflant « toui ». Chant : strophe montante de 3-5 sons sifflants étirés avec le dernier son descendant « dèh-bruh-tsieh-djeuoh » ou « ouit-triz-tjuou ». Habitat : parois rocheuses en haute montagne. Nourriture : insectes. Couvaison : V-VII, 3-5 œufs, C 18-19 jours, N 21-26 jours. Nid dans les rochers.

2. Cincle plongeur

Cinclus cinclus (Cincles)

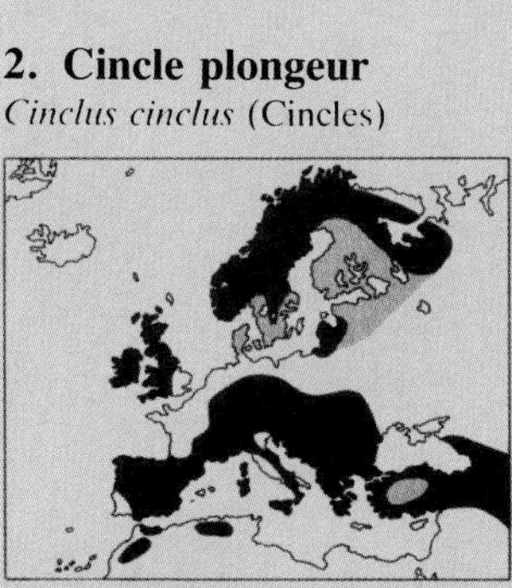

En Europe : I-XII. Caractéristiques : 18 cm/60 g. Oiseau dodu brun foncé à courte queue, avec une grande bavette blanche sur la gorge et la poitrine. ♀ comme ♂. Oisillons brun-gris tacheté. Fait souvent la réverance ; nage et plonge ; vol bourdonnant en ligne droite. Voix : appel dur « tsitt » ou « schrètt-schrètt ». Chant : babillage de notes sifflantes et de sons grinçants, comme « tsi-tsi-trru-trru-vitt-vitt-trru ». Habitat : eaux claires à cours rapide ; jusqu'au-dessus de 2 000 m. Nourriture : insectes aquatiques et larves, petits crustacés, vers. Couvaison : III-VII, 4-6 œufs, C 14-17 jours, N 20 jours ; 2 couvées par an. Nid de mousse sphérique, dans les anfractuosités des roches et sous les ponts.

3. Troglodyte mignon

Troglodytes troglodytes
(Troglodytes)

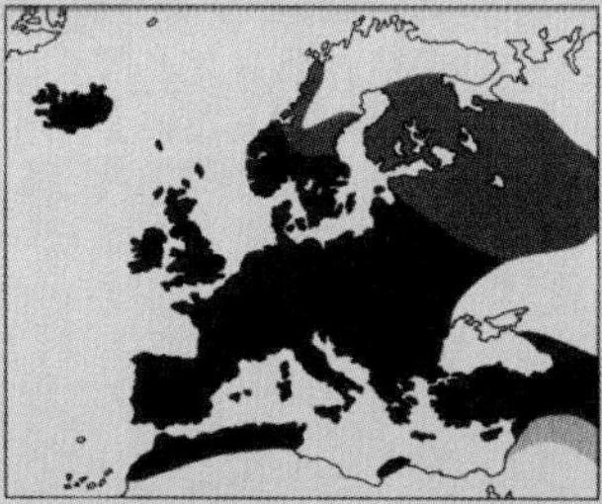

En Europe : I-XII. Caractéristiques : 9,5 cm/9 g. Très petit oiseau brun en boule avec une courte queue souvent relevée ; sourcil crème. Très vivace ; vol bourdonnant en ligne droite ; chante depuis un poste de guet élevé. Voix : appel dur « teck teck », « tr tr » ou « tserrrr » ronronnant. Chant : strophe gazouillée tonitruante, avec une longue roulade à la fin. Habitat : sous-bois, tas de bois, fourrés, taillis, souvent au voisinage de l'eau. Nourriture : insectes. Couvaison : IV-VII, 5-7 œufs, C 14-16 jours, N 15-18 jours ; 2 couvées par an Nid de mousse sphérique.

1

2

3

1. Bruant jaune

Emberiza citrinella (Bruants)

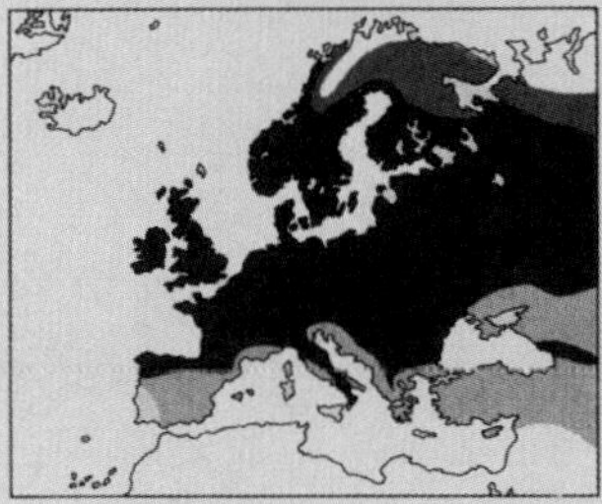

En Europe : I-XII. Caractéristiques : 16,5 cm/30 g. Tête et ventre jaune citron, dos brun jaunâtre avec des taches longitudinales brun foncé, croupion cannelle. ♀ et oisillons brunâtres ; cherche sa nourriture au sol ; chante sur des perchoirs élevés, balance souvent la queue ; en essaims moins nombreux l'hiver. Voix : appel « zrik », « tsurr », « tzip-tzi-tzi » ; cri d'alarme en vol « tsieh » élevé ; à l'envol « tirr-tirr ». Chant : courte strophe montante, avec une note finale profonde et étirée « tsitsitsitsitsitsie-duh ». Habitat : terres cultivées, bosquets des champs, voies ferrées, bords des forêts, jeunes épicéas. Nourriture : semences, parties végétales vertes, insectes. Couvaison : IV-VII, 3-5 œufs, C 12-13 jours, N 9-14 jours ; 2 couvées par an. Nid en forme d'écuelle, dans les buissons.

Bruant à tête noire

Espèce voisine : **Bruant à tête noire,** *Emberiza melanocephala,* se différencie du précédent par sa calotte noire et son dos marron clair. ♀ et oisillons de couleur fauve, sans calotte marquée. Sur un perchoir élevé, le ♂ chante une courte strophe mélodieuse, composée d'éléments de hauteurs de ton différentes qui vont en s'accélérant. Le bruant à tête noire habite les terrains découverts avec des arbres et des buissons, les vergers et les vignobles du sud de l'Europe ; ne reste que de mai à juillet sur son terrain de nidification.

2. Bruant proyer

Emberiza calandra (Bruants)

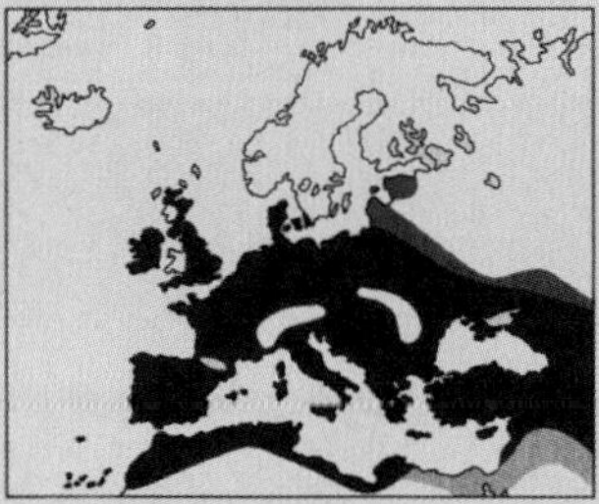

En Europe : I-XII. Caractéristiques : 18 cm/50 g. Le plus grand bruant d'Europe ; forme trapue et dodue avec un très fort bec ; de la teinte discrète d'une alouette, ailes et queue sans blanc. ♀ comme ♂. Cherche sa nourriture sur le sol ; chante du haut de perchoirs élevés ; vol bourdonnant, souvent avec les pattes pendantes ; en troupes l'hiver. Voix : appel « tsick-tsick » ; excité, « zrè zrè » ; cri de ralliement « slib ». Chant : courte strophe stéréotypée dont les éléments vont en s'accélérant et qui se termine en un cliquetis strident, « tzick tzick tzick-tzickschnirrp ». Habitat : terres cultivées, herbages secs avec quelques arbres et buissons isolés ; préfère les régions chaudes. Nourriture : semences, parties végétales vertes, insectes. Couvaison : V-VII, 4-5 œufs, C 12-14 jours, N 9-12 jours ; 1-2 couvées par an. Nid au sol.

1

2

1. Bruant lapon

Calcarius lapponicus (Bruants)

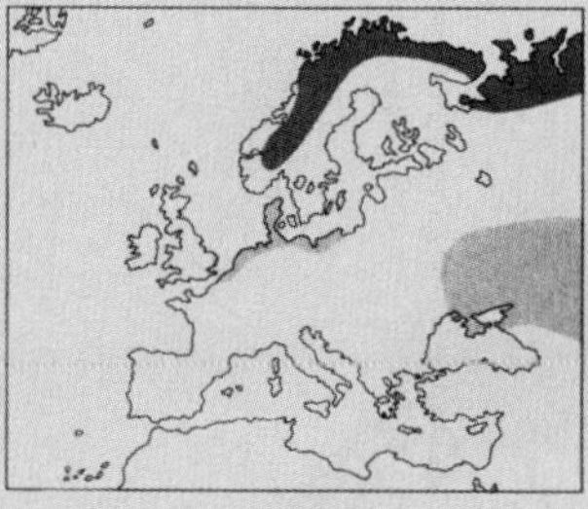

En Europe : IX-III, visiteur hivernal sur les côtes de la mer du Nord et de la Baltique. Caractéristiques : 15 cm/24 g. Tête et gorge noires, raies blanchâtres derrière les yeux, bec jaune ; dos brun rougeâtre avec des taches longitudinales noires. ♀ et plumage hivernal, tête tachetée de brun, menton et gorge blanchâtres. Chante sur un perchoir ou en vol ; souvent au sol. Voix : appel « tiu », en vol « tititi » trillé. Chant : courte strophe. Habitat : toundra en plaine et montagne ; champs proches des côtes en hiver. Nourriture : graines, insectes. Couvaison : I-VI, 4-5 œufs, C 13-14 jours, N 10-12 jours. Nid au sol.

2. Bruant des roseaux

Emberiza schoeniclus (Bruants)

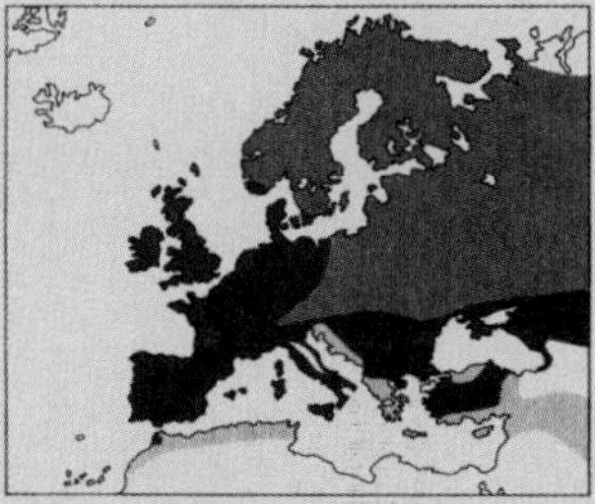

En Europe : III-X. Caractéristiques : 15 cm/20 g. Tête, bec et gorge noirs, moustache blanche, dos brun-rouge avec des taches longitudinales noires. En hiver, tête et gorge brun-gris. ♀ et oisillons, tête brune, moustache noire et blanche, sourcil clair, gorge blanchâtre. Chante perché sur des tiges de roseaux. Voix : appel aigu, étiré et descendant « tsieh ». Chant : court couplet bredouillé « tché tché tché toui tsirri ». Habitat : rives des cours d'eau avec roselières et saulaies, terrains marécageux, toundra d'arbrisseaux. Nourriture : graines, insectes. Couvaison : V-VII, 5-6 œufs, C 12-14 jours, N 13 jours ; 2 couvées par an. Nid en forme d'écuelle, proche du sol.

3. Bruant ortolan

Emberiza hortulana (Bruants)

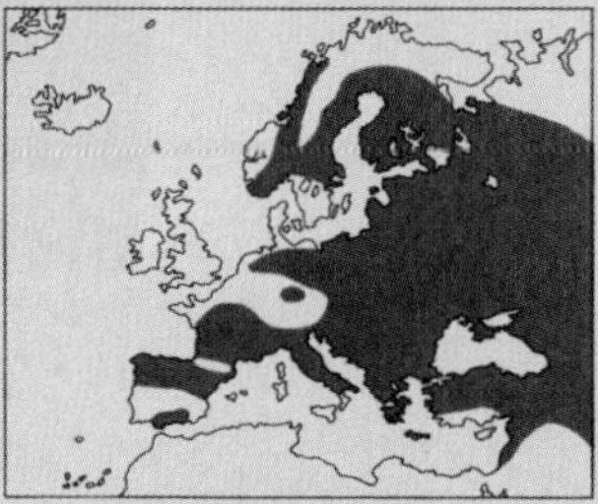

En Europe : IV-X. Caractéristiques : 16,5 cm/25 g. Tête grise, moustache, menton et gorge jaunâtres, cercle oculaire jaunâtre ; dos et croupion bruns, ventre cannelle. ♀ et oisillons plus pâles, avec des rayures longitudinales foncées sur le dessus de la tête et la poitrine. Chante sur des perchoirs élevés. Voix : appel « tsia » ou « tsiè ». Chant : courte strophe analogue à celle du bruant jaune avec un timbre mélancolique « yif yif yif yif tjeur tjeur ». Habitat : terres cultivées avec quelques arbres et buissons, steppes buissonneuses, maquis ; jusqu'à plus de 2 000 m. Nourriture : graines, insectes. Couvaison : V-VII, 4-6 œufs, C 13 jours, N 9-13 jours. Nid en forme d'écuelle, proche du sol.

1

2|3

1/2. Bruant des neiges

Plectrophenax nivalis (Bruants)

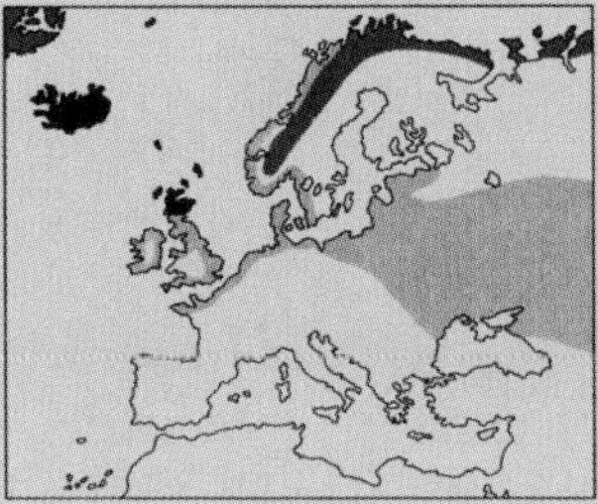

En Europe : X-III. Caractéristiques : 16,5 cm/35 g. Livrée estivale noire et blanche (ill. 1). ♀ et oisillons avec dos gris fondu et ventre blanc sale. Livrée hivernale (ill. 2), tête couleur sable, dos tacheté de brunâtre, ventre crème. ♀ plage blanche plus réduite sur les ailes. Chante en vol. Voix : appel cliquetant « birrr », « dju » ou « tsrr ». Chant : strophe grisollée comme celle de l'alouette. Habitat : toundra pierreuse, côtes et montagnes rocheuses ; agglomérations ; en hiver, en essaims sur les côtes de la mer du Nord et de la Baltique. Nourriture : graines, insectes. Couvaison : V-VII, 5-6 œufs, C 12-14 jours, N 10-14 jours. Nid dans les rochers.

3. Bruant fou

Emberiza cia (Bruants)

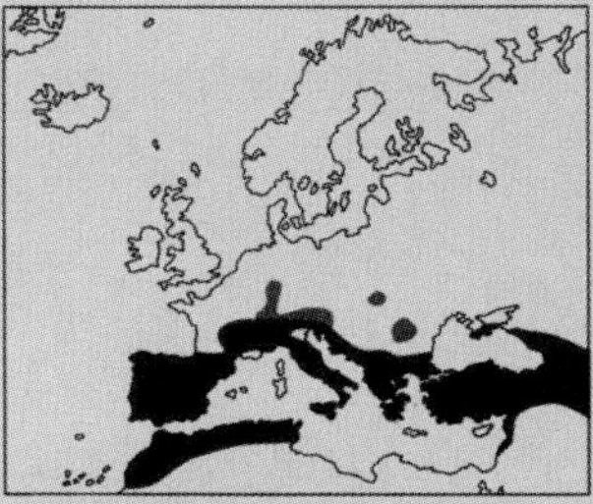

En Europe : IV-IX. Caractéristiques : 16 cm/25 g. Tête gris cendré avec des raies noires, ventre cannelle, dos cannelle avec des stries foncées. ♀ et oisillons moins contrastés, tête brunâtre, poitrine rayée de foncé. Chante du haut d'un perchoir élevé ; étale la queue. Voix : appel élevé « tzip » ou « tzihp ». Chant : courte strophe claire et rapide, rappelant l'accenteur mouchet. Habitat : montagnes rocheuses ensoleillées, vignobles. Nourriture : graines, insectes. Couvaison : V-VII, 3-5 œufs, C 12-13 jours, N 10-13 jours ; 1-2 couvées par an. Nid en forme d'écuelle, sur le sol.

4. Bruant zizi

Emberiza cirlus (Bruants)

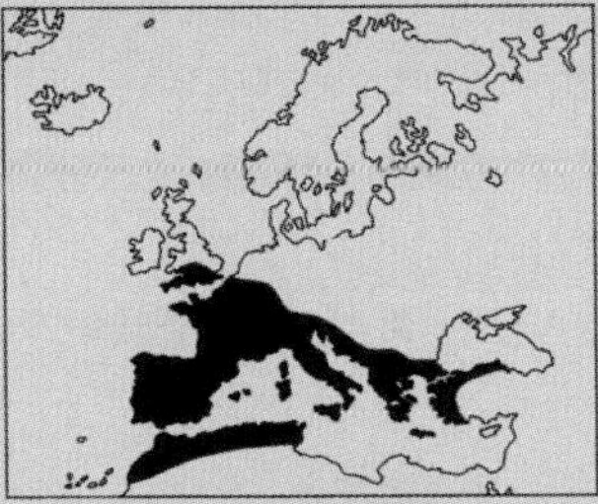

En Europe : I-XII. Caractéristiques : 16,5 cm/25 g. Tête rayée de noir et de jaune, menton et gorge noirs, croupion brun olive ; en hiver, gorge grise. ♀ et oisillons sans dessin marqué de la tête. Chant du haut de perchoir élevé. Voix : appel haut « tsieh » ou « tsip ». Chant : courte strophe cliquetante « tsétsétsétsétsé », analogue au babillage de la fauvette babillarde. Habitat : terrains découverts avec quelques arbres et buissons, lisières des forêts, pentes montagneuses ; aime la chaleur ; dans le sud, également forêts claires de chênes, maquis et vignobles. Nourriture : insectes, graines. Couvaison : V-VIII, 3-5 œufs, C 13 jours, N 10-13 jours ; 2 couvées par an. Nid au voisinage du sol.

1|2

3

4

1/2. Pinson des arbres

Fringilla coelebs (Pinsons)

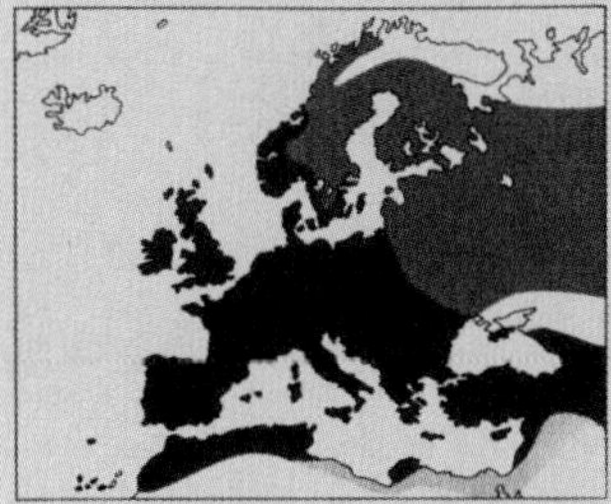

En Europe : I-XII. Caractéristiques : 15 cm/20 g. Calotte, arrière de la tête et bec gris-bleu, ventre brun rougeâtre, 2 barres blanches sur les ailes, bords externes de la queue blancs, croupion vert olive (ill. 1). ♀ (ill. 2) et oisillons avec dos brun olive et dessous clair. Trottine sur le sol avec des mouvements saccadés de la tête. Voix : appel « pink », « fouid » doux ou « trrub », à l'envol « yup ». Chant : retentissant « tsitsitsizjézjé zjazja-tsori-tyou-kick ». Habitat : forêts, bosquets des champs, jardins, parcs. Nourriture : insectes, graines. Couvaison : IV-VII, 3-6 œufs, C 13 jours, N 13-14 jours; 2 couvées par an. Nid dans les arbres.

3. Pinson du Nord

Fringilla montifringilla (Pinsons)

En Europe : X-III. Caractéristiques : 15 cm/23 g. Poitrine et épaules orangées, tête et dos noirs, croupion blanc. ♀ et livrée hivernale (ill. 3) moins contrastées, tête et dos avec des écailles brunâtres. En bandes l'hiver dans les forêts de hêtres ; visite les mangeoires. Voix : appel piaillant « quèih », à l'envol « yèk-yèk ». Chant : cliquetis et sons de crécelle avec des piaillements étirés. Habitat : forêts de feuillus ou de conifères. Nourriture : insectes, graines, surtout faînes. Couvaison : V-VII, 5-7 œufs, C 13 jours, N 12-14 jours. Nid dans les arbres.

4. Bec-croisé des sapins

Loxia curvirostra (Pinsons)

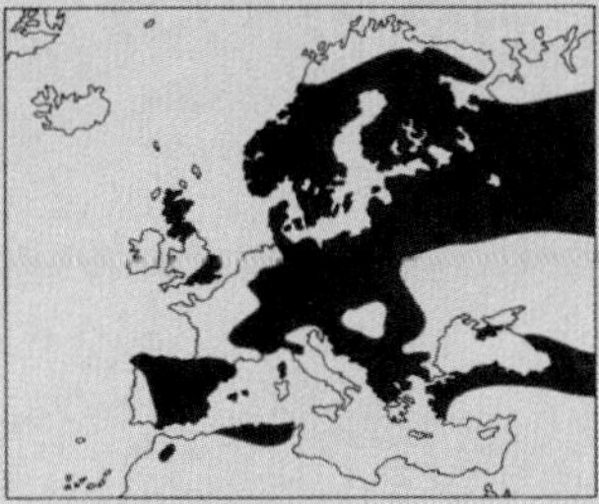

En Europe : I-XII. Caractéristiques : 16,5 cm/40 g. Fringillidé trapu, rouge brique avec la pointe du bec croisée. ♀ vert olive. Sociable. Voix : en vol, appel dur « kipp kipp ». Chant : roulades sifflantes et cliquetantes, entremêlées d'appels. Habitat : forêts d'épicéas et de sapins, surtout en montagne. Nourriture : graines de conifères. Couvaison : varie selon les possibilités de nourriture, le plus souvent II-V, 3-4 œufs, C 14-16 jours, N 14 jours ; 1-2 couvées par an. Nid dans les arbres.

Espèce voisine : **Bec-croisé perroquet,** *Loxia pytyopsittacus.* Un peu plus grand que le bec-croisé des sapins avec un bec plus fort. Appel légèrement plus profond ; dans les forêts de pins d'Europe du Nord ; parfois invasions jusqu'en Europe du Sud.

1|2

3

4

1. Durbec des sapins

Pinicola enucleator
(Pinsons)

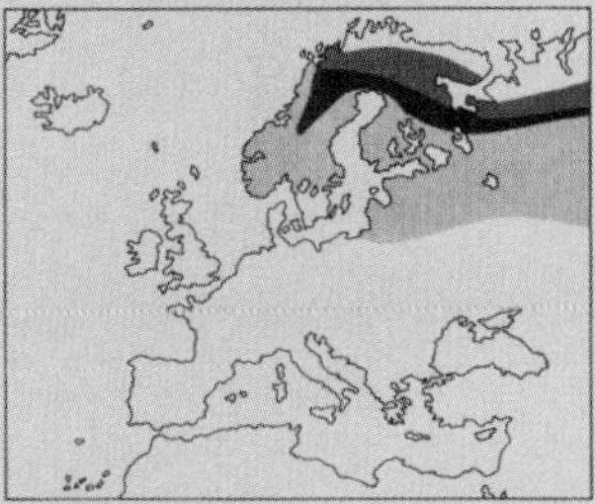

En Europe : l'hiver, sous forme d'invasion (très rare). Caractéristiques : 20 cm/60 g. Grand fringillidé à longue queue, 2 barres blanches sur les ailes, bec « crochu », plumage rougeâtre chez ♂, vert olive à brun doré chez ♀. Sociable en hiver ; vol onduleux. Voix : appel flûté « tih-tih-tiou », cri d'alarme sifflant « tschiwièh ». Chant : strophes sifflantes et flûtées. Habitat : forêts de conifères, boulaies. Nourriture : bourgeons, aiguilles de conifères, graines, baies, insectes. Couvaison : V-VII, 3-5 œufs, C 13-14 jours, N 14 jours. Nid dans les arbres.

2. Roselin cramoisi

Carpodacus erythrinus (Pinsons)

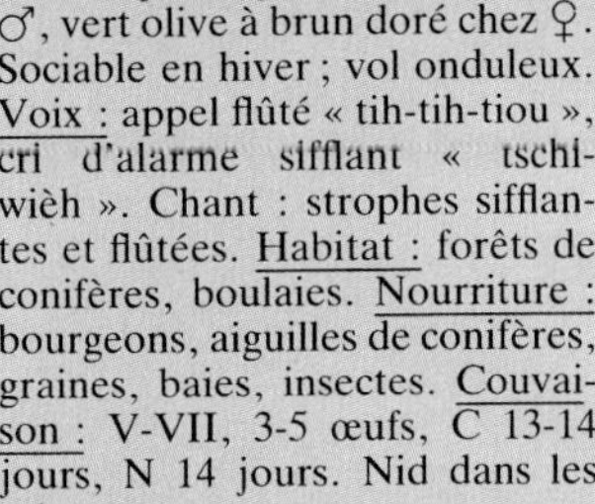

En Europe : V-IX. Caractéristiques : 14,5 cm/21 g. Tête, poitrine et croupion rouge carmin, dos brun, ventre crème rougeâtre. ♀ brunâtre, sans rouge. Vol onduleux. Voix : appel, « tzlit » et « tschui » précipité ; en cas de danger, « rrè » rauque. Chant : courte strophe flûtée rappelant le loriot, « du-du-di-duidjou ». Habitat : biotopes humides avec bouleaux, aulnes, saules ; forêts claires, parcs. Nourriture : bourgeons, graines, insectes. Couvaison : VI-VII, 4-6 œufs, C 13-14 jours, N 14-17 jours. Nid dans les fourrés.

3. Bouvreuil pivoine

Pyrrhula pyrrhula (Pinsons)

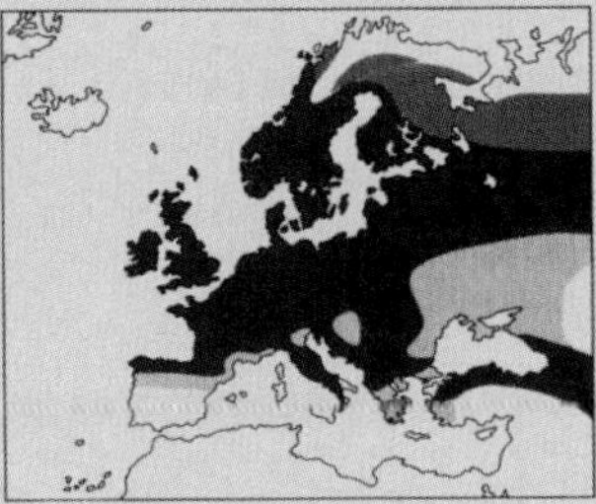

En Europe : I-XII. Caractéristiques : 15 cm/26 g. Oiseau trapu à calotte noire ; dessus du corps gris-bleu, ailes noires avec barre blanche, croupion d'un blanc étincelant ; dessous du corps et joues rouge rosé vif chez ♂, brun rougeâtre chez ♀. Oisillons brunâtres, sans calotte noire. Oiseau peu farouche, qui semble se sentir à l'aise partout ; par couple ou en bande familiale, souvent en petites troupes l'hiver. Voix : appel doux, mélancolique, en decrescendo, « dju » ou « wup » ; cri de ralliement, faible « bitbit ». Chant : assourdi, avec une succession lâche de notes sifflantes et de sons précipités. Habitat : forêts de conifères ou d'essences mixtes, jeunes plantations d'épicéas, parcs et jardins. Nourriture : graines, baies, bourgeons, insectes. Couvaison : IV-VIII, 4-6 œufs, C 13 jours, N 16 jours ; 2-3 couvées par an. Nid dans les arbres.

1

2|3

1. Verdier

Chloris chloris (Pinsons)

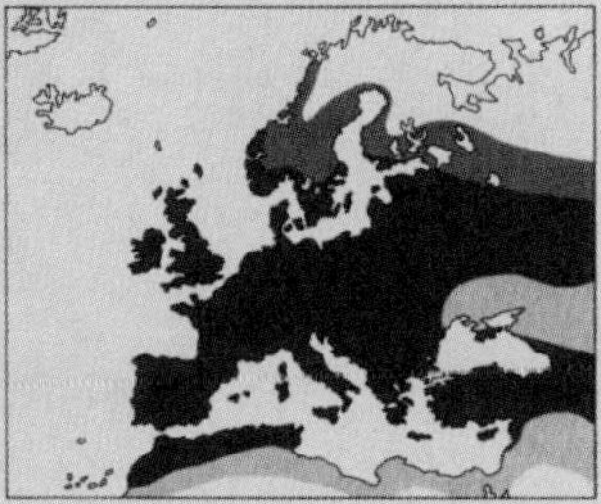

En Europe : I-XII. Caractéristiques : 14,5 cm/30 g. Pinson vert jaunâtre à miroir alaire jaune avec du jaune sur les côtés à la racine de la queue. ♀ vert-gris. Oisillons avec des raies longitudinales foncées. Vol : rappelle la chauve-souris. Voix : appel « djoui » ; à l'envol « gugugu » résonnant. Chant : sur un perchoir, ou en vol, roulades trillées et sonnantes, mêlées de sons écrasés étirés. Habitat : forêts d'essences mixtes, aulnaies, parcs, jardins. Nourriture : graines, bourgeons, baies ; visite souvent les mangeoires. Couvaison : IV-VIII, 4-6 œufs, C 13 jours, N 13-16 jours ; 2-3 couvées par an. Nid dans les conifères et les fourrés.

2. Chardonneret

Carduelis carduelis (Pinsons)

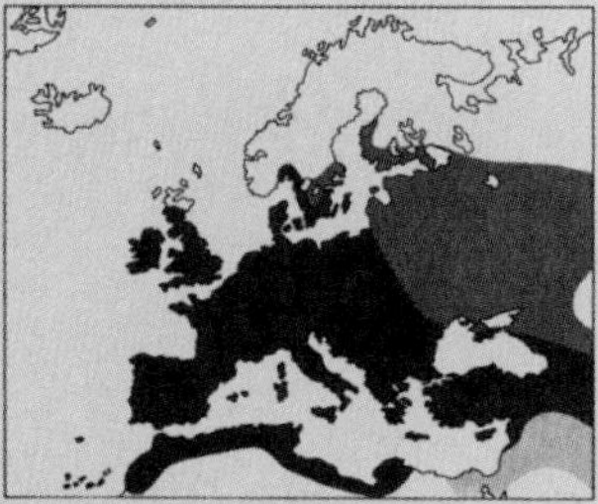

En Europe : I-XII. Caractéristiques : 12 cm/16 g. Tête noire et blanche avec un masque facial rouge vif, miroir alaire jaune vif. ♀ comme ♂. Oisillons brun-gris, sans rouge sur la tête, ventre tacheté. En automne et en hiver, en petits essaims. Voix : appel tintant « didlit », même en vol. Chant : gazouillis vivace, entrecoupé de temps à autre d'appels et de « tsèrrr ». Habitat : vergers, villages, jardins, parcs. Nourriture : graines de chardon, pissenlit et divers arbres, pucerons. Couvaison : V-VIII, 4-6 œufs, C 13 jours, N 14-15 jours ; 2 couvées par an. Nid dans les arbres.

3. Tarin des aulnes

Carduelis spinus (Pinsons)

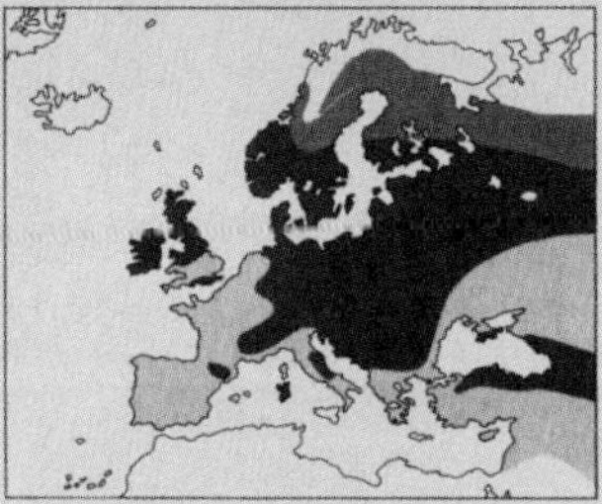

En Europe : I-XII. Caractéristiques : 12 cm/12 g. Petit pinson vert-jaune à calotte noire ; ailes noires avec barre vert-jaune et champ jaune. ♀ vert-gris, calotte grise, dessous du corps avec des taches longitudinales noires. Oisillons avec dessus du corps également fortement tacheté. Chante en volant comme une chauve-souris. En troupes l'hiver. Voix : appel en vol « dièh » enroué ; cri de ralliement « tettettett ». Chant : court couplet gazouillé précipité avec une note finale bafouillée, longuement étirée. Habitat : forêts d'épicéas ou d'essences mixtes, parcs ; jusqu'à 1 800 m. Nourriture : graines de composées, conifères, aulnes et bouleaux, insectes. Couvaison : IV-VII, 4-6 œufs, C 13 jours, N 13-15 jours ; 2 couvées par an. Nid dans les arbres.

1

2

3

1. Serin cini

Serinus serinus (Pinsons)

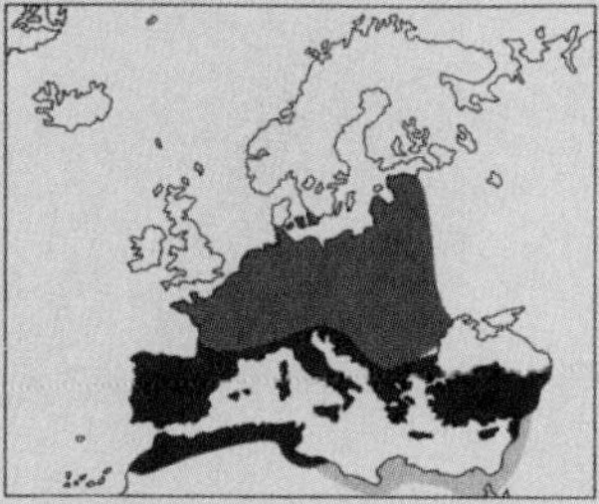

En Europe : III-X. Caractéristiques : 11,5 cm/12 g. Très petit pinson, tête, gorge et poitrine jaunes, joues et derrière de la tête brun un peu gris, dos et flancs avec des stries foncées. ♀ et oisillons vert-jaune, ventre strié. Chante sur perchoir élevé ou lors de son vol rappelant la chauve-souris. Voix : appel trillé « trititititu », en cas de danger « troui » étiré, en vol « guirlitt ». Chant : babillage cliquetant et soutenu, sur le même ton. Habitat : forêts claires, jardins, parcs, vignobles. Nourriture : graines, parties végétales vertes. Couvaison : IV-VII, 3-5 œufs, C 13 jours, N 14-16 jours ; 2 couvées par an. Nid dans les arbres.

2. Sizerin flammé

Acanthis flammea (Pinsons)

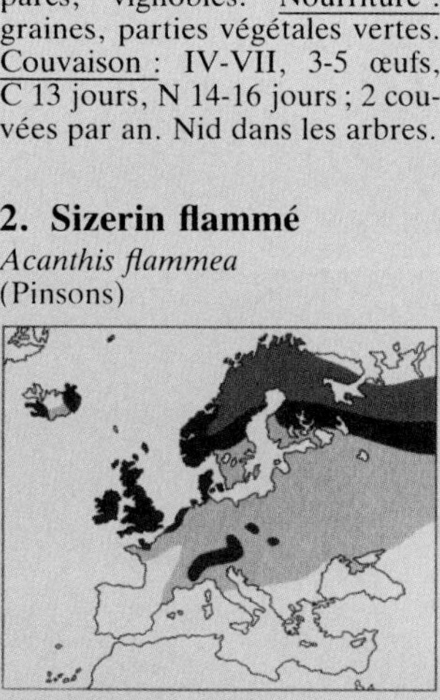

En Europe : I-XII. Caractéristiques : 13 cm/14 g. Ressemble à la linotte mélodieuse (p. 236) mais devant du front et menton noirs, dos et flancs striés de foncé longitudinalement, calotte rouge, poitrine lavée de rougeâtre. ♀ poitrine sans rouge. Oisillons brunâtres. Chante parfois en vol. Sociable en hiver. Voix : appel nasal « dsèi », en vol « dschèdschèdschè ». Chant : roulades bourdonnantes, « irr djidjidji dchrrr dchèdchèdchè ». Habitat : toundra, forêts dc conifères, boulaies, aulnaies et saulaies ; dans les Alpes, à la limite des arbres. Nourriture : graines, insectes. Couvaison : V-VII, 4-5 œufs, C 13 jours, N 12 jours. Nid dans les arbres.

3. Venturon alpin

Serinus citrinella (Pinsons)

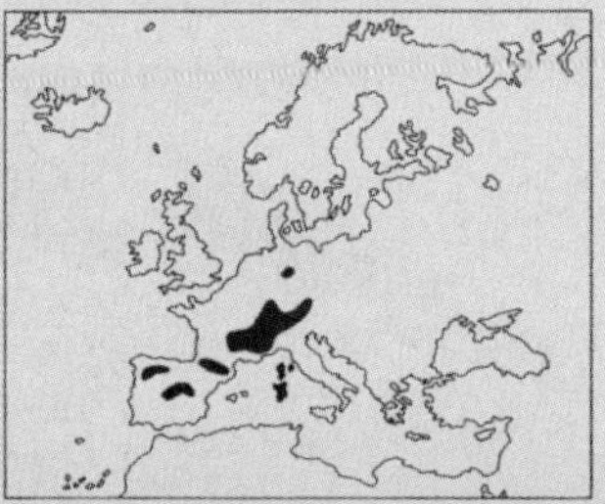

En Europe : I-XII. Caractéristiques : 12 cm/15 g. Petit oiseau sans rayures ; face et dessous du corps jaunes nuque, joues et côtés du cou gris. ♀ gris verdâtre ; oisillons striés. Chante souvent lors de son vol rappelant la chauve-souris. Vol : en vol « dè dè » ou « dèdlidèdè » nasillard. Chant : analogue à celui du serin, moins haut, avec des sons écrasés étirés. Habitat : forêts claires de conifères en montagne jusqu'à la limite des arbres ; dans les vallées en hiver. Nourriture : graines de conifères et d'herbes, insectes. Couvaison : V-VIII, 4-5 œufs, C 13 jours, N 17-18 jours ; 2 couvées par an. Nid dans les arbres.

1|2

3

1. Linotte mélodieuse

Acanthis cannabina
(Pinsons)

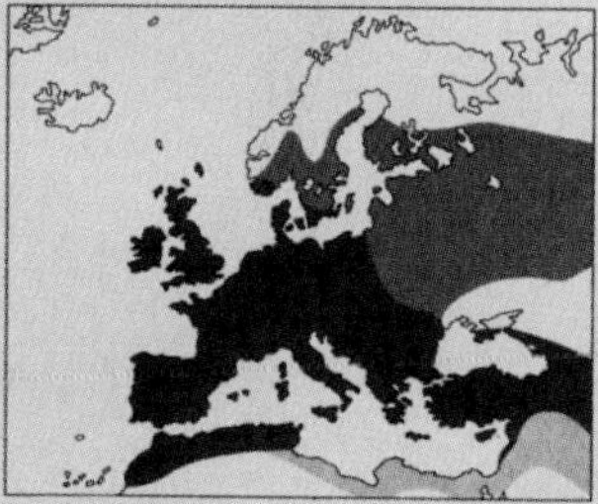

En Europe : I-XII. Caractéristiques : 13,5 cm/18 g. Devant de la calotte et poitrine rouges, menton blanchâtre, dos brun-rouge. En hiver, seule la poitrine est beige rosé. ♀ et oisillons sans rouge, avec des rayures longitudinales brun foncé. Sociable. Voix : en vol « guéguégué », dérangé « djèh » ou « dluh » nasal. Chant : mélodieux, avec des « guèk » nasaux et une note finale croassante. Habitat : terres cultivées, landes de genévriers, jardins ; en montagne jusqu'à la limite des arbres. Nourriture : graines. Couvaison : IV-VIII, 4-6 œufs, C 12-13 jours, N 14-16 jours ; 2-3 couvées par an. Niche dans des fourrés, en petites colonies.

2. Gros-bec

Coccothraustes coccothraustes
(Pinsons)

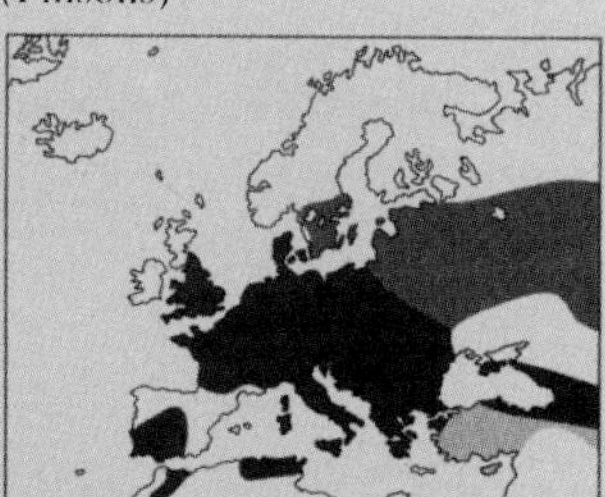

En Europe : I-XII. Caractéristiques : 18 cm/55 g. Grand oiseau trapu à courte queue, avec un gros bec gris bleuté ; en vol, on voit la bande alaire et l'extrémité de la queue blanches. ♀ plus pâle. En hiver, bec jaunâtre. Sociable ; en troupes l'hiver. Voix : appel aigu « tzicks », « tzittitt » ou « tzieh ». Chant : babillage cliquetant et bredouillant, entremêlé d'appels. Habitat : forêts de feuillus ou d'essences mixtes, parcs et jardins. Nourriture : noyaux de cerises, graines de feuillus, insectes ; visite les mangeoires. Couvaison : IV-VI, 4-6 œufs, C 14 jours, N 14 jours ; 1-2 couvées par an. Nid dans les arbres.

3. Niverolle

Montifringilla nivalis (Moineaux)

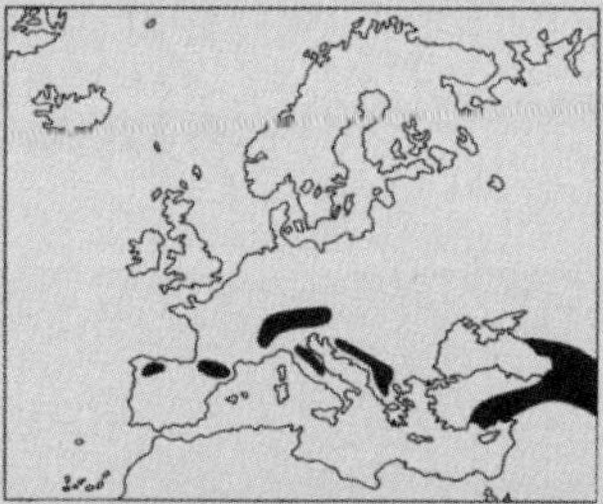

En Europe : I-XII. Caractéristiques : 18 cm/40 g. Tête grise, bec, menton et gorge noirs, zone blanche étendue sur les ailes, queue blanche avec rectrices centrales noires. Livrée hivernale (ill.) et ♀, gorge tachetée de blanc, bec jaune. Chante sur le sol ou en vol ; agite la queue. Voix : appel piaillant « kouè » ou « zjih » ; en vol « yub » ou « dididi ». Chant : gazouillis de motifs revenant sans arrêt comme « bitseu », « sittitscheu », « twiyu ». Habitat : en montagne au-dessus de la limite des arbres. Nourriture : graines, insectes. Couvaison : V-VII, 4-6 œufs, C 13-14 jours, N 18-21 jours. Niche en colonies dans des crevasses rocheuses.

1

2

3

1. Moineau soulcie

Petronia petronia (Moineaux)

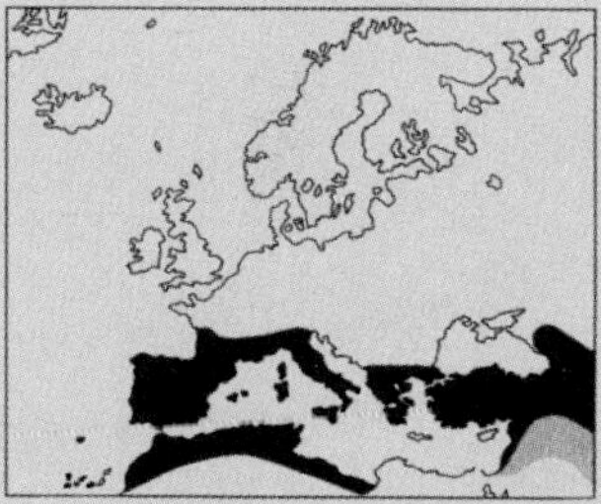

Caractéristiques : 14 cm/35 g. Brun-gris, avec des stries, comme ♀ du moineau domestique, mais plus trapu, avec une queue plus courte, un bec plus fort et une tache jaune sur la gorge ; plumes caudales à pointes blanches. ♀ comme ♂. Oisillons sans tache à la gorge. Voix : appel nasal piaillant « wèih », « errr ». Chant : sons nasaux piaillants, disyllabiques. Habitat : parois rocheuses ensoleillées, ruines, agglomérations. Nourriture : graines, insectes. Couvaison : IV-VI, 4-7 œufs, C 12-14 j., N 20-21 jours ; 2 couvées par an. En colonies dans des trous de rochers ou de mur.

2. Moineau friquet

Passer montanus (Moineaux)

En Europe : I-XII. Caractéristiques : 14 cm/23 g. Dessus de la tête marron, joues blanches avec tache noire, petite bavette noire sur la gorge. ♀ comme ♂. Sociable ; vole avec agilité. Voix : appel dur « tschick-tschick-tschock » ou piaillements, en vol « teckteckteck ». Chant : série bredouillante de piaulements. Habitat : terrains découverts avec arbres, abords des villes, jardins, parcs. Nourriture : graines, insectes. Couvaison : IV-VIII, 4-6 œufs, C 13-14 jours, N 14-16 jours ; 2-3 couvées par an. Niche dans des cavités, même dans les nichoirs.

3. Moineau domestique

Passer domesticus (Moineaux)

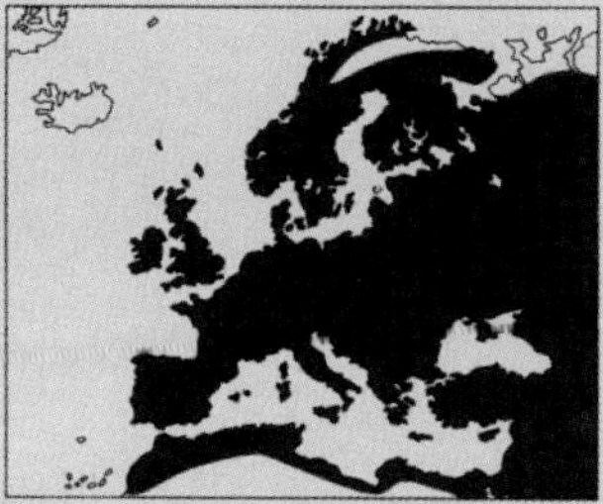

En Europe : I-XII. Caractéristiques : 15 cm/30 g. Calotte grise, entourée des deux côtés de brun-rouge, joues gris blanchâtre, grande bavette noire au-dessus du menton, de la gorge et du jabot. ♀ brun-gris uni. Oisillons comme ♀. Le ♂ courtise la ♀ en piaulant de façon sonore et en se rengorgeant, avec les ailes pendantes et la queue relevée. Très sociable ; sautille sur le sol. Voix : appel piaulé et piaillements « tététét ». Chant : babillages et pépiements « tschilp-tchelp-tschilip ». Habitat : villes et villages. Nourriture : bourgeons, graines, baies, insectes, détritus. Couvaison : IV-VIII, 4-6 œufs, C 11-14 jours, N 13-14 jours ; 3-4 couvées par an. Niche en colonies, le plus souvent dans des cavités de bâtiments.

1|2

3

1. Étourneau sansonnet

Sturnus vulgaris (Étourneaux)

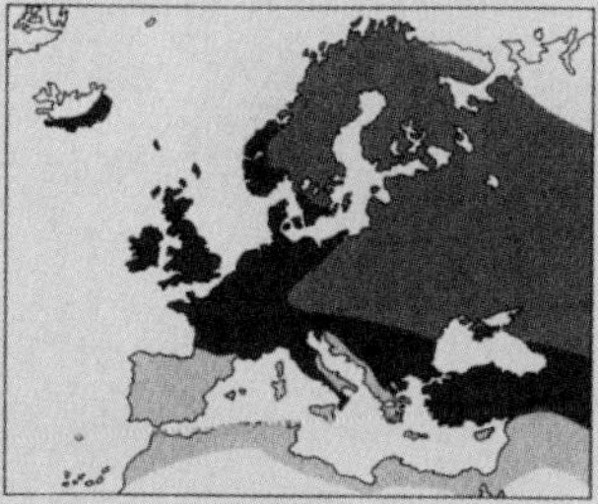

En Europe : II-XI. Caractéristiques : 21,5 cm/75 g. Plus petit et queue plus courte que le merle noir (p. 208) ; plumage noir à reflets métalliques verts et violets, ponctué de blanc par les pointes blanc crème des plumes en automne, hiver et au début du printemps ; bec jaune, foncé en hiver ; en vol, aile pointue triangulaire. ♀ comme ♂, mais avec l'iris plus clair et des points blancs plus marqués. Oisillons brun-gris. Sociable ; à l'automne, en essaims gigantesques ; recherche le plus souvent sa nourriture

au sol (voir dessin). Voix : appel strident « schriin », cri d'alarme « chpett-chpett » dur, « rrèh » ou « bchrr » haletant. Chant : riche en variations de notes ricanantes, sifflantes, cliquetantes et cascadantes, avec des imitations. Habitat : forêts de feuillus ou d'essences mixtes, aulnaies, parcs et jardins. Nourriture : insectes, vers, escargots, cerises, raisins et autres fruits. Couvaison : IV-VII, 4-6 œufs, C 12-14 jours, N 18-22 jours ; 1-2 couvées par an. Niche dans des cavités, surtout dans les trous de pics épeiches et dans les nichoirs.

2. Loriot jaune

Oriolus oriolus (Loriots)

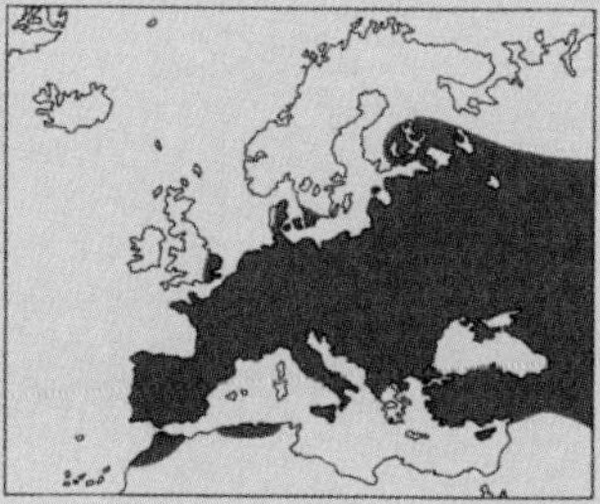

En Europe : IV-IX. Caractéristiques : 24 cm/72 g. Ressemble à un merle ; tête, dos et dessous du corps jaune vif, ailes, queue et bride noires, bec rougeâtre (♂ voir dessin). ♀ (ill.) au-dessus du

corps vert-jaune, dessous gris clair, avec des rayures longitudinales foncées, ailes et queue noir brunâtre. Oisillons semblables à ♀, mais avec le dessus du corps tacheté. ♂ ♂ ne prennent souvent leur couleur jaune vif qu'au cours de leur 3e année de vie ; ♀ ♀ âgées sont plus jaunes que vertes, mais dans des teintes moins vives et moins contrastées que ♂ ♂. Presque jamais sur le sol ; voilier rapide. Voix : inquiet, sorte de croassement « krrèè » ou « gwèè ». Chant : « didualuo » ou « dudlioh » sonore et flûté. Habitat : aulnaies, forêts claires de feuillus, grands parcs, champs d'arbres fruitiers, pinèdes. Nourriture : insectes, baies, fruits. Couvaison : V-VII, 3-5 œufs, C 14-15 jours, N 14-15 jours. Nid suspendu en forme d'écuelle dans les fourches des branches.

1

2

1. Mésangeai imitateur

Perisoreus infaustus
(Corbeaux)

Caractéristiques : 30,5 cm/90 g. Petit corvidé brun-gris à calotte brun foncé ; couvertures primaires, plumes extérieures de la queue et croupion roux. ♀ comme ♂. Grimpe dans le branchage ; sociable en dehors de la saison des nids. Voix : appels « tschèrr », « gouk-gouk », « skri », sons susurrés, souvent imitation d'oiseaux de proie et de chouettes. Habitat : taïga d'épicéas ; en hiver, également forêts de bouleaux ; villages, mangeoires. Nourriture : insectes, graines de conifères, œufs d'oiseaux, oisillons, baies. Couvaison : IV-V, 3-4 œufs, C 16-17 jours, N 21-23 jours. Nid dans les arbres.

2. Casse-noix moucheté

Nucifraga caryocatactes
(Corbeaux)

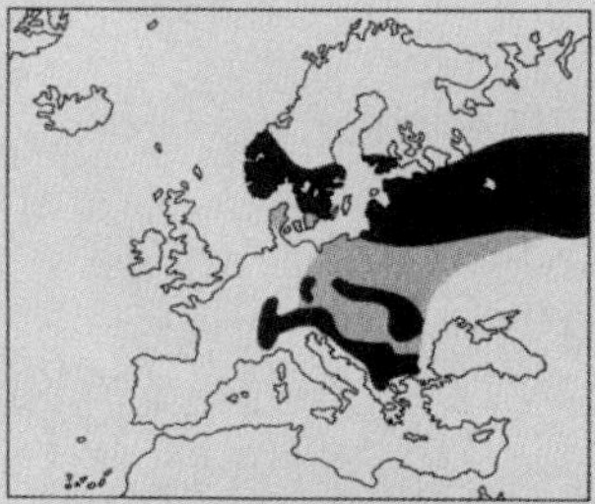

En Europe : I-XII. Caractéristiques : 32 cm/170 g. Oiseau svelte au bec noir long et fort ; plumage brun chocolat foncé à grosses taches blanches, sous-caudales d'un blanc étincelant. ♀ comme ♂. Souvent perché au sommet des arbres. Voix : appel nasillard sonore « grèèrr grèèrr », « yèk yèk yèk » ; croassements bruyants. Habitat : forêts d'essences mixtes de moyenne montagne et des Alpes ; taïga. Nourriture : graines de conifères (de pins aroles), faînes, noix, insectes. Couvaison : III-V, 3-4 œufs, C 16-21 jours, N 21-25 jours. Nid dans les arbres.

3. Geai des chênes

Garrulus glandarius
(Corbeaux)

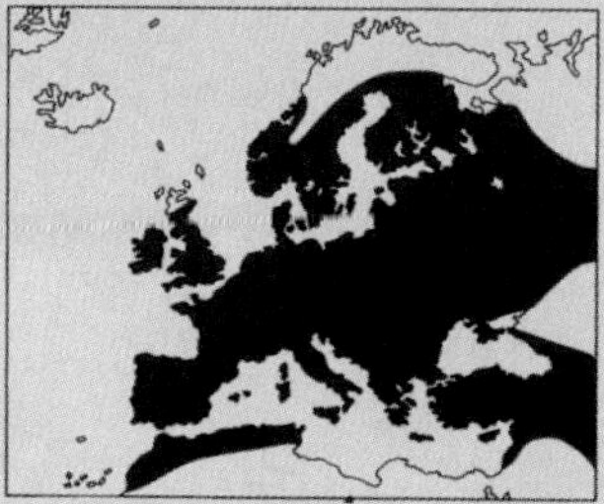

En Europe : I-XII. Caractéristiques : 34 cm/170 g. D'un brun rougeâtre clair, avec un dessin de barres noires et bleues sur les ailes, croupion et sous-caudales blancs, queue noire. ♀ comme ♂. A l'époque du passage, ces oiseaux sillonnent le ciel en petites troupes assez dispersées ; cachent des glands et des faînes pour l'hiver. Voix : faible appel « ga-hi », cri d'alarme bruyant et grinçant « rrèh-rrèh ». Chant : babillage à voix basse avec des sons rauques et claquants ; riche en variations. Habitat : forêts jusqu'à 1 600 m d'altitude ; parcs, jardins avec des arbres. Nourriture : glands, faînes, fruits, insectes, œufs d'oiseaux, oisillons. Couvaison : IV-VI, 5-6 œufs, C 16-17 jours, N 19-20 jours. Nid dans les arbres.

1|2

3

1. Pie bavarde

Pica pica (Corbeaux)

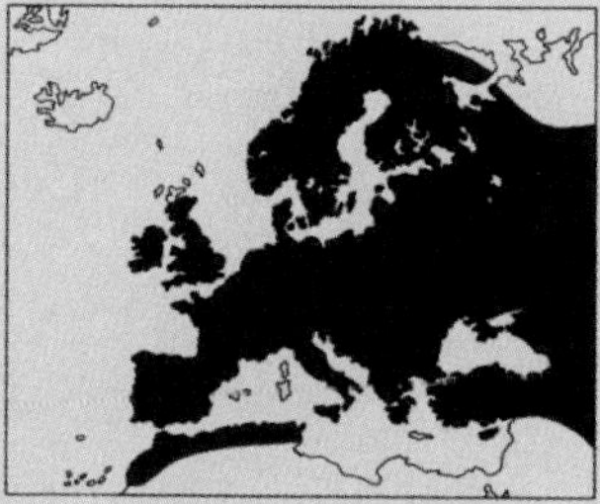

En Europe : I-XII. Caractéristiques : 46 cm/210 g. Corvidé au dessin noir et blanc, avec une très longue queue étagée ; dessus des ailes à reflets bleus, queue à reflets verts. ♀ comme ♂. Oisillons avec la queue plus courte et le plumage plus mat. Vole avec des battements d'ailes irréguliers ; farouche ; souvent en bandes hors de la saison des nids. Voix : appel rauque « schackackack », « tscharrackackack », ou clair « yèckyèck ». Chant : jacassement à mi-voix avec des sons croassants ou nasaux. Habitat : terres cultivées, aulnaies, jardins et parcs. Nourriture : vers, escargots, insectes, œufs, oisillons. Couvaison : III-V, 5-8 œufs, C 17-18 jours, N 22-24 jours. Grand nid dans les arbres et les buissons.

2. Chocard des Alpes

Pyrrhocorax graculus (Corbeaux)

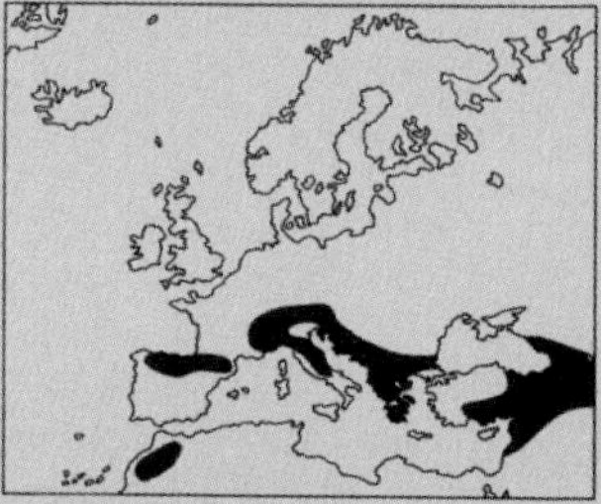

En Europe : I-XII. Caractéristiques : 38 cm/230 g. Un peu plus grand et plus svelte que le choucas (p. 246), bec jaune effilé, légèrement arqué, pattes rouge orangé ; plumage uni noir brillant. ♀ comme ♂. Sociable ; fait des vols planés en essaims ; acrobaties en vol ; peu farouche, visite les chalets de montagne, se laisse nourrir. Voix : appel aigu et strident, « tzya », « tschirr » ; cri de ralliement « pruit ». Habitat : hautes montagnes, en hiver également les vallées. Nourriture : insectes, vers, escargots, fruits, charognes, ordures. Couvaison : IV-VII, 4-5 œufs, C 18-21 jours, N 31-38 jours. Nid dans les rochers, en colonies.

3. Crave à bec rouge

Pyrrhocorax pyrrhocorax (Corbeaux)

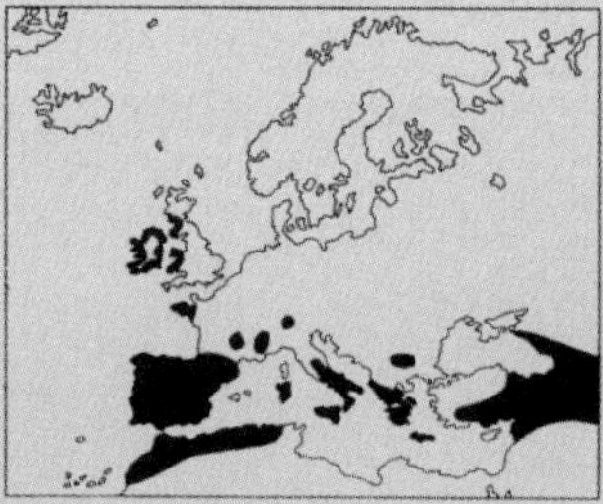

En Europe : I-XII (rare). Caractéristiques : 40 cm/300 g. Ressemble au chocard, mais un peu plus grand, avec un bec rouge orangé et plus long ; plumage noir, à reflets bleuâtres. ♀ comme ♂. Extraordinaire voilier ; en parade, acrobaties aériennes spectaculaires. Voix : appels en séries « pièrr », « kiyar », « chrèè ». Habitat : hautes montagnes escarpées, côtes rocheuses ; vallées également pendant l'hiver. Nourriture : insectes, vers, escargots, graines, baies. Couvaison : IV-VI, 3-6 œufs, C 21-23 jours, N 37-40 jours. Niche en colonies.

1|2

3

1. Choucas des tours

Corvus monedula (Corbeaux)

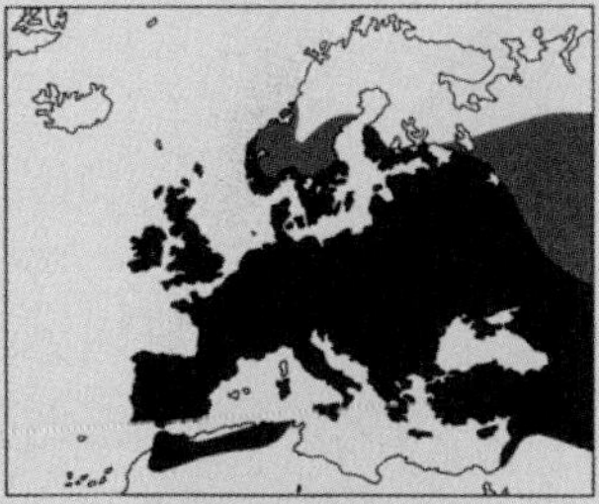

En Europe : I-XII. Caractéristiques : 33 cm/240 g. Corbeau noir et gris, de la taille d'un pigeon ; dos noir avec un reflet bleu, nuque et couvertures des oreilles grises ; iris bleu clair. ♀ comme ♂. Oisillons avec de légères tonalités brunâtres. Vol : plus agile que chez les corneilles ; très sociable, souvent en essaims conjoints avec des corbeaux freux ; recherche sa nourriture en terrains découverts. Voix : appel sonore et clair « kiack » ou « kja » ; jappement « kyèrr » ; en cas de danger, « yup » élevé. Chant : doux babillage, « gjaougju ». Habitat : parcs et bois avec de vieux arbres, tours d'églises, ruines, parois rocheuses ; en forêts dans des trous de pic noir. Nourriture : insectes, vers, escargots, souris, baies, graines, ordures. Couvaison : IV-VI, 4-6 œufs, C 17-18 jours, N 28-35 jours. Niche en colonies ; nids dans des bâtiments, des trous d'arbres ou de rochers.

2. Corbeau freux

Corvus frugilegus (Corbeaux)

En Europe : I-XII. Caractéristiques : 46 cm/480 g. Ressemble à la corneille noire (p. 248), mais avec un plumage noir à reflets bleus plus marqués, dessus de la tête plus bombé ; long bec mince à la racine blanchâtre dénudée, plumes du ventre et des cuisses très peu serrées. ♀ comme ♂. Oisillon avec la racine du bec couverte de plumes noires. Battements d'ailes plus rapides que chez la corneille noire. L'hiver, souvent en essaims très nombreux sur les prés, les champs et même en plein centre des villes ; volent le soir en formations serrées pour rejoindre les arbres où ils ont coutume de dormir. Voix : plus profonde et plus rauque que chez la corneille noire, « kroh », « korr », « krah », « gag » ou « kyou » voisin de celui du choucas. Chant : avec des passages

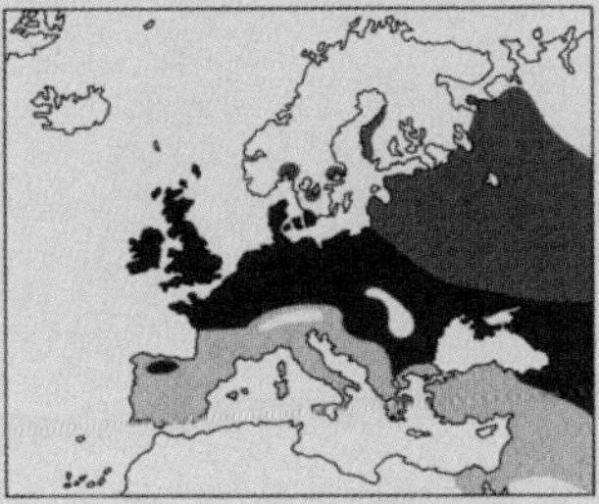

nasillés et d'autres jacassés. Habitat : forêts de feuillus ou de conifères, généralement au bord d'étendues plates découvertes, souvent terrains agricoles avec bosquets. Nourriture : larves de coléoptères, chenilles, vers fils de fer, escargots, souris, graines, jeunes semences. Couvaison : III-V, 3-6 œufs, C 17-20 jours, N 28-35 jours. Niche en colonies (cor-

beautières) ; nids de branchages, chaume et terre, groupés à la cime des arbres.

1

2

1. Corneille noire

Corvus corone corone
(Corbeaux)

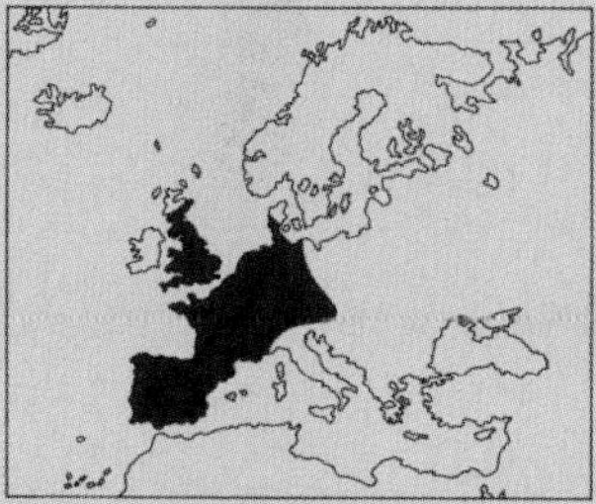

En Europe : I-XII. Caractéristiques : 47 cm/550 g. Trapue et massive, avec un fort bec noir ; plumage d'un noir profond avec de faibles reflets. ♀ comme ♂. Oisillons plus mats. Solitaire ou en couple. Vol : lents battements d'ailes réguliers ; rares vols planés. Voix : appels « wèrr », « krèh », « krah », « konk », répétés plusieurs fois ; poursuivie par des oiseaux de proie, court « krrrkrrr ». Chant : bavardage étouffé, évoquant un ventriloque. Habitat : campagnes découvertes, landes, forêts, parcs, villages, villes, côtes maritimes. Nourriture : vers, insectes, petits vertébrés, fruits, graines, charognes, ordures, œufs et oisillons. Couvaison : III-VI, 3-6 œufs, C 17-18 jours, N 31-32 jours. Nid de branchages dans les arbres.

2. Corneille mantelée

Corvus corone cornix (Corbeaux)

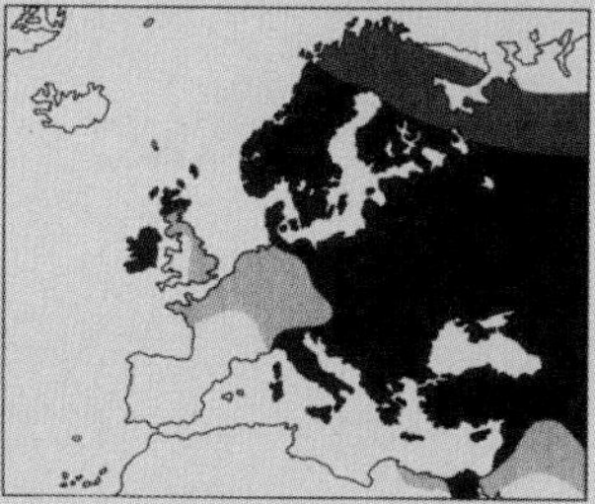

En Europe : I-XII. Caractéristiques : comme la corneille noire, mais nuque, dos et ventre gris clair. Voix, habitat, nourriture, couvaison : comme chez la corneille noire. Corneilles noires et corneilles mantelées, deux races d'une même espèce, s'hybrident. De ces « mariages mixtes » naissent des descendants féconds d'une coloration de plumage intermédiaire entre les deux sous-espèces.

3. Grand corbeau

Corvus corax (Corbeaux)

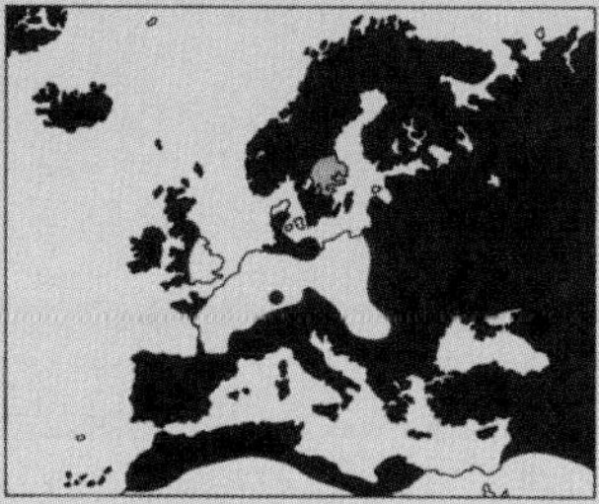

En Europe : I-XII. Caractéristiques : 64 cm/1 250 g. Semblable à la corneille noire, mais nettement plus grand et avec un bec très puissant ; plumage d'un noir profond à reflets bleus. ♀ comme ♂. En vol, on remarque son long cou et sa queue cunéiforme ; fréquents vols planés ; acrobaties aériennes en parade. Voix : en vol, « krok », « kroa » ou « kark » profonds et sonores ; « klong » creux, « kouk » sec, « wèrr » comme les corneilles. Chant : bavardage étouffé de ventriloque, avec des imitations. Habitat : forêts de feuillus ou de conifères, montagnes, broussailles, steppes, côtes rocheuses, toundra arctique. Nourriture : insectes, vers, escargots, petits vertébrés, graines, fruits, charognes, ordures. Couvaison : II-V, 3-6 œufs, C 20-21 jours, N ≈ 40 jours. Grand nid de branchages.

1|2

3

Index des espèces

Noms latins

Noms français

Origine des photographies

Aichhorn : 163/2, 221/1, 231/2. Allen : 79/2. Andersen : 99/1, 105/1, 111/1, 133/1. Aquila/Blossom : 49/3. Aquila/-Foster : 197/3. Aquila/Mills : 91/2. Ardea/-Bailey : 175/3. Ardea/Beames : 47/3. Ardea/Brown : 117/2. Ardea/Roberts : 37/3. Ardea/Steyn : 69/2. Bekker : 91/1. Berger : 25/1. Billé : 71/2, 81/1, 147/1. Blesch : 175/1. Christiansen : 17/3, 119/3, 131/3, 133/2, 205/3.Coleman/Burton : 75/2. Coleman/Dawson : 153/2. Coleman/-Duscher : 139-1. Coleman/Everson : 193/3. Coleman/Grande : 61/3. Coleman/Green : 13/4, 73/1, 119/1, 217/2. Coleman/Helo : 79/3, 177/2. Coleman/Hinchcliffe : 171/1, 245/3. Coleman/Hirsch : 131/1. Coleman/-Krasemann : 123/3. Coleman/Langsbury : 131/2, 247/1. Coleman/Lankinen : 43/2. Coleman/Murton : 127/1, 201/3. Coleman/-Reinhard : 63/3. Coleman/Skomer : 15/2. Coleman/Tidmann : 65/1. Coleman/-Ziesler : 213/3. Czimmeck : 219/3. Danegger : 19/3, 23/2, 25/3, 33/2, 59/1, 61/2, 145/1, 161/2, 221/2, 229/3, 241/1, 243/2, 245/1, 249/1. Diedrich : 45/3, 89/2, 107/2, 161/1, 161/2, 175/2, 203/3, 209/3, 211/1, 243/3. Eichhorn/Zingel : 89/3, 193/2, 205/1, 223/2, 227/3. Griehl/Müller : 35/3. Hawkes : 11/2, 63/2. Helo : 53/1, 67/3, 79/1, 81/2, 101/2, .103/4, 111/3, 125/1, 125/3, 145/3, 215/3, 231/1, 249/2. Hemerka : 119/2. Hosking : 19/2, 29/2, 67/1, 83/1, 87/1, 227/2. Humperdinck : 237/3. Kankel : 53/2, 77/2, 245/2. Lasswitz : 101/1, 179/1. Layer : 27/1, 29/1, 151/3, 175/4, 239/2. Leckebusch : 187/2. Leinonen : 15/1, 31/2, 75/1, 83/2, 83/3, 215/2, 225/3, 229/4, 243/1. Limbrunner : 39/1, 55/1, 65/3, 67/4, 77/3, 99/2, 139/2, 143/3, 147/2, 167/2, 179/3, 201/1, 219/1. Markmann : 57/2.Meyers : 11/1, 149/2. Möller : 57/3. Moosrainer : 55/2, 55/3, 71/1, 95/2, 95/3, 109/1, 157/2, 191/1, 235/2. Nagel : 107/1. NHPA/Bain : 137/1. NHPA/Blossom : 45/4. NHPA/Dalton : 89/1, 155/1. NHPA/Janes : 153/1. Partsch : 121/1. Pforr : 71/3, 71/4. Pott : 17/1, 35/2, 43/3, 97/1, 117/1, 127/2, 161/2. Quedens : 45/1, 45/2. Reinhard : 57/1. reinichs : 163/1. Rüppel : 15/3, 21/2, 135/3. Ryden : 103/2, 227/1. Schrempp : 63/1, 235/3. Schulz : 87/2. Siegel : 77/1, 145/4, 219/2. Singer : 21/3, 33/3, 39/3, 49/1, 93/1, 107/3, 143/1, 151/1, 179/2, 197/1. Steinberger : 209/2. Storsberg : 121/2, 123/1, 133/3, 225/1. Synatzschke : 67/2, 155/3, 191/3, 199/4. Tielemann : 13/2. Trötschel : 155/3, 183/3. Weber : 37/1, 95/1, 99/3, 115/1, 123/2. Wernicke : 49/2. Wothe : 2, 3, 13/3, 19/1, 21/1, 23/1, 25/2, 27/2, 27/3, 29/3, 31/1, 33/1, 37/2, 41/1, 41/2, 41/3, 43/1, 47/1, 65/2, 73/2, 73/3, 81/3, 93/2, 93/3, 97/2, 97/3, 103/1, 103/3, 105/2, 105/3, 111/2, 113/1, 125/2, 129/1, 129/2, 141/1, 141/2, 141/3, 143/2, 145/2, 147/3, 149/1, 149/3, 151/2, 155/2, 157/1, 159/1, 159/3, 167/1, 167/3, 169/1, 169/2, 169/3, 171/2, 173/1, 173/2, 173/3, 177/1, 177/3, 181/1, 181/2, 183/1, 183/2, 185/1, 185/2, 185/3, 187/1, 187/3, 189/1, 189/2, 189/3, 193/1, 195/1, 195/2, 195/3, 199/1, 199/2, 199/3, 201/2, 203/1, 205/2, 207/1, 211/2, 211/3, 213/1, 213/2, 215/1, 217/1, 217/3, 221/3, 223/1, 225/2, 229/1, 229/2, 231/3, 233/3, 235/1, 237/1, 237/2, 239/1, 239/3, 241/2, 247/2, 249/3. Zeininger : 13/1, 59/2, 59/3, 61/1, 109/2, 115/2, 227/4. Ziesler : 17/2, 39/2, 113/2, 113/3, 129/3, 135/2, 203/2, 233/2. Zoller : 69/1, 135/1, 137/2, 197/2.

Adaptation de Janine Cyrot

Cartes : bureau cartographique Hubert et Oberländer

Édition française : © Éditions Nathan Éditeur S.A., Paris, 1985 pour la première édition
© Nathan, Paris, France mars 2013 pour la présente édition
© 1984 Gräfe und Unzer GmbH, Munich.
Tous droits réservés.

ISBN : 978-2-09-278646-8
N° d'éditeur : 10191379
Dépôt légal : mars 2013
Imprimé en France par Clerc s.a.s.
18200 Saint-Amand-Montrond

Planches des oiseaux chanteurs 3

Silhouettes des oiseaux au repos

Nette rousse
Garrot à œil d'or
Canard siffleur
Sarcelle d'hiver
Canard souchet
Sarcelle d'été
Canard pilet
Canard chipeau
Canard colvert